教育學

教育美學

曾毅君 著

楊深坑 補述

五南圖書出版公司 印行

黃序

先師賈馥茗教授慟於2008年5月7日辭世，不僅同門師友為痛失良師而哀慟逾恆，教育學術界也為失去一位學養深厚、高瞻遠矚的教育學大師而無限惋惜。

賈師治學嚴謹，對學生的要求一絲不苟，面對賈師，學生不敢稍有懈怠。而這些嚴格的要求卻完全出諸大公無私、無怨無悔的教育愛。在賈師嚴格教導與教育愛的照撫下，造就無數傑出弟子。同門師友為宏揚賈師教育理念，於2004年在昆輝和簡茂發教授的發起下，成立「財團法人臺北市賈馥茗教授教育基金會」，成立以來，獎助學術活動不遺餘力，相信已經充分宏揚賈師教育精神。

賈師不幸辭世，基金會有感於賈師的教育學術理念與貢獻，亟須系統闡揚，以嘉惠學子，因而商請「財團法人臺北市賈馥茗教授教育基金會」、「國立臺灣師範大學教育學院」、「國立臺灣師範大學教育學系」、國立臺灣師範大學教育政策與行政研究所」、「中國教育學會」、「中華民國師範教育學會」、「臺灣教育社會學學會」共同舉辦「教育與成長之路：賈馥茗教授紀念學術研討會」，針對賈師教育思想各層面作系統的分析與研討。除此而外，賈師遺著的整理與出版也是重點工作。

賈師學貫中西、著作等身，在兒童心理與輔導、教育史、人格心理學及教育學各領域均有融會東西方思想與新進科學研究之系統著作。其念茲在茲的是如何為教育活動建立「整體系統的知識」，以成立教育學。在這方面的努力，賈師在《融通的教育方法》一書的序言也說明了《教育美學》是繼《教育的本質》、《教育認識論》、《教育倫理學》與《融通的教育方法》之後最後完成教育學體系之作，由此可見本書在賈師教育學體系上的重要。

本書仍一本賈師融會古今中外學術之宏通學養，旁徵博引，分別就教育所涉及的語言、文字、經學、文學、道德、歷史以及發明與創造各層面的美感價值，加以闡釋。最後，並以教育愛的分析來驗證教育過程之美。賈師辭世時，第七章〈發明與創造之美〉的第五、六、七節及第八章〈教育過程之美〉尚未完成。第八章商得臺北市立美術館之同意，將賈師〈教育愛的特徵及印證〉一文作為第八章，也很符合賈師的教育過程之美的原來構想。至於第七章未完成部分，商請楊深坑教授補足，楊教授曾與賈師合開「教育學方法論」一課，並在編纂《教育大辭書》時追隨多年，有甚多請益機會，相信其補述，應不致乖離賈師思想。本書的編校整理由林逢祺承擔，五南圖書出版公司願意出版賈師遺著，對賈師教育學術的宏揚，功德無量，謹代表「財團法人臺北市賈馥茗教授教育基金會」敬致謝忱。

財團法人臺北市賈馥茗教授教育基金會董事長

黃昆輝 謹誌

2009年3月15日

目 錄 Contents

第一章

言語之美

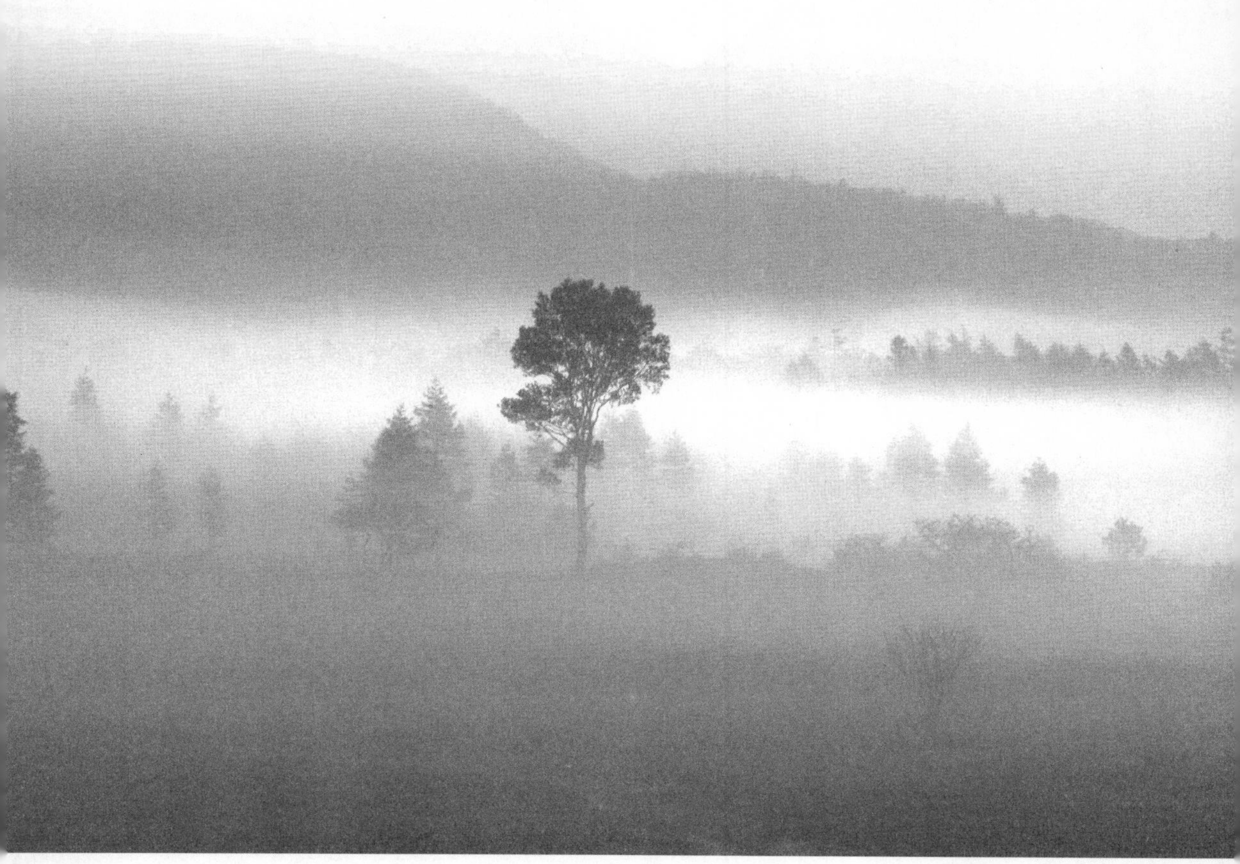

一、概說

一個人如果發聲器官沒有問題，就不能不說話。

動物界都能發出聲音，凡屬聽覺沒有問題的都能聽到，而聲音最大的功能，不僅是聲音本身，更重要的是聲音所代表的意義。鶴唳蟲鳴，虎嘯犬吠，各有其意。人類似乎可能發的聲音更多，所代表的意義也指不勝數。常見的如說笑、喊叫、號哭、歌唱，馴至睡覺時還會說夢話，或是發出鼾聲。

專就人類的語言來說，即是通常所謂之「說話」，其功能主要的是「說者」要靠聲音把自己的「心意」表達出來，如果有聽者，就是要傳達給「聽者」。至於眼前沒有聽者的自言自語，不在此限。

兩個人之間的說話，乃是「互動」。「說者」有「主動的」意識作用，是「有意要說給對面的人聽」。至於「聽者」，儘管聽覺良好，是否「有意」想聽，則要另當別論。表面「掩耳」拒聽的姑且不談，就算「似乎在聽」的，也不一定是眞的「聽見了」。「聽而不聞」主要的是「心不在焉」。聽者心不在的原因有多端：話不投機是其一，說者言不由衷是其二，囉嗦繁冗是其三，語言無味是其四。這最後一點常常是聽者聽而不聞的主因。

何以在二人交談時，「言者諄諄」而「聽者藐藐」？主要的是說者所說的「不動聽」。不動聽就是引不起聽者「想聽」的意願，和「動聽」恰好相反。例如循循善誘本來是循序漸進的，有條有理的說對聽者有益的話，居然不能引起聽者聽的興趣，此無他，有條有理的話雖然多近乎「善言」，卻不免因「鄭重其事」而流於「呆板」，少了「靈活」和「變化」，缺少「動人情感作用」的藝術之「美」的成分。

「善」和「美」本都是指「好」而言，且先來辨別一下二者的區別。《論語》八佾篇中說：

子謂韶盡美矣，又盡善也。謂武盡美矣，未盡善也。

注釋說：韶是虞舜的樂，武是周武王的樂，二者都是帝王之樂。不過舜是因本身的才德受堯禪位而爲帝，其樂中所顯示的「德性」和「聲容」都達到最好的地步，具有吸引「聽」的力量，使人不但聽聞其聲，更能深入聲所含的「深刻」的意味。這是因爲舜由德而受堯禪爲帝，又把堯之公天下的意旨而禪位給禹，私德與公德並茂，樂聲中兼美與善二者。武王雖繼承了文王之德，卻是用武力伐紂而王天下，樂中只顯示出聲容之盛，德性卻不明顯。聲容之盛可以說是「美」，「善」卻隱而不彰。後世常用「盡善盡美」來形容「完美」，不希望有所缺失。

其實「美」從廣義說，也不僅只就聲容而言。言語固然基本上成於聲容，若專就「說」字來看，現在「言」和「語」二字常常連用爲一個名詞，或說「言語」，或說「語言」。但二字本來也各有其義，用「語」字是代表口頭發聲的「說話」；用「言」字則是用「文字」發表的。可是用俗了以後，就沒有這樣的區分了。例如說人「一言不合」，當然不是指文字的，而「忠言逆耳」更明顯的是發自口頭的。至於「言詞」和「言辭」則可以通用，如果用者願意區分，則，「言辭」可能含著「修辭」的意思，「辭令」中含著有美的成分。

就「說」字來看，「言」旁的「兌」字本就有「喜悅」的意思。早期「說」字也可讀作「ㄩㄝ」，即是「悅」的意思，如「學而時習之，不亦『說』乎」，「說」便讀作「悅」，意義也是「悅」。「悅」字心旁的「兌」字是合「口」與「舌」而成，是舌在口中活動的狀況，這狀況會使人「喜悅」。照這個字意看，如果說話的人因喜悅而說，又能使聽話的人「聽了喜悅」，則二人交談，在白天便很可能說到不知紅日之已西；在晚上則會不覺東方之既白。其中可能有多個因素，最主要的，應該是「語言有味」。例如說「今晚天氣眞好」，只是一句「普通述語」而已，聽者可能只是「哼」、「啊」的「隨口答應」，很少會抬頭去看看天。如果說：「今晚月白風輕，清爽宜人。」聽者就很可能會「舉頭望向天空」，領會「清風明月」的味道。

言辭是否動聽，和是否具有「美」的意味有關，可以舉些「使人喜悅的話」和「有用的話」的例子來體會一下；另外，言語有其限制，且其學習與教育皆有要領，將另分項說明。

二、使人喜悅的話

人在有另一個人在身旁或對面的時候，免不掉要說話給那個人聽。「說者」當然是「自動」要說，可是「聽者」有無聽的意願，就大有區分。大體說來，有人說話或是所說的話使人願意聽以至愛聽，有的則否。試舉幾例來看。

(一)笑話

「笑話」從字的表面說，即是一個人說出話來，能引人發笑。例如：

一個鄉下人初到京城，看見皇宮軒宏壯麗，以爲是一個大廟，便搖搖擺擺的走進去想逛逛，一下子就被守門的太監捉住，要拿他去治罪。他哀求太監放了他。太監也知道他愚昧無知，於是說：「你只說一個字，如果能把我逗笑了，我就放了你。」鄉下人想了半天，只想出一個時常隨口說的字，「屁」！太監問：「這是甚麼意思？」他說：「放也在公公，不放也在公公。」這雙關語逗得太監笑不可仰，於是放了他。他這個一般人隨口常說的字，在緊急之中，居然發生了作用。因為他把「放」字用活了，適合當時的情景，反而有了大用。

在帝王有「生殺大權」的時候，不高興就可以隨便殺人。《晏子春秋》中有一則記載，說齊景公喜歡鳥，專派燭鄒負責養鳥。燭鄒不小心讓景公最心愛的鳥飛走了。景公大怒要殺他。晏子說：「燭鄒有三條大罪，讓我對他宣示出來，使他死後作個明白鬼。」景公聽晏子要為自己出氣，當然允許了。晏子便對燭鄒說：「你為國君管鳥卻讓牠飛逃了，是一大罪；使國君為了鳥而殺人，是二大罪；這事傳揚出去，使天下人知道國君重鳥而輕人，貽笑大方，是三大罪。」說完便請景公下令殺人。景公聽後大笑，因為晏子所說的，「為了一隻鳥殺人」，乃是「小題大作」，不是國君應有的作為；而且「重鳥輕人」，更不合人道，會使天下人恥笑。明明是「諷刺景公」，卻用責罵燭鄒代替，景公也發現是自己錯了，晏子的做法沒有傷害他的尊嚴，燭鄒被罵得垂頭喪氣的樣子，反而讓他不盡笑了起來，於是赦了燭鄒。

在邯鄲淳所撰的《笑林》有一則說：

有人很用心的煮了一鍋湯，煮好後自己很得意，便拿了一個大湯瓢裝滿了瓢，想嘗嘗味道如何。喝了一小口，覺得有些淡，就又在鍋裡加了些鹽，卻仍然嘗「湯瓢裡的湯，當然還是淡。於是又在鍋裡加了鹽，而所嘗的還是「湯瓢裡的湯」，如此一再把鹽加在鍋裡，一再嘗「湯瓢裡的湯」，最後另一個人過來，用空瓢嘗了鍋裡的湯，大聲喊叫說：「天呀，鹹死了。」

另一則說：

魯國有一個人，手持一根很長的竹竿從城外進城，他把竹竿直立著拿在手裡，城門低，竹竿高得進不去。於是他把竹竿橫過來試，城門又嫌太窄了，還是進不去。他在那裡左試右試，就是進不去。此時一個老翁來了，看到這情形，便用「經驗老到」的語氣說：「到了我這年紀，已經多見多識，知道變通。你把竹竿砍斷，短了自然就進得去了。」

(二)滑稽

文雅一點的笑話，或者含著「諷刺意味」，沿用外國的說法，叫做「幽默」。中文用「滑稽」來指陳。滑稽的「滑」字，本來讀作「骨」，義爲一個肚大口小的瓶子，往外倒液體物時，會發出「ㄍㄨ－ㄐ－、ㄍㄨ－ㄐ－」的聲音，所以那種瓶子就叫「骨嘰」，後來才改成現在的字和讀音。《史記》中已經有了〈滑稽列傳〉，司馬遷把「滑稽」解作「談言微中，亦可以解紛」。並說在天道恢恢中，可以和禮、樂、書、詩、易、春秋同爲治道之一。所以列傳中所舉的人物，靠口給之便，只在口舌動作的一瞬間，有所謂之「諷喻」或「反諷」，史書中所載的，或是使帝王轉怒爲笑，解除了一個人的危難；或是使帝王接受了正義直言的規勸，採納嘉言，改變心意，彌補疏失，而使人受益。試舉幾例來看。

齊威王登上王位後，喜歡飲酒作樂，不理朝政，國事紊亂，列國諸侯爭相侵伐，朝臣無人敢諫諍。淳于髡滑稽多辯，用「隱語」對齊王說：「齊國來了一隻大鳥，停在王宮樹上，已經三年了，不飛也不叫，不知道這是甚麼鳥！」齊王懂得是諷刺他，便回答道：「這隻鳥不飛則已，一飛沖天；不鳴則已，一鳴驚人。」於是改而力精圖治，大大的改善了齊國。

漢武帝時，其幼年的乳母仗勢欺凌百姓，司法官建議將乳母趕出宮，流放到邊遠的地方去。乳母捨不得離開王宮，便來請教於武帝的寵臣郭舍人。郭舍人教他：「見了皇帝辭行，行完禮就趕快往外走，邊走邊回頭看，就是這樣。」乳母照著他的話作了。郭舍人在後面罵乳母說：「老婆子，為甚麼不一直走，皇帝已經大了，不須要再吃你的奶，還回頭看甚麼？」於是武帝想起幼年時乳母照顧自己的情形，便免去了斥逐乳母的命令。

「滑稽」或「幽默」，這種言辭，大體上在言語簡捷，溫和巧妙，出人意表，或使人發出會心的微笑，或使人哄堂絕倒。把凝重的氣氛，一變而爲輕鬆愉快，使昏昏欲睡者懼然而醒；使心有旁騖者肅然回神；更能使人改變原來的想法與態度。

大體上語言的技巧，需要有兩個基本條件：一是「機敏」，即是能隨機應變；一是「口齒伶俐」，需要曾經練習過「說話」（speech）。前者和智慧與記憶有關，後者則在努力。但是更要有卓識，了解人的心理狀況，合一般事理。如民間藝術中的「說相聲」、「說大鼓」、「說評書」之類的藝人，他們正規的訓練，先是要懂得「音韻學」，以便知道正確的聲音變化；然後要練習口唇舌與齒牙的配合；再後是面部表情以至身體的小動作，都要配合所說的內容。這些都要靠學習，學習則離不開「教育」。其他如話劇、歌劇、戲劇等等，除了啞劇，都離不開說話。

《晏子春秋》中載：

齊景公一天登上城樓，忽然流下淚來說：「人生如逝水，不能常常享受這美景！」隨在旁邊的諛臣趕快也跟著流淚。晏子卻笑了起來，景公責問他，別人都哭，你笑甚麼。晏子說：「齊國的賢君如太公、桓公，或是勇君如莊公、靈公，若都長生不死，你就坐不上國君的寶座了。現在有一位國君因不能長生在位而流淚，兩個諛臣因諂媚逢迎而哭，實在可笑，所以我忍不住就笑起來了。」齊景公聽了，也覺得自己可笑，就也跟著笑了起來。

有修養的人遇到不愉快的情境，會把不愉快變得輕鬆。《後漢書》載，邊韶字孝先，有才學，跟著他學習的學生相當多。他因身體肥胖而嗜睡。一天午餐後又躺在床上，學生們便打趣說：「邊孝先，腹便便，懶讀書，但欲眠。」他聽見了，便仿照學生的口吻說：「邊為姓，孝為字，腹便便，五經笥，懶讀書，思經事。師而可嘲，出何典籍？」學生們不敢回答，也答不出來，只好乖乖的讀書去了。

三、有用的話

(一)溝通

溝通是最常用的名詞。其實語言在生活中，只要和別人接觸，便不免說話。特別是為了一個目的而和另一個人說話。這樣的話種類繁多。如走在路上碰到熟人打招呼是最平常的，要再寒暄幾句，可能就會引起不同的效果。例如：

「你好！今天天氣不錯呀！」這樣結束後，便可各行其路。

「你好！到哪兒去呀？」遇到一個愛說話的，可能要說明去哪裡，並詳細說出原因，外帶加上許多不得已，滔滔不絕。一句寒暄話，可能要費去不少時間。

有目的的溝通，從主動出發的一方說，要想溝而能通，有一種相當有效的方法可用，就是「禮」的核心精神—「敬」，—「自卑以尊人」。就是俗話說的：「把自己的身段放低些，把對方抬高些。」即使是初次見面，找些可以「頌仰」對方的話說：「你看起來很聰明，」「你的——很漂亮，」之類的話，對方聽了，準會把一張不耐煩的神色驅除，換出一張笑臉，此後的溝通就會異常順利。這不能算是「阿諛取容」，應該說是「謙虛有禮」。盡可能的「贊美」別人，乃是「溝通的技巧」。

無奈很多人往往有一個「弱點」，對別人「太吝嗇」——吝於「稱讚」別人，唯恐因而「貶低了自己」，只想在「炫耀自己」上用功夫，常常弄巧成拙。

語言本是最有用的工具，比用手勢方便得多。尤其當兩個人之間，有些事情或道理未曾說明或澄清時，可能心中會存著芥蒂。常言道，「話不說不明」，此時便需要「溝通」。不過當兩個人各有心結時，一方面有賭氣的成分，這個想，你不「先理我」，我就「不理你」；一方面各自懷著自尊，誰也不肯先向對方開口。因爲若先和他說話，等於向他低頭，就沒有面子了。其實沒有深仇大恨，本來也想言歸於好，就是鼓不起先說話的勇氣來。

中國人習慣於「講面子」，有句俗話說：「要了面子，卻丟了裡子。」「面子」是「虛」的，「裡子」才是「實的」。丟了的「實」，乃是「主動」。主動即是「先發制人」，既然兩個人都想「言歸於好」，何不「採取機先」，先向那個人「示好」，豈不顯得自己「寬容大度」？有些人就是沒想到這一點，自己反而變成「被動的」，落在對方之後了。

像這種情形，如果有個「和事佬」知情，作個「魯仲連」，給兩個人「疏通」一下，使雙方都有了面子，除卻原來的不愉快，就可順情忘卻前嫌了。甚至在雙方「劍拔弩張」的時候，也可藉一個「善言者」，化干戈爲玉帛，試舉例來看一下。

《左傳》第一篇便是「鄭伯克段於鄢」。事實記載是：鄭武公的夫人武姜，先生了長子，即後來的繼位者一莊公，又生了次子名段。母親特別愛次子，希望他繼承侯位，要求莊公封他一個不該封的領地，使他可以在領地發展財力武力，以便起兵奪取侯位。莊公一直隱忍到段的野心表現出來，成了叛逆，一舉打敗了他。這種兄弟鬩牆，最爲孔子所不取，所以放在《春秋》首章。莊公返回頭來報復母親，把她遷居到另一個地方，並告訴她說：「不到死後進入黃泉，我不要再和你見面。」可是過不多久，莊公就後悔了。但是已經有言在前，無法挽回。此時鄭國有一位官員名叫穎考叔的，知道了這件事，很不以爲然。便以進獻莊公禮物爲名，來見莊公。莊公設宴招待他，他甚麼都吃，就是不吃肉。莊公問他爲甚麼，他說：「我母親不曾吃過這麼好的肉，要帶回去給母親吃。」莊公很感慨的說：「你還有母親，我卻沒有了！」穎考叔故作驚異的問：「我知道太夫人仍然健在，你怎會這麼說呢？」莊公告訴了他經過，並說很後悔。穎考叔說：「有一個辦法可以兩全其美，使你保持了自己的誓言，又可母子重聚。如果掘地挖到泉水，你們在隧道裡見面，算是在黃泉相見，然後把太夫人接回去奉養，你就可以恢復了母子之情了。」莊公採納了他的意見，於是母子在隧道裡相會，都快樂的唱起歌來，一齊回到鄭宮去。

《左傳》僖公三十年—燭之武退秦師：

晉文公與鄭侯曾有過不愉快，聯合秦國合攻鄭國。鄭國以為如果能使秦國撤兵，晉國就不會單打鄭國，要找一個會說話的人去勸說秦國，於是找到了燭之武。燭之武勸秦君說：秦國和晉國本來交好，距離也近，但距離鄭國卻很遠，鄭國亡了，只有離其近的晉國得益，秦國卻得不到任何好處，何必作與己無益的事呢。秦君聽了覺得有理，便撤兵而回，晉國不能單獨打鄭國，也隨而撤兵，鄭國因而免去兵災。

(二)正言

正言見於正規的語言，或者也可說是「言論」。通常有所謂的「講演」、「論述」、「辯論」等等，都用語言為工具，既使用文字取代，仍然與口述無別。

從「論」字來看，《文心雕龍》中「論說第十八」說：

> 「聖哲彝訓曰經，述經敘理曰論。論者倫也，倫理無爽，則聖意不墜。」

這就是說，「論」以「說理」為主。說理以啓發人的智慧和理性，以明白道理和法度，可見「論」字的含意。用口論述或稱「言論」，當然還是以語言為主。

中文字之美，其中有許多妙處。「論」字是「言」邊，在「字義」。另一半是聲，是「侖」。侖字在字形上，原是「編排有序」的意思，引伸為思索。本來就有「論者倫也」的說法。說思索是思想的「思」和「理」意義相近，「理」字是形聲字，偏旁是玉，玉是中國自古就很珍視的礦石，因其質地溫和，紋理交錯而不亂，象徵有變化又有秩序。思想有秩序，表示有條理，有步驟，不是胡思亂想。及至說出口或見諸文字，也毫無差別。把「論」字，解釋出來，可以說是：

「合理的思想說出口或用文字寫出，內容正確、清楚明白而又有條理。」

我們通常說話，只覺得「話在口邊，就順口而出。」若以出口合乎「論」與「倫」而言，在口說之前，就先要有大腦的活動，「想」到了要說的話，就是「先有了思」。只因為這活動連結的特別快，人們不曾注意。到了「言論」或「論說」，當然不似「衝口而出」的話那麼隨便，尤其說「有道理有法度」的話，必須且應該「先有一番考慮」，先要想一下，「怎樣說」才「言之成理，不違法度」，才能使聽者入耳縈心，就是要「聽得進去」，有道理法度固是其一，更要有些「藝術」成分，使聽者不但聽進去，且能「低迴於心，不能去懷」，那就既要言之成理，且要「言而有味」。試以一個熟知的例子來看：

《論語》學而篇：

子貢曰：「貧而無諂，富而無驕，何如？」子曰：「可也。未若貧而樂，富而好禮者也。」子貢曰：「詩云：如切如磋，如琢如磨，其斯之謂與？」子曰：「賜也，始可與言詩已矣，告諸往而知來者。」

這段話是子貢要區分窮人和富人之別，是從「消極面著眼」，以爲窮人多半習慣於奉承人，對人要卑躬屈節的說好聽的話以取悅人；富人財大氣粗，多半看不起人，特別對窮人如此。免去這不該有的，當然也不算錯，可是人固然不該「有失」，卻不如「有得」更積極，只「救其失」還不夠，「長其善」才是「根本」。貧諂富驕是「表現在外的」，不是「本質」。本質應是原本就「圓滿充實」的，或者可說是出於本性，本性才是最根本的，不因「外在狀況而改變」。儒家認爲「安貧樂道」是基本精神，是內在本有的，就不會因貧而諂媚富人。富人雖然富有，有修養的也不會驕人。內外如一，才是君子之道，和只重外在皮毛的不可同日而語。子貢得到夫子改正的啓示，領會到「切磋琢磨」是深入「思維」的功夫，深思可以達到「奧妙」的境地，足以比美琢玉之「由粗入精」，細心體會，學習如果也是這樣，「邊琢磨邊欣賞」，多得一步用心的精致心得，乃是「精進的功夫」，有了這經驗，心裡的感受會相當快樂。

劉勰的《文心雕龍》中說：

> 論也者，彌綸群言，而言精一理者也。

就是說，把多數思想家所說的話，補充聯結，歸結出一個「正理」來，才能說是「論」。大體而言，劉勰以爲「論」可以分成八類，每二類又有關聯，即是：

1.陳政與議說：即是陳述政事所說的要和議論相吻合。
2.釋經與傳注：即解釋經文要參照傳述與注解。
3.辨史與贊評：即辨別史料要注意讚頌及評論。
4.詮文與敘述：即詮釋和敘述應有一致的方式。

劉勰所持的理由是，如他所說：

> 論也者，彌綸群言，而言精一理者也。是以莊周齊物，以論為名；不韋春秋，六論昭列；至石渠論藝，白虎通講，聚述聖言通經，論家之正體也。

上述「不韋」即呂不韋，著有《呂氏春秋》。「石渠論藝」是和宣帝召集儒家，在石渠閣討論五經的異同；「白虎通」爲班固所撰，多爲名詞釋義。八類都是以論述爲宗，屬「正論」，也可以用「論說」來概括。

劉勰說「論」的主旨是：辨別是非對錯，對具體的事物尋根究底，找出其根源；對抽象道理仔細鑽研，以求透徹通達；最後得到正確的結論。所以「論」是表達思想、衡量事物和道理的工具。

「論」是有上述的功能，其「美」則見於「周全通達」，扼要而不繁瑣，流暢而不疏陋。簡單的說，就是要「義正詞嚴」。（嚴不是嚴厲，而是「正確無誤，簡捷明白」。）

「論」中不免有述說，即是「陳述」。大體說來，「陳述之美」，在於「言簡意賅」。例如說：「牆內有一顆樹，是棗樹；牆外也有一顆樹，也是棗樹。」棗樹是中國北方非常普通的樹木，容易生長，結實累累，鮮果和乾果都是最普通的食物，且可做成其他食物。這樣敘述，只覺詞費，無美可言。如果說「牆內外各有一顆棗樹」，便足以說明事實，可以省去一半的文字，至少簡捷多了。劉勰又說「論」要合理周全，不能顛倒是非黑白，以非爲是。他說：

> 原夫論之為體，所以辨正然否，窮於有數，追於無形。

跡堅求通，鉤深取極；乃百慮之筌蹄，萬事之權衡也。故其義貴圓通，必使心與義合，彌縫莫見其隙；辭共心密，人不知所乘，斯其要也。是以論如析薪，貴能破理，斤利者越理而橫斷，辭辨者反義而取通，覽文雖巧，而檢跡如妄，唯君子能通天下之志，安可以曲論哉？

如此便見到「論」要透徹明白，不文飾，不詞費。到了「說」字，是從口舌而言，舉凡「述說」、「解釋」、「講述」或「講說」，以至「討論」，概同一義。劉勰在「論說」中也說過：

說者，悅也。兌為口舌，故言咨悅懌；過悅必偽，故舜驚讒說。說之善者，伊尹以論味隆殷，太公以辨釣興周；及燭武行而紓鄭，端木出而存魯，亦其美也。……一人之辨，重於九鼎之寶；三寸之舌，強於百萬之師；……

夫說貴撫會，弛張相隨，不專緩頰，亦在刀筆。……

凡說之樞要，必使十利而義貞，進有契於成務，退無阻於榮身；自非譎敵；則唯忠與信，披肝膽以獻主，飛文敏以濟辭，此說之本也。

這是從前在政治方面，「說」自有其貢獻。即在政治之外，「說」也有先在條件，即是即刻的環境。在這個環境中，可能只是兩個人覿面相對而言的「談論」；也可能是一個人面對若干人「說話」（如講演）。在這樣的狀況中，「時機」就在「說者」能控制環境氣氛，「融洽」或「緩和」，「嚴肅」或「緊張」，隨機變化，使聽者與說者「融為一體」，各自「渾然忘我」。

這中間的另一種狀況，一是兩人對談；一是雙方相對討論。無論只有兩個人或多個人，總是既有「說者」，又有「聽者」。「說者如何說」，「聽者怎樣聽」，可能造成「美」的氣氛；也可能構成「其他」的局面。

「美的條件」是：「說者」先有充分的學養與練習，說前有慎重的考慮與計畫，即是思索與分別條理。然後要有「相當的口才」，有時且要「隨機應變」。「聽者」則要沉著耐心的「傾聽」，無論「說者」的表現如何，絕不「插話」打斷說者，不「搶述自己的意見」，即是一定要待說者「畢其詞」，然後才表示自己的意見，這是「聽」的禮貌和道理。然後自己變成說者時，贊同前一個說者也好，反駁也好，是對談或討論的原則。

相反的是：

「說者」有「不足」之處：

1.對所說的內容準備不足；
2.「口才」不利，如重複，多有語病，加上不必要的聲音，如啊、呀、嗎、啦、這個、那個等等。

「聽者」的反應有不妥之處，如：

1.二人對談時，屢次阻止說話的人；
2.聽別人說話時，不愛聽而顯示出「神情不屬」：東張西望，與旁邊人說話，甚至睡起覺來。
3.打斷說者的話，而急於表現自己的意見；
4.舉手爭得發言機會，反駁說話者的話。

有人如此表現，便破壞了談論或討論的氣氛，尤其聽者第三和第四種反應，很可能變成「爭論」，不但改變了原有的氣氛，甚至離開了原來的主題，激起情感作用，會鬧得面紅耳赤。這種情形往往出現於「辯論」的場合。

「辯論」多數是持有不同觀點或理念的雙方，各要用自己所持的信念或道理，折服對方。其取勝的條件，一是所持的「理由堅定正確」；二是辯說「清楚明白」；三是態度與說辭「謙和有禮」。如此表現出來，可以使對方「悅服」。即是在「心折之中」所存的，是「心悅誠服」，是「理性的愉悅」，而「愉悅」本就是「論說」應有的成分。試以《三國演義》中一番對話爲例。

這段話是在吳國孫權和蜀漢交惡之後，諸葛亮主張蜀與吳聯合拒魏，吳派張溫至蜀，受到合禮的接待後，聚集百官給他送行。宴席上張溫表現傲慢，蜀官益州學士秦宓中途帶醉出席。張溫問知後，就諷刺的說：

> 「說是學士，不知道心中曾學到事情了嗎？」秦答：
>
> 「我上至天文，下至地理，三教九流，諸子百家，無所不通；古今興廢，聖賢經傳，無所不覽。」張說：
>
> 「你說大話，我就從天問你，天有頭嗎？」秦答：
>
> 「有頭。」

以下是他們的問答：

> 「頭在何方？」
>
> 「在西方。詩經中說：乃眷西顧，由此可以推想出來。」
>
> 「天有耳朵嗎？」

「天在高處可以聽到低處的聲音。詩經中說：鶴鳴於九皋，聲聞於天。沒有耳朵怎麼能聽！」

「天有腳嗎？」

「有。詩經中說：天步艱難。沒有腳怎能行走？」

「天有姓嗎？」

「怎麼會沒有！」

「姓甚麼？」

「姓劉」？

「怎會知道？」

「天子姓劉，所以知道。」

「太陽是從東方出來嗎？」

「太陽雖然從東方出來，卻從西方落下。」

張溫再也問不出別的問題了，於是秦宓反回來問他：

「你是東吳名士，既然問了許多關於天的『事』，必然也很知道『天的理』，請問前古的時候，混沌分開以後，陰陽各別，輕清者上浮而為天，重濁者下凝而為地；至共工氏戰敗，頭觸不周山，天柱折，地維缺；天傾西本，地陷東南。天既輕清而上浮，怎會又在西北方傾斜下來？不知道在輕清之外，還有甚麼東西？請先生指教！」

於是張溫承認蜀中有人才，一變其傲慢的態度，表現得彬彬有禮而去。像這樣的「外交辭令」，春秋戰國時代的記載最多，到現在仍然用在外交方面，即是每一方都要保持住本方的風度和局面；又要小心不使對方感到尷尬，然後雙方才能建立和諧的關係。

其實論與辯都靠「說」，和「講」一樣，只是「講」重在「述」，「論」和「辯」也包括在內。劉勰最後總結「論說」道：把道理表現於語言時，述說道理就成了論述。論述道理時，可以探討到人世事物，以及大自然的奧祕。把人的「心思」牽引到浩渺無垠的境界，使得陰陽變化之理，深入心中，且深信不疑。甚至渺冥的鬼神之道，也昭然若揭。說辭如同用飛鉗抓住人心，傾刻之間，能使人沮喪，或是使人興奮莫名。

原文是：贊曰：理形於言，敘理成論。詞深人天，致遠方寸。陰陽莫貳，鬼神靡遁。說爾飛鉗，呼吸沮勸。

論述要使聽者入耳縈心，深刻在心，等於抓住人心。可是「犀利」的言辭，說者可能自覺快意，有時也會如利刃般傷人，不可不慎。

「講演」大體上和論述相同，只是當場「述說」，和「書寫」（論著）略有不同。書寫可以隨時更易，述說則「一言出口，駟馬難追」。機敏不足時，不能立刻改正，所以除非有十成把握，最好不要「口若懸河的滔滔不絕」。

有的講演先要寫好講稿，到時照章誦讀，最正式的形式多半如此。但是也有講演者預先寫成定稿誦讀，宛如老學究「講書」一般。「讀稿」的好處是，言辭曾經事前考慮斟酌，失誤較少。問題是，誦讀和口說不同，誦讀沒有口說的流利自由，聲調容易變化。如果少了說話般的抑揚頓挫，就會失之呆板，尤其講者要一面看稿，一面又要面對聽眾，時而低頭，時而抬頭，使聽者隨之更換目光，不勝其煩，也使聽者因疲倦而陷於沈悶中。

講演時的講演者，除了具備講演的條件之外，講演時至少一心須要三用：一要記得上一句說了甚麼；二要想到下一句說甚麼，以便連貫；三要注意聽眾的表情反應，並且把注意的眼神貫注到聽眾，以抓住他們的注意力。把握住這三點，自己的講演才不致白費力氣。

四、言語的限制

(一)溝通工具的開始

在廣大的地球上，人類的居住地分布極廣，每個群聚而居的民族，都有自己通用的語言，可以互相溝通，但是也只限在一個族群之中，未必能通到另一個族群。於是語言便有了很大的差別。雄心壯志的秦始皇，統一了治下的許多事物，甚至統一了文字，卻未統一語言，大概他知道統一語言有困難。困難在「地理環境」。

地球上地理環境對人生的影響十分明顯。水土是人生活的基本資源，除了維持人的生命，決定人的生活方式之外，也影響人的體型、面貌，以至性格。《中庸》第十章中有「子路問強」，孔子就告訴他說：有南方之強和北方之強的差別，又說：「寬柔以教，不報無道，南方之強也，君子居之。衽金革死而不厭，北方之強也，而強者居之。」這分別似乎是就著性格而分的。遂有君子與強者之別。另外在《周禮》地官司徒中，曾就著地理環境區分人的體型與性格。

語言的開始，推想起來，應該是「用聲音」以「指物」，即是文字中「名以指實」的效用，當一個聲音得到多數人同意後，大家都用相同的聲音指同樣的物，這個「物名」便算「確定了」。至於其他「抽象」的意思，大概要經過「表情」、「手勢」以及動作等，取得了解，擴展到語言。

由此可以知道語言始於人對面接觸，用聲音作媒介，然後擴展到更多的人，其限制必然是「聽覺」所能達到的距離。否則聲音不同，便無法溝通，所以幼兒先學會的，便是「母親」的語言，「母語」之說即是由此而來，漸而擴展到「近距離」的地方，而有了「方音」的事實。

「母語」與「方音」是從幼聽慣又說慣的，積久成習，若無意改變，終生都會不變。這種語言習慣，構成一個人的一部分，聽到與自己習慣不相合的聲音，便失去「親切」的感覺。俗語說：「親不親，故鄉人。」語言相同，無形中就會使人生出「親切感」。而相反的對「異鄉人」投以「非我族類」的眼光，也就是「不習慣」。

(二)語言學習的重要性

前面已經說過，語言本有「愉悅」的成分。從人類生活的起點說，嬰兒一生下來，母親只要沒有說話的障礙，就會和他說話，也是他學習的開始，並是他語言習慣奠基的時期。

通常母親和幼兒說話，先就有一個「愛」為基礎，幼兒所聽到的聲音，溫婉柔和，充滿了愉悅。不過母親說話的狀況卻有差別。先是聲調的影響，後是母親的心情。如果母親和幼兒說話時，衷心悅樂，幼兒聽了自然安適，逐漸的習慣這種聲音，也就用這種聲音發聲。而聲音中所含的語氣，與聲音是否一致時，幼兒還是能夠分辨。母親的聲音中帶著不耐煩，當然沒有溫柔親切，這時幼兒不但不接受母親，甚至反會哭了起來。因為不耐煩中「含著煩躁」的成分。不要以為幼兒不懂事，他們是很敏感的。母親不耐煩時的「高聲」與「噪音」，不是幼兒所樂意接受的。可是一個「壞因素」卻種在這裡，幼兒學到了「另一種」說話的聲音，可以用這種聲音表示「不愉快」。

作者曾有一次親身經歷，在一次搭乘火車時，車廂裡先有一對看似母女的對面而坐，各拿著一本書閱讀，有時說話也輕聲細語。後來一對夫妻帶著三個大概五至十餘歲的孩子上來，此時車中別無他人，三個孩子在車上來往奔跑，高聲喊叫，他們的父母相對說話也聲音震耳，對孩子們更常常吼叫，可是他們卻「充耳不聞」。作者也嘗試聽這一家夫妻之間的對話，好像意見並不一致。子女間的相互對話，也是互相挑剔爭吵。因而感到兩家都是親子關係，家長和孩子的表現卻相去有天淵之別，此無他，「語言教育與學習」。當然還有別的因素，造成了下一代不同的表現。倘若有機會再多聽些，可能會聽到孩子們說話內容更多的差異。

幼兒漸長，會從言語中，接受親長以至很多人的經驗。父母對話的情形，待人接物的狀況，以至處理生活事件的方式，都是子女的典範。如果父母經常習於輕聲細語，不隨便喊叫，或可校正中國人「大聲說話的習慣」。

通常幼兒在父母接待訪客時，最易滋生一個「壞習慣」。通常幼兒常要成人陪他玩耍，父母招待客人，他便受到冷落，這是他不喜歡的。於是他要高聲喊叫，擾亂成人。此時父母為了安撫他，便去照料他，卻不阻止他的喊叫。一次得逞，便學會了一個妙招，日後便成了他的手段。不理他，他就喊叫不停，以至父母接電話時，還是如此。教兒童語言規範，便是隨時要告訴他，不能擾亂別人說話。而自己說話時，聲音高低，以能使聽話的人聽到為限，「用高聲壓倒全場」，「不禮貌」，自己也太辛苦了。

幼兒愛聽故事，有很多適合幼兒聽的「圖畫故事書」，教他們看圖說故事，既增加知識，又練習說話。很多有文化價值的兒童故事書，有相當廣闊的領域：上自大自然，人類的原始，以至當前的事物，都會引起兒童的興趣。而一個民族都有流傳下來的信念、信仰、故事，雖非正統的知識，卻足以啓發思想。尤其是神話傳說，本就是先民的臆測或創造，兒童興趣廣泛，從聽故事到說故事，都是學習活動，這種活動乃是有益無損的。

(三)語言的學習典範

靠語言達到表達意見的目的，須要學習。學習在幼兒期靠父母，入學後則靠教師。教師不但啓迪知識，更要注意學生的修養。因爲學識與修養，乃是二而一的。所謂「愼顏色，出辭氣」，都在於一心，既不能僞飾，也不能掩人耳目。

1.表情與口型

語言俗話就是所謂說話。說話是人最簡單又容易的動作，口舌一動，聲音就出來了，而且立即傳到別人的聽覺。就因爲太方便，在和人接觸時，反應敏捷者張口即來，顧不得「一言出口，駟馬難追」。謹愼者則相反，習於先考慮再出口，往往使聽者不耐久待。

其實說話不只在口舌，還有比口舌更快的，先於聲音傳達到對方，即是「表情」，那是先於聲音，對方立即可見的。這情形，即使在聲音傳不到的距離，也能爲人所了解。

《韓詩外傳》卷四有一段記載說：齊桓公與管仲私下計畫要征伐莒國，結果人民卻都知道了。桓公問管仲何以如此？管仲說：大概國人中有聖人。（那時認爲聖人無所不知）而齊國有一個名叫東郭牙的被視爲聖人，可是桓公與管仲說話時他並不在身邊。但此時東郭牙卻在旁邊，管仲問他是你說出去的嗎？他說是。管仲說：你既未聽見，怎麼會知道。他說：「我知道君子有三種表情（臉色）。歡欣愛悅是聽了鐘鼓音樂；憂愁哀傷是有了喪祭之事；嚴厲凶猛是要興動兵革。」管仲問你怎麼知道是要伐莒呢？東郭說：「我看見國君手指著東南，張著口，舌向上，是說莒的形狀。因為眼睛與心相符應，說話表示行為的意向，所以看外表，就能知道意向。」由此可見心意與外表的關聯，也就是看外表，能知道人心的狀況，「心與口的動作」有「一貫」的動向，甚至修養也是內外相通的。

2.心態與言辭

《韓詩外傳》卷五中又有一段載：

> 孔子曰：夫談說之術，齊莊以立之，端誠以處之，堅強以待之，辟稱以喻之，分以名之，歡欣芬芳以送之，寶之珍之，貴之神之，如是，則說恆無不行矣。夫是之謂能貴其所貴。若夫無類之說，不形之行，不贊之辭，君子慎之。

這段話涵蓋的說話時的心境和性情，話要說得明白誠懇，語言不足時，可以加上譬喻解釋，以至「分說」。聲調要愉快，態度要謹慎，顧惜自己的言辭，專心一志。不涉及蕪雜、鄙陋的話，或誹謗的話語。

3.禮貌為先

說話總是在面對別人的時候。面對別人，必須以「禮敬」為先、前文曾引《禮》的精神就在「敬人」－「雖負販者，亦有敬也」。

世人常「以貌取人」，「禮敬也隨之而變」。看到「富貴者」是一副嘴臉；看到以為「不如己者」，不但毫無敬意，甚至「卑視」。藐視人，「傷人」猶在其次，先「失去自己的風度」，則損及自己。

在孫光憲的《北夢瑣言》中載有這樣的一個軼聞故事：

唐代豆盧瑑免去宰相職位後，一天到一座寺廟去觀覽。他屏去隨從，自己走進佛堂坐在拜墊上，想靜坐一會。此時一個科舉人走進來，大搖大擺的坐到椅子上，看見拜墊上坐的人，衣著平常，就毫不禮貌的說：「咳！老頭兒，你是個衙門裡的小職員嗎？」老人說：「不是。」他又說：「那麼就是一個書記之類的吏員了？」回答：「也不是。」他覺得有點不大對，就站起來說：「那你是一位州官了？」這回答的卻是：「還要大一點。」他不甘心的又問：「那你就是朝中的高級官員了？」回答是：「還要更高一點。」正在此時，相府的隨從擺著全副執事前來接宰相。這人嚇壞了，私下問隨從老人是誰，知道了曾是當朝宰相，只得落荒而逃。回家後越想越怕，便寫了一份「悔過書」，到府邸去投遞求見謝罪。豆相接見了他，但是也警告他：「年輕人要有禮貌，不可只有了一點功名，就得意忘形。」同時還留下他喝酒，特意用大杯給他喝。他沒有酒量，又不敢不喝，喝到口裡，只好偷偷的用席巾擦嘴，最後是大醉而去。

4.禮貌的言辭因人而別

首先要控制自己的情緒狀況：

極度快樂時勿輕易說話。
煩惱時或匆忙時先準備耐心。
憤怒時先平息怒氣。
悲哀時先勿涕淚交流。

然後分別所對待的人：

對長輩：長輩說話要敬聽。長輩不問就不多說話；有問則必答。

對平輩：公平對待，以祥和為主。

對晚輩或幼小的人：慈祥、和善、輕聲細語。

對生人：友善、謙虛有禮。

5.言辭與聲調

言辭清楚明白：中國話一字一音，每個字音應正確清楚，但在若干字連成一句時，「語氣」使「字音」有了「輕重緩急」的區分。「重而緩」的音引人注意，和「輕而急」的有明顯的差別，這些差別使聽話的人容易把握意義。加上「聲調」有「抑揚頓挫」的變化，比「聲調平板」者富有「變化之美」，善於講演者都有這種技巧，使話語的意義更加明白動聽。

有些人有一種誤解，以為「大聲」就能引人注意，特別在面對多數人時如此。殊不知聲音特大時，會變成「噪音」，使聽者「震耳欲聾」，掩耳還來不及，怎能用心聽？父母對子女、教師對學生，就常有這項誤解。而群聚時「搶著發言的人」，尤其不自知的如此。

6.交際言辭

目前生活狀況複雜，謀生的行業中講究「人際關係」。與人交往，當然言語為先，語言學習應是重要的一課。

我國古代即講究外交辭令，從春秋戰國之後，兩個國家交往，各求有利於本國，縱然於對方無損，至少要求得與本國有利。所以關鍵便在能說出一番使對方「悅耳動聽」又適當的話，或者能折服對方，並說得「在當前」合情合理，才能使對方接受自己和己方的意見，以達到己方的目的。這樣就需要有相當的學識，以及對相關狀況充分的了解，知識還是占了重要地位。

《晏子春秋》中載，齊景公派晏子訪問楚國，據說晏子身材矮小，楚王要折辱他，特意在城門旁邊開了一個小門迎接他。晏子不肯走進這個門，開口說：

> 這是狗洞，出使狗國的才走狗門，我是來楚國，楚國是個大國，到大國來的人應該從大門進，不應該走這小狗洞。

楚王只好打開大門請他進去。在晏子見過楚王後，楚王又要折辱他，便問：

> 齊國的官員都像是閣下這樣的嗎？

晏子回答說：

> 齊國派遣使者有分別，優秀的人才派到禮義之邦去，像我這樣不成材的，就只好派到楚國來了。

楚王還不甘心，使人綁著一個犯人從下面經過，楚王問這人是哪裡人。答是齊國人、又問犯了甚麼罪，答道：作賊。楚王轉頭問晏子：齊國人都作賊嗎？晏子回答：

> 聽說橘子生在淮北，味道甘美。可是若移植到淮南，就變成枳，是水土的關係。齊國人在齊國不作賊，到了楚國就作賊，也是水土的影響。

晏子與楚王經過一番唇槍舌戰，終於得到楚王禮遇而去。

言辭在某種情境中，直言無隱是正規。可是在另一種情境中，直言往往成為「忠言逆耳」，以至使聽話的人聽不進去，「忠言」就等於「白費」了，甚至還會引起反感。據說春秋時楚莊王有一匹最心愛的馬死了，楚莊王下令要用大夫之禮埋葬這匹馬，用最好的裝殮，最隆重的儀式。宮庭藝人優孟說：「這樣還不夠，大王不但要群臣戴孝送葬，更要通知所有諸侯來送葬，還要選一塊風景美麗的地方，蓋起廟堂，四時祭祀。使天下人都知道大王『重馬輕人』才對。」楚王聽了，連忙說：「夠了，夠了，我知道錯了。」這就是用「諷喻」代替「直諫」。

戰國時期的「縱橫家」，其成功便在能「說服」各國國君，聽從自己的意見。蘇秦能說服當時分處南北的六國，聯合以「抗秦」，以免被秦國分別蠶蝕，稱為「合縱」。六國接受了他的意見，使他得以「配六國相印」，聲勢攝人。張儀則說服秦國國君，分別與東西六國交好，由近及遠，分裂六國，使六國分別單獨「事秦」，稱為「聯橫」，於是合縱的邀約消滅，秦國把六國個別擊破，最後統一了天下。

(四)口才須要練習

歷史記載蘇秦、張儀都出於鬼谷子之門，二人在離開師門之後，並未立即得志。蘇秦初次嘗試自己的遊說口才，到處碰壁，路費用光了，衣服也舊了破了，回到家裡，父母看見他那副落魄的樣子，根本不想理他，妻子照樣坐在織布機前織布，兄弟都躲到外邊去，嫂子也不肯做飯給他吃。他一再反省，發現是自己的說話能力不佳，於是重新日以繼夜的研究鬼谷子的書，睏了想睡覺，便把頭用繩子掛起來，或是用錐子刺自己以保持清醒，直到把握住鬼谷子所教的精華，才再出去遊說六國而成功。張儀也是經過一段挫折才有了成就。有些人天生的以口才見長，不過口才也可以因練習而增進。作者曾親身經歷過多個實例，其中最明顯的一個足爲驗證。

一個醫護人員研習班，以一位外科醫師爲主任主持。研習人員每早都有例行集會，這位主任每回照例必向全體人員講話。初時他說話，話不成句，而且一句一頓，上句和下句全然無關，聽者都不知所云，於是下面的話聲掩沒了他的聲音。他好像很愛講話，每天必講，經過一段時間後，他的話不但變得流暢明白，而且內容充實，聽者都傾耳聆聽，會場也就變得寂靜無譁，可見他的練習委實有效。

重要的是，正式說話之前，先要打一個腹稿，即是先想好所要說的重點，安排好先後次第，說出來才會有條理，清楚明白。至於修辭，則在平日的素養。

五、語言教育

語言除了嬰兒期無意識的發聲之外，然後就是要經過教導而學習。學習和環境有密切關係，特別是最初常常接觸的人。在文化落後，或是閉塞的環境裡，幼兒所學的只是「村言俚語」，難登「大雅之堂」，所以語言也有學習的規範。

(一)從幼兒開始

中華文化發展的早，進步時間又長，很早就對語言教育重視，尤其早期的貴族，有受教育的機會，因爲其未來很可能會成爲政治領導人物，所以語言教育就是重要的一課。例如帝王之子，自幼便有褓母負責教導。大夫以上有「食母」。一般人則由母親自己教導。到幼兒能說話時，先教他要立即「答應」，那時男女的聲音有別，總以表示順從恭敬爲主。

有人本身習慣口不擇言，不但以村言俚語爲經，甚至以教幼兒罵人爲樂。就在日常和幼兒說話時，也不注意語氣，特別是心中不快以至發怒時，動輒粗嚴厲語，乃是不當的示範。

(二)禮教為本

言辭是表現於外的，但是並不止於外在，外在成爲習慣後，就會內在化，成爲本有的。幼兒學習多自外入，外內和諧一致，才能融成一個完美整體的人。適當的言辭，以合乎禮儀爲先。所以《禮記》曲禮上說：

> 修身踐言，謂之善行。行修言道，禮之質也。

這是依照「禮教」的根本而說的。人在出生後，生活在人群中，需要加以修爲，從本原性中引導出稟賦蘊含於其中的善性，並加入「文化的色彩」。「禮」就是使人修飾自己，爲人加上「文采」，並由外而內，成爲「文化人」。《韓詩外傳》卷五中說：

> 禮者，則天地之體，因人情而為之節文者也。無禮何以正身？

以禮正身，非生而自成的，必須有外在的助力，就如《中庸》開章所說的：

> 天命之謂性，率性之謂道，修道之謂教。

率性修道要依照修身的規範而實際作爲，「實踐善行」。表現善行，言辭也要合乎「道」的根源，也就是合乎「禮」的本質。所以言辭是有「善」的根源的。換句話說，若以爲說話不過是唇舌的活動，說完了就可「隨風而去」，乃是錯誤，因爲諺語說：「一言出口，駟馬難追。」說錯了，就再也收不回去了。再看《禮記》緇衣篇：

可言也不可行，君子弗言也。可行也不可言，君子弗行也。

這是「言行必須一致」的「箴言」。就因爲言語出口容易，可以「輕言無實」，特別是「不可以」做的，多半與禮不合。與禮不合是「失德」，若也「與法不合」，後果就不堪設想了。所以「話」不是可以「隨便說的」。反過來，可以做而不可以說，就是「不可以告人」。不可以告人的，多半是「不合理法的」，不能公開說出，既然說不得，基本上就是不能做的，不能做的本就不可以做，如果不能自制而做了，又說不出口來，還是不做爲是。

(三)嘉言善言

孔叢子有一則「嘉言」說：

宰我問：君子尚辭乎？孔子曰：君子以禮為尚，博而不要非所察也，繁辭富說非所聽也。唯知者不失禮。

孔子曰：吾於予（即宰我）取其言之近類也；於賜（即子貢）取其言之切事也；近類則足以喻之；切事則足以懼之。

這就是說，說話以合乎理最為重要。雖然知道的很多，說得太多了，人就不愛聽了，所以要言簡意賅，聽者才聽得進去。

劉向《說苑》中，有「善說」，是：

> 孫卿（即荀子）曰：夫談說之術，齊莊以立之，端誠以處之，堅強以持之，譬稱以諭之，分別以明之，歡欣憤懣以送之。寶之珍之貴之神之，如是則說常無不行矣。（此說並見前引）

這是說「說話的方式」，要以莊敬為本，端正誠懇，堅持正義，用比喻說明使人明白，分別是非黑白則合乎道理，配合情感使之動聽，珍惜自己的言辭，如此說話才容易使人接受。

又《荀子》榮辱篇中說：

> 與人善言，暖於布帛。傷人之言，深於矛戟。……辯而不悅者，爭也。

這就是說，和人說有益的話，所含的善意使人感到溫暖。出口傷人，會像厲刃般刺傷人。不當的言辭會引出各種不良後果，像和人辯論而到了不愉快的地步，就是逾越了說話的範圍，成為爭執，就不合禮了。

《韓詩外傳》「論言語」中也說：

> 問者不告，告者不問，有諍氣者勿與論。……故禮恭然後可與言道之方，辭順然後可與言道之理，色從然後可與

言道之極。故未可與言而言，謂之瞽。可與言而不言，謂之隱。

這就是說，「問」和「答」動機不同，「問」是需要答覆，不可「自問自答」。「答」在說明，若又「反問」起來，便與問者的目的不合了。然後是若知道一個人愛和人爭論，便不必和他辯駁。對有禮貌的人可以「論道」；和講理的人可以談道理；肯聽人說話的，才可和他深談。和談不來的人說話，是像瞎子般的「不識人」；和可以交談的人而一言不發，則是「藏私」。

另外，由言辭與行爲，也可看出社會風氣。邵雍的《漁樵問答》中說：

漁者謂樵者曰：天下將治則人必尚行也：天下將亂則人必尚言也。尚行則篤實之風行焉。尚言則詭譎之風行焉。天下將治則人必尚義也；天下將亂則人必尚利也。尚義則謙讓之風行焉；尚利則攘奪之風行焉。三王尚行者也；五霸尚言者也。尚行者必入於義；尚言者必入於利也。義利之相去，一何如是之遠耶！是知言之於口，不若行之於身。行之於身，不若盡之於心。言之於口，人得而聞之；行之於身，人得而見之。盡之於心，神得而知之。人之聰明猶不可欺，況神之聰明乎！是知無愧於口，不若無愧於身；無愧於身，不若無愧於心。無口過易，無身過難。無身過易，無心過難。既無心過，何難之有。吁！安得無心過之人，與之語心哉！

這是說社會風氣注重言辭與注重行爲的差別。說話只在口舌活動，輕而易舉。行爲或作爲就不這麼簡單。說話可以不經大腦，說了自己可以忘記，也可「恃口否認」，所以「言行不一」可以欺人。孔夫子一定也「吃過虧」，所以才說：「始吾於人也，聽其言而信其行。今吾於人也，聽其言而觀其行。」「欺人者」至少可以「矇混人」於一時，以使「其欲」得逞。而人之普遍的「欲」，無過於「利」，特別是「利己」。當權者可以運用權力以「逞私慾」，誘使人仿而效之，在群起仿效後，便成為社會風氣。上述漁者的話，乃是邵子的感慨。至少歷史告訴我們，三王之治，各綿延了數百年。而五霸僅止其身而已。「前車之鑑」，還不夠明顯嗎。

言辭既在修身之列，所以有彌足砥勵之處；相反的，也有應該戒惕之點。所要戒惕的，也就是「美」的反面，避免了這一面，就可以近乎美了。

大體說來，適當的言辭，應該是：

「說實話，言語誠實，言辭和平，謙遜，當理，合時，有用。」

(四)戒慎語言

明代敖英有《慎言集訓》，試擇其所舉「應戒」的項目列出，以便參考。

多言：老子說：多言數窮。林和靖說：多言則背道。

輕言：朱子說：無恥的人未曾作得一分便說十分矣。

妄言：朱子說：言語不可妄發。

雜言：張籍與昌黎書曰：比見執事多尚駁雜無實之談，此有以累於令德。

戲言：薛文清公曰：戲謔最害事，後雖有誠實之言，人亦弗之信矣。

直言：司馬光說，劉道原常直斥王安石之失，使聽者側目。

漏言：韓非子說：事以密成，語以洩敗。

惡言：荀子說：君子口不出惡言。與人惡言，深於矛戟。

巧言：孔子說：巧言令色鮮矣仁。

讒言：李太伯說：讒者沮善者也。用君子而小人沮之，是為讒。

輕諾之言：老子說：輕諾者必寡信。

譏評之言：孔子說：惡稱人之惡者。

凡是能說話的，口舌運動幾乎無日無之。只是說甚麼，怎樣說，則必須經過學習。而學習的功夫，卻有很多講究，且要從根本處開始，教育的功能也就在此。

第二章

文字之美

一、人的偉大創造

文化是人類的「精神創造」。這種精神在於人類天賦的「抽象能力」，即是會把「感官」接受的具體現象，在大腦中抽繹成「抽象的印象」。抽象印象的保留作用，叫作記憶。其實有些動物也有記憶作用，不過在人來說，這項功能卻非常寶貴。因爲記憶會使過去的經驗重新出現在腦海裡，宛如過去的情景即在目前，可歌者則歌，可泣者則泣。而且願意「重溫舊夢」時，隨時都可以回想。

可以回想的經驗，通常說是由記憶變成了「思想」的材料。不但是個人的，即使若干世代累積的，同樣可以保存下來，從而知道了許多個人不曾經歷過的事務。加以每個新生代又可隨時加入可稱「創造」的新材料，使材料越來越宏富。把保留和新生的材料累積起來，擇精去蕪，傳流下來，便構成「文化傳統的精華」。其中有一項最重要的東西，就是「人創造了」一種保留記憶的工具——文字。

但是人的大腦固然有記憶的功能，卻同時也有遺忘的現象；而且記憶也會錯誤。所保留的材料如果只靠「口述」傳給別人，別人也只用同樣的方式保留或傳達，不但有記憶的缺點，還要加上口述的謬誤，會造成雙重的失誤。倘若用另外的方式作保留和傳達的工具，將可減少失誤，提高保留和傳達的效果，文字便是這項最有用的工具。

文字只是一些抽象符號。這些符號可以用「聲音識別」，和語言有同樣的功用。不但能指稱具體的物與現象；並可顯示「抽象的意義」，把人所有的經驗用文字記載下來，傳流下去，使當時存在的人，在知道「當前」的狀況之外，還能知道「過去人」的種種，如同自己從前就存在一般，等於「早生了」若干年。所以文字也可以說是將人的壽命「推前」，能知道出生以前的種種；並且將記憶「延長」，遺忘了的又可找回來；更能「確實無誤」。於是人的所有創造和累積的成就，再加上新的創造，都用符號保存下來，比「口耳相傳」的，既正確，又無所遺漏，故而文字實在是一種偉大的工具，而文字的創造者，可知是絕頂聰明的人。

綜觀現在有文字符號的民族中，文化先進的可以分成兩大類：一類是用「基本符號」爲基礎，「符號」確定不變，只按照符號組合的次第與多少，確定物名與意義。如現在最通行的英文字母是一類；其餘雖然還有其他的符號系統，卻不似英文字母流行之廣。另一類當屬「中文字」，每個「單字」都可代表一個「名」，也可代表一個「意義」，如此單字的數量就不似「英文字母」之簡單，二者相較，初學者所要學的就多得多了。

二、文字的創始與演變

中文字是如何出現的，可以追溯一下其源流。

據傳說（後世記載的也是根據傳說），中華民族在有歷史記載之前，遠在神農氏時，人們是「用結繩」記事。後人臆測，如果是眞的，大概是把繩子結一個「結」，代表曾經有一件事，以免忘記。這方法當然不夠實用，因爲「結」太多了，究竟哪一個結代表哪一件事，還是記不清楚。後來黃帝的史官名叫倉頡的，因看見鳥獸遺留的足跡，可以區分文理，遂發明用一些符號指示事物，最初只是按照所見的「物象」，做成符號，成爲書契，大概是記載行政大事用的，就是所說的「象形文字」。許愼在《說文序》中說：

黃帝之史倉頡見鳥獸蹄迒之跡，知分（即文）理之可相別異也，初造書契，百官以乂（乂為治），萬品以察，……言文者宣明教化於王者朝廷，……倉頡之初作書，蓋依類象形，故謂之文。其後形聲相益，即謂之字。文者物象之本。字者，言孳乳而寖多也。著於竹帛為之書，書者如也（如其事物之狀）。……周禮八歲入小學，保氏教國子，先以六書：一曰指事。指事者。視而可識，察而見意。二曰象形。象形者，畫成其物，隨體詰屈。三曰形聲。形聲者，以事為名，取譬相成。四曰會意。會意者，比類和誼，以見指撝（同麾）。五曰轉注。轉注者，建類一首，同意相受。六曰假借。假借者，本無其字，依聲託事。

大體說來，可以說，除了象形字之外，明白的說；

指事字：按照實際的「情形」畫成符號，如上下。
象形字：隨物相描畫形狀，筆畫彎曲類似物形。
會意字：符號代表字的意思，如人言爲信、止戈爲武。
形聲字：「左半」代表形狀，「右半」表示聲音，如江河。
轉注字：從一個字「轉形」成爲意義接近的另一個字，如考老。
假借字：把一個字意義「借來」造成另一個字，如令長。

中文「字」的字形，都含著意義，所以有人說，中文字是「意義」的文字。可以看字知意，對學習者也是一大方便。

至於字形的變化，從周宣王時的大史籀所著的「大篆」，到秦始皇時，經過李斯、趙高等加以改變，而成了「小篆」。漢以後又有了「隸書」、「草書」以至「行書」、和現在最通行的「楷書」。

中國文字的價值，其一就在「意義」。如「人言爲信」，即是俗話說的「說了的話就是確定不變的」，既不能說了不算；也不能「用謊言騙人」。其中的「道德意義」就含在非常便利的「口舌」之中。所謂「信實」，所指的就是「天道之誠」，如日之「無所不照」，且「永恆不變」。試想哪一個人「喜歡」別人「騙自己」，或「被別人所騙」？「騙術」固然愈出愈「奇」，最容易的就是從「口舌」出來。「信」是「誠實無欺」，誠實的人使人「愛悅」，豈不正是喜歡他的「美德」嗎！

文字價值之二在「字體與書法」。不同的字體各有字形的變化之美；並各有其書寫的體例，遂成了一種藝術。古今的「書法大家」，各成「一體」，稱作「家」或「派」，各有「欣賞的價值」。甚至繪畫中提上字，也與畫「相得益彰」。這就是「字的藝術之美」。

「字數」增加和「字體」的變化。連帶的和書寫的工具有密切關係。若干年來，書寫的工具主要的是「筆、墨、紙、硯」四者，稱爲「文房四寶」。因爲有些所用的材料改變，也影響到寫法，即是「字體」。

以「筆」來說，由最初的「刀」進而變成近似筆的「竹簽」，（可能是蘸著油漆寫在「竹簡」上，帛書似乎也是如此？）最後才有了「毛筆」，據說是秦時蒙恬開始製作的（最近有人說商朝已經有了筆）。墨是由「油漆」進而成爲「墨」，因爲有了墨而又有了硯。紙由「骨片龜殼」進而成爲「竹片或絲帛」；最後才發明了紙。（據說是漢時蔡倫發明的）這四種材料通稱文具，不但使書寫大爲方便，也影響到字體的變化和寫字的技巧。

因爲書寫的工具和字體改變，「字」也有了不同的名稱。最初用刀「刻」在骨片或龜甲上的，多是「象形字」，稱「甲骨文」或簡稱「甲文」。商代生活大爲進步，已經知道用開發出來的銅礦製成器皿，並會用「雕塑」把文字附加在器物上，現在博物館中可見的「鐘」與「鼎」，後者可用作煮飯的鍋，二者上面的文字和甲文字體有了極大差別，字多且字體自成另一種型態，現在稱爲「鐘鼎文」或「金文」（在金屬器物上的），多數是「大篆體」。後來秦始皇要統一文字，簡化字體，命李斯做成比大篆簡單的「小篆」，成了另一種字體。再後來出現了「隸書」，用毛筆寫起來方便的多，也自成一體。最後又把隸書的寫法簡化，才成爲至今通用的「楷書」。這種說法，許愼《說文序》也說：

> （周）宣王太史籀著大篆十五篇，與古文或異。至孔子書六經，左邱明述春秋，皆以古文，厥意可得而說。

這是說在「古文經」初出土的時候，被「今文經」的信服者認爲是「僞造的」，造成「古文」、「今文」兩派大事論戰，論戰的文字長篇累牘，多年之後才罷。

三、字體之美

時至今日，書寫的字體並未因改變而消失，反而因「字體的特色」流傳下來，手寫的成爲「書法藝術」。字寫得好的，不但「原作」成爲「收藏」的寶物，甚至「仿本」以至「刻本」、「印本」，也成了「流傳」的「名家作品」。到現在大篆、小篆、隸書、楷書，另外加上草書、行書；石刻上且有魏碑等等不同的字體。試舉幾種字體以見一斑。

在甲骨文之外，如會意字的「止戈爲武」的這個「武」字，通常人們都認爲是「用力量壓制別人」，如「攻擊」別人的「力能勝人」；尤其是一個國家「攻打另一個國家」時，聲稱是「討伐有罪」，討伐就要用「武力」。只是兩個人相打時，則「二虎相鬥，必有一傷。」兩國相爭，用武力就不免「殺人」。而「據城以戰，殺人盈城；據地以戰，殺人盈野。」就算戰勝了，並不足稱爲「武」。眞正的「武」，不但是自己不動手或不用刀兵，而且是不用刀兵迎敵，要能「不戰而屈人之兵」，化干戈爲玉帛」，才是「武」。然則如何化干戈爲玉帛呢？根據中華文化精神，是「以德服人」，或是「以禮悅人」，使人「心悅誠服」，不必用武力較高下，而願意和平相對待。如此人類才有所想望的「太平盛世」和「世界大同」。

說到此處，站在教育立場，對人類有一個存在已久的「疑點」。即是綜觀中外歷史記載，「個人之間的搏鬥」固然「習見不鮮」，「群體戰爭」更是「歷史」中大書特書的大事。因而懷疑「人是否有與生俱來的戰鬥傾向」？

試先從「人性」來說，早就有「善－惡」相反的兩派主張：一派主「性善」；一派主「性惡」，至今沒有「定論」。

如果先「排除主觀意見」，從根本的「動物性」來看，無論是「二虎相爭」，或是「兩群相爭」，都基於「本性」之「生存本能」，即是「爭食以求生存」。動物中也因「綿延族類的本能」而「二雄相爭」的，不過這種爭經常不至鬥得你死我活，弱者力有未逮時，多是知難而退。至於「群鬥」的卻不多。人類的群體戰爭，已經超出爭食的「本能需求」。有的是爲了爭地盤，所謂擴張領土；有的是爲了爭觀念，以信仰或主張爲口號。試看由於這類戰爭所死亡的人，是他們的本意嗎？從「群體戰爭」的起因說，實在是「教育」應該研究的問題。

我們先哲在創造文字時，已經說了「止戈爲武」，可見戰爭不是根本解決人類問題的好辦法，不讓戰爭發生才是「治本之道」。我們後代已有了許多進步，是否應該從根本上想一想這問題，以求制止愈演愈烈的國際間「劍拔弩張」的狀況，且預防未來再發生戰爭的慘劇。

許愼《說文解字》中曾說：

> 文字者，經藝之本，王政之始，前人所以垂後，後人所以識古，故曰：本立而道生，知天下之至賾而不可亂也。

劉勰也說：

> ……（文字）義訓古今，興廢殊用，字形單複，妍媸異體，心既託聲於言，言亦寄形於字，諷頌則績在宮商，臨文則能歸字形矣。

由此可以藉文字記載，知道人類歷史，鑑古以知今，對人類歷史的教訓，平心靜氣的思考，有些已經發生，現在仍然不顧前車之鑑，還在繼續，須要人類徹底反省一下。

四、書法之美

中文字是「手寫」的藝術，可以和「繪畫」媲美，而且常常「書畫」相並而論。故而寫字的「手法」，便可以和「繪畫」的「技巧」

並駕齊驅，所以書法家和畫家都有藝術成分在其中。

名書法家的字，成了室內裝飾的重要文化品，文人雅士常把名書法家的字裝裱起來，和名畫懸掛在牆壁上，不僅作裝飾，更供欣賞，早已成為一種風氣習慣，至今不衰。由此擴展，商店的「招牌字」，居家的房屋名稱，如「某某室」、「某某齋」、「某某廬」之類，也要請名家書寫，製成「匾牌」懸掛起來。馴至過舊年時，各家門上都要寫春聯貼上，「好字」才能代表主人的文化水準。

最早的書法，都是用毛筆書寫，工具限制了「手法」，從執筆到運筆，都有方法與技巧。因為毛筆柔軟，要把「手力」和「腕力」達到筆尖上去，字才成形以至美觀。不似鉛筆鋼筆之容易操作。書法成了一種藝術，原因也就在此。

書法以王羲之最出名，據說他曾學書於魏夫人。魏夫人曾有「筆陣圖」，說明用筆的方法。此後王羲之用心練習。因為毛筆用墨寫，常常要清洗筆硯，所以他就坐在水池邊練字，竟把池水都染黑了。王羲之練字晝夜不停，一次在睡夢中用手指畫，卻不知畫到他夫人的身上，把夫人攪醒。夫人當然不高興，說：「人各有體，你應該在自己身上畫，怎可畫到我身上來？」這句話給了王羲之一個啓示。他原來是想學魏夫人的字體，可是總是不能神似。「人各有體」，使他領悟到要有自己的字體，因為自己有自己的手法，不必強學別人，所以才自成了一個體例。

王羲之的字終於有了「個人風格」，成為晉代的大書法家。他的《蘭亭集序》，說起來幾乎無人不知。據傳唐太宗曾費盡心力，且用了些手段，得到王的手書眞本，並曾命當時最好的書寫者寫成「摹本」，死後又將眞本帶入墳墓中，所以世間無從看到眞本。現在所能看到的，是從許多碑刻上匯湊而成的，故而字體大小不一。

《古今圖書集成》「字學典」中，載有「王羲之筆勢論十二章」，以其中三條爲例以見一斑：

1.創臨：筆墨硯紙如臨陣的武器，須求其滑健。

2.啓心：要凝神靜慮。

3.視形：斟酌面前的形勢。（頁818-20）

字學典中又載唐太宗有筆法訣說：

> 夫欲書之時，當收視反聽，絕慮凝神，心正氣和，則契於元妙。心神不正則敧斜，志氣不和書必顛覆。……（頁823-4）

唐太宗這位開創大唐帝國的皇帝，文治武功都有記載，居然對書法這麼重視，而他的十八學士中，像虞世南、歐陽詢、褚遂良等，都是書法名家。據說虞世南身兼五善：博聞、德行、書翰、詞藻、忠直。有一次宮中安裝了一架屛風，太宗命虞世南把「烈女傳」寫在上面，因時間急迫，一時找不到書，虞世南就憑記憶默寫出來，後來太宗叫人與書核對，居然一字不差。歐陽詢也是愛字成癖的，見了好字就被黏住。一次在路上看見一塊古碑，字是晉朝名家所寫，他連看三遍，才依依不捨的上路。走了一會兒，竟又勒馬回轉，跪在碑前細看，跪累了就坐在地上，晚上看不見了，就用手摸，一直看了三天三夜，才再上路。虞世南死後，褚遂良繼之，連他的兒子褚亮也作了御前侍書，父子同朝爲官，倍極榮寵。

要想把字寫好，在開始練習時，就要保持正確的「坐姿」，正確的「執筆」方式，然後才是「運筆」的技巧。「運筆」的技巧到了「出神入化」的地步，所寫的字便「躍然紙上」，「字」宛如有了生命，使人「欣賞不置」。

在《黃山谷文集》論書中說：

> 今時學蘭亭者不師其筆意，便作行（行書）勢，正如美西子捧心而不自寤其醜也。余嘗觀漢時石刻篆隸，頗得楷法。後生若以余說學蘭亭當得之。（頁855）

這是說書寫的字體雖然不同，卻有「學習轉移」的作用。

書法到自成「一家」時，便成了許多人追求的（名品）。有人只以此爲消遣，可能有求必應，不索報償，以至供不應求。也有求字者用些物品回報。另有「寫家」以「賣字維生」，收費稱爲「潤例」，鄭板橋就照字幅大小，訂出潤例價格，不喜歡人們用別的東西代替，說是全家人要吃飯，有了潤例，家人就有了買柴米的錢，不致受饑寒之苦，寫字才有興致。

書法之美，據晉書王羲之本傳說：

> 王羲之……善隸書為古今之冠。論者稱其筆勢以為飄若浮雲，矯若驚龍，為從伯敦導所器重。（圖書集成，頁941）
>
> 羲之子獻之工草隸，七八歲時學書，羲之密從後掣其筆，不得。歎曰：此兒後當復有大名。（同上，頁943）

可見寫字不但有執筆的方法，還要有執筆的手力。拿毛筆和鉛筆、鋼筆不同，執筆時以拇指、食指與中指爲主，其餘二指爲輔，加上腕力，才能使筆運用自如。

現在學寫字者，既使用鉛筆或鋼筆者，也不注意執筆的規範，常見很多人把筆握在整個手掌裡，寫出來的，「直畫」不直，「橫畫」不平，「撇、捺」不分，結果一個字的筆畫「糾結在一起」，使人難以辨認。到電腦代替書寫後，寫字的藝術恐怕就要失傳了。

唐代以後，書法名家多不勝數，博物館收藏的看起來已使人眼花撩亂；私人收藏的更是無法計算。現在常有名貴物拍賣的舉動，可能有時也會有「名字」出現的機會。至於名家法帖，更隨處都可買到，但是寫字的藝術，大概只能留給有興趣的人了。

五、文具之雅

寫字連帶的使得所用的文具「筆、墨、紙、硯」這「文房四寶」，和書法列在同等重要的地位，不但材料有許多「講究」，甚至「做法」也成了「專門」的技藝，且各有「獨特」的名目。

(一)筆

筆在中國文化史中的地位僅次於文字，因爲有了文字就有了書寫工作。要書寫就要有書寫的工具。最早的竹籤不久就被「筆」取代。史書記載秦時蒙恬造筆，有人以爲在蒙恬之前已經有了筆，這一點倒無煩爭論。只是有了筆後，因其用途之廣，遂與書寫成了不可分的「注意點」。於是筆的材料、製法、馴至用法，都成了「識字者」不肯輕忽的事。

以製筆的材料來說，先就講究選材。最重要的部分是「筆頭」。用作筆頭的材料是動物的「毛」，據說也有用人的頭髮的，但不普遍。毛有兔毛與鼬毛之別，取毛且有「季節性」，是要在動物毛最「細密」的時候取下，此時毛長且柔軟度較高，寫字可以從心所欲的運用自如。因爲筆頭的毛不同，比較柔細的稱「羊毫」；略粗硬的稱「狼毫」。

筆頭的做法，一爲「選毛」，因爲毛生長的部位和長短有別。大體上是「筆心」最中間的最長，然後一圈圈逐漸縮短，最後成爲「圓錐形」，故而毛筆也稱「毛錐」。

筆頭要裝在細長的「管子」裡。「筆管」多用「細竹」做成，只有唐朝書法名家歐陽詢的兒子歐陽通，也是書法名家，他的筆管特別要用「象牙」做，只能說是「名家」對自己用品的「珍重」。《西京雜記》中有一則記載說，古代帝王的筆管，在下端鑲著五彩寶石，想來拿起來必然相當沈重，只是特例而已。同時皇帝裝筆的盒子也用各種寶石裝飾，價值甚高。如此實用與藝術相合，且有了奢侈的色彩，當然也多了欣賞的樂趣。不過心靈活動不因物質狀況而有別，心靈的超越在人而不在物。

由此對筆的講究，就有了毫（即毛）、管、式（形狀如筍尖或葫蘆）、工（作筆者），以至如何收藏、洗滌。甚至用壞了的筆頭，也不隨便丟棄，而是埋葬在地下。後漢李尤曾有「筆銘」說：

> 筆之強志，庶事分別，七術雖眾，猶可解說，投足擇言，駟不及舌。筆之過誤，愆尤不滅。（圖書集成，頁1384）

又據《開元天寶遺事》載：李白年少時，曾夢見筆頭上生出花朵，人們傳說是他天才贍逸的預兆。（圖書集成，頁1390）

此外和筆連帶有關的，還有筆的置放器物，有「筆筒」、「筆架」、筆屏等。筆筒與金屬材料所製的筆架，以至筆屏適合直立置放。其他材質的筆架有陶瓷以至貴重材料如玉石之類製成的，這一類猶如象形文字的山字形，適合書寫時偶然擱筆之用，也稱筆擱。這兩種器皿，因材料與製作，在用途之外，並有欣賞價值。

據歐陽修的《歸田錄》中載：宋朝貴官錢惟衍，個性非常節儉，子弟很少有零用錢。他有一個珊瑚筆架，是他最喜愛的寶物，常常拿起來把玩。他的子弟因缺零用錢，便把筆架藏起來，說是被人偷去了。他要把筆架找回，便寫出「賞格」，允許給送還者大筆賞金。於是「偷取者」拿出筆架，說是找回來的，便得到他的賞錢。這種事一再發生，他每次都出賞金，卻不追究偷取者，成了名人的軼聞。

毛筆在用過之後要把墨洗去，否則時間久了，上面的膠乾燥黏成硬塊，必須泡在水裡軟化才能再用，因此就要有一個水缽，作爲洗筆的工具，稱爲「筆洗」。而這筆洗的材質與形狀，也以美觀爲尚。由此可以了解，「書寫的藝術」，有許多賞心悅目之處。現在小學生用含著墨水的硬頭筆，失去了美感，也失去了書寫的樂趣。

(二)墨

「墨」在書寫中與筆同樣重要。通常墨是用木材燒成「薰煙」，把「煙灰」刮下，蒐集起來，要一再「過籮」，把最細的「粉末」合上「膠」，在乾燥前作成球狀或條狀，以便在硯（俗稱硯臺）中加水研磨成「汁」，才能用筆蘸著在紙上書寫。如此所用的木材和膠的選擇也就有了講究。木材中以「松」爲佳，稱爲「松煙」，而且木材的產地和品質也有區分。「膠」出於「煤」。製膠的「煤」取自動物的皮革，有鹿膠與牛膠之別，膠的用量和墨的優劣也大有關係。寫字前研墨通常是小學生最頭痛的事，墨不佳一則久研不濃，或是「墨色灰淡」，往往受到教師的批評。從前書法家得到好墨，都視同珍寶，常常留作收藏品。現在故宮博物院還有帝王收藏的墨，可見「製墨」也是一項「高度的藝術」。

宋代何薳所著《春渚紀聞》中記載說，墨香中的「煙香自有龍麝氣」，說是西洛王迪做墨只用遠煙和鹿膠兩樣材料，文顏博向他要得一盒，他請文顏博用手指先按一下墨，然後抬起手指，就有煙隨之而起。他說這煙最輕，把煙抄起來放在水裡喝，喝起來便有龍麝的氣味。如果眞正放入龍麝，煙的香味便不見了。通常如果是用最好的松煙做成的墨，聞起來便有一股「清香味」。粗製品的墨，反而會有一種「臭味」。而且新墨不如舊墨，敲一下，聲音清越者優於重濁者。

研墨也有學問，作者記得在小學時，同學常常比賽誰研的最快。那時的研法是，拿著墨在硯中圓轉，因爲墨的著力點常是前輕後重，不久墨和硯的接觸處就變成斜面。後來才知道要「直研」才對。

《圖書集成字學典》中載王世貞的墨銘說：

> 不用耶而惜汝之材，闇然而不章。用耶而惜汝之精，的然而日亡。汝自以為能，立言汝祖快於摩頂放踵，而老氏之徒，以為竟夭其天年。（頁1410）

這銘文說墨近似蠟燭，其用也正是犧牲自己，頗爲幽默。

大體說來，文人雅士喜歡書法者，也多喜歡儲存墨。據說司馬光的嗜好就是蓄存了數百墨錠。有人問何故如此？他說：「是要使子孫知道我要用來作甚麼。」後來他寫《資治通鑑》，單是初稿就累積了

一間屋子。用了多少墨可想而知。（頁1413）

陸游的《老學庵筆記》中說：蘇東坡從儋耳回廣州，船壞了，有四箱墨俱皆損失，後來只從送給兒子的拿回三錠，一直用到晚年，可見前此蒐集之富。

(三)紙

「紙」是「竹簡」之後的出品，這項發明是文化進步的一大成就。製紙的材料也有分別。最粗劣的是用麥桿或草類，在水中浸泡多時，研磨成漿，瀝取出薄薄的一層，放在平板上，待乾燥後便可取用，這種紙目前已不多見。

據說蔡倫造紙之前，多用縑或帛代替沉重的竹簡，但是絲織品價格昂貴，蔡倫用樹皮、麻頭、破布、魚網之類材料作成紙，受到皇帝的賞識，才有了紙的出現，而大為流行。

後來多數紙張都是用竹做材料，只有「書法家」用稱為「宣紙」的書寫。這種紙寫出字來，特別能顯示「字體之美」。從前有些「名人」多指定自己所用的紙張，並印上自己的名字，稱為「箋」，有些高官就常有「某某用箋」印在常用的信紙上。

造紙的技術也日益進步，後來更有了造色紙的方法，使紙也有了不同的名目，有所謂宋牋色紙、金銀印花牋、雨花牋、硃砂牋、玉版宣等等。宋吳淑曾作有「紙賦」，首句說：

「方絮之體，平滑如砥，在古則無，簡牘而已。……」

梁宣帝寫過「詠紙」一首為：

皎白猶霜雪，方正若布棋，宣情且記事，寧問魚網時。（同上，頁1428）

這就說明寫字的紙，必然以平整爲原則。蘇軾也有一首索紙詩：

君家家學陋相如，宜與諸儒論石渠，古紙無多且分我，自應給札奏新書。（頁1429）

在紙上寫字，於是也就有了伴隨的工具。寫字時壓紙的工具叫「紙鎭」，多用較重的材料製造，有銅製、石製、水晶等等，形狀有差別，除實用之外，也有觀賞價值。同時因書寫時所需紙張的大小有別，「裁紙刀」也是不可少的工具。

現在紙張的材料多半取自木材，從印刷術進步後，不但印製文字類需用紙張，用在包裝方面的大有浪費的現象，倒是現代人應該警惕的事，否則濫伐必成爲環保的嚴重問題。

說到此再加幾句「老話」：作者小時候，路旁沒有垃圾筒，但有「字紙匣」，上面寫著「敬惜字紙」！表示對「字」的尊重，因爲「字」是聖人遺留的寶貴遺產，有字的紙，不可踐踏，對聖人的尊重，最細微處也不能忽略。

(四)硯

「硯」在從前不但是研墨必需的工具，其材料品質與產地也成爲書寫以至珍藏的條件，所以「名硯」各有「名目」。硯的材料多出於溪石，因產地而得名。一條溪中的石塊在水中浸泡日久，雜質被水沖刷乾淨，石質純粹，石的文理細緻，容易「發墨」，即是不用多作研磨，便適合書寫。例如廣東省高要縣端溪所出的，即是最負盛名的「端硯」；又如安徽省婺源縣歙溪石所作的硯，稱爲「歙硯」，同樣爲書法家之寶。此外「名硯」多以產地爲名，不勝枚舉。其中硯石會出現一些成形的花紋，也就定了硯的名稱，更爲名貴。

除了硯的出處和石材以外，雕琢硯的形式也成爲重要的「鑑賞條件」。這類的名目更多。有些人給名硯作上「硯銘」，刻在硯臺上，更增加了欣賞的情趣。從而珍愛硯就不能沒有硯匣來儲放並保護，故而硯匣也同有珍惜與鑑賞的價值。

宋朝何良俊著有一本《和氏語林》，其中記載了一段書法大家米芾的軼事。據說米芾曾被封爲「書學博士」。有一天皇帝和蔡京談論書法時，一高興把米芾召來，叫他在一架屏風上寫些字，並叫他用皇帝常用的端溪名硯磨墨。米芾最喜歡有名的文具，用皇帝的硯臺磨墨，對那硯臺就愛在心裡，寫起字來自然神采飛揚。於是心中盤算著怎樣才能把硯臺據爲己有。寫完後便對皇帝說：「這硯臺已經被『臣下』用過了，不能再給「尊貴的皇帝」用，不如就賜給臣下吧。」皇帝笑著點了頭，於是他像得到寶貝一般，帶著硯池裡的墨汁，就把硯臺抱在懷裡，以至墨汁灑滿衣袖和官袍上，洋洋得意的謝恩而去。他走後，皇帝說：「人說米芾是瘋子，眞是名不虛傳！」

人們因爲珍愛硯，作「硯銘」的也就很多，而且就可以刻在硯上，與硯同時欣賞。試以後漢李尤的「墨硯銘」爲例是：

> 書契既造，硯墨乃陳，煙石附筆，以流以申，篇籍永垂，紀志功勳。（同上，頁1458）

曹操所建的銅雀臺，在歷史中常有記載，雖然早已摧毀不見蹤影，後人撿到一磚一瓦，都視爲寶物。有人用銅雀臺的瓦磨成硯，成爲珍品。宋韓琦即有一詩詠這樣的硯：

> 鄴城宮殿已荒涼，依舊山川半夕陽，故瓦鑿成今日硯，待教人世寫興亡。（同上，頁1464）

人世滄桑，人造物也有變化，沒有人能把身外之物永遠擁有，就連自己都不能隨心所欲的生或死，「史跡」斑斑可考，只能留給後代人憑弔。可惜的是，在人生的大舞臺上，每個人都努力扮演自己想作的角色，成功或失敗，卻只能留給歷史作定評。有些物質的變化，長於人的生命，時勢就是如此。

就硯臺而言，用硯臺磨墨必需水，「注水器」（稱水注）也不能離硯太遠，所以水注也要美觀，才能配合名硯。

(五)印章與印泥

書法家寫字之後，習慣的印上自己的姓名或別號以爲證。於是刻印與印泥也有學問在其中。刻印屬雕刻，可以任選字體。印泥用朱砂製成，爲朱紅色，印在白紙上，黑字旁，使全幅字顯得「美不勝收」，而且好朱砂經久不退色。

六、習字的樂趣

說習字有樂趣，須要身入其中才能體驗。

手寫的字含有藝術成分。從前學生的作業都用手寫，字跡即有能否吸引人看下去的功用。清代科舉，書法也是一個要求的條件，所以應舉者都要練習書法。

習字可以分幾個階段。不過先在條件是，即使是始於被迫，也要「繼續」下去，然後才能「排除」拒斥的心理作用，生出「自動」的意願。待自己感覺到寫字的樂趣後，會發現寫字對心情也大有好處。因爲寫字時心裡平靜，使浮躁之氣消失。而且可以「一功兩用」，即是此時可能在心中升起一些意念：或是想到久思不得的答案；或是想到一個新奇的想法。還有多種樂趣，也會出現於寫字時。

(一)寫字的條件

1.準備

寫字前就有準備工作，如整理好桌面和座位。備好筆墨紙硯，把自己面前安置好寫字的氣氛。

2.坐姿

寫字時，先要把身體姿勢調整得端正平直。中國的「禮」，本就含著生理健康的道理，兒童的姿勢從幼就教導要「立如松，坐如鐘」。本就合乎健康原則。

寫字時便要坐得端正，使內心與軀體都保持平衡，才能正視桌面上的紙張。（晚近縱容兒童自由，教師不再要求學生的坐姿，任憑兒童隨意而坐，實則對兒童有害無益。）

3.執筆的姿勢

寫字前要保持正確的執筆姿勢，正對紙張，正確的執筆，雙眼前看，頭眼和紙張有適當的距離，如此才能「身體平衡」。然後「由動入靜」，心神合一，不再受外在干擾，才能平心靜氣的專注於寫字上去。

4.心境平衡

沒有外在干擾，則心中寧靜，心理與生理合一，可以專注一件事，即是寫字。於是心由寧靜而趨向「澄明」，能夠「心無旁騖」，注意力完全集中到「寫字」上。

5.求精進

練習寫字時，多是由臨摹法帖開始。過去「名家」法帖甚多，可以根據自己的喜好選擇臨摹。名家各自有其字體風格，初學者當然不能望其項背，於是便只有「潛心練習」之一途。就在自己練習的過程中，每寫一個字，可以自己「端詳」一下，看筆畫的優劣。自認寫得好的，自然滿意。若覺得不夠好，不妨再寫一個，試圖改正前一個的缺點。自己和自己比較，才能進步。

6.樂在練習

樂趣的出現，是當自己臨摹得「近似」法帖的一筆一畫時，或是自己寫了一筆自認不錯的時候。不過這並不是「一蹴即得」的。最好的方法是，寫完一個字時，和帖對照一下，「不像」！那麼立即再寫一個，再寫一個。可能其中只有「一筆」近似。然後換個字，因為不可能一次臨摹就完全成功。練習的次數和時間多了，才能「逐漸」近似。最重要的，每次寫完字後，要自己「欣賞一下」，看看自己的成績。這樣每次都可得到些快樂，而提高了練習的興趣。

明顯可見，中國文字由於字體的演變，書寫必然成為一種「功夫」。能寫一筆好字，得到稱羨，也是一種自我滿足的事件。

從魏晉以來，書法名家輩出。《古今圖書集成》中有一巨冊名

「字學典」，其中歷舉書法名家占了相當多的篇幅。書法成爲名家並非易事，如前舉王羲之的「筆勢論十二章」。又如『書法三昧』中，說到下筆、布置、運筆、綱目、結構等都有法則。

通常看手寫的字，如果字體可觀，看起來「順眼」，多半會有耐心看下去。如果字不成形，耐心就會減低，「好文章」可能會因此失去欣賞者。現在多數作品都出自「機器」，千篇一律，有使人感覺厭倦的可能，看者已經沒有欣賞「好字」的機會了。

前述唐代初年的多個書法名家，據說虞世南年輕時便專心學書，把自己關在一座小樓上不肯下樓，直到寫字有了成就，才肯下來。而他用壞了的筆頭，都丟在一個小缸裡，竟積滿了一缸。虞世南的書法深得唐太宗的欣賞，後來虞病沒，太宗慨嘆沒有好的書法家了，好在後來又有了褚遂良。而且唐初太宗時名臣如房玄齡、杜如誨、魏徵等，書法都有可取之處。書法成爲一種藝術，與繪畫並駕齊驅，欣賞的價值不可埋沒。

至於成名的書法家，寫起字來，駕輕就熟，寫完一幅字，其成就的愉悅，就是自己有了一份創作，當然樂在心中了。

第三章

經學（兼文史哲）之美

一、經學溯源

中國文化的起源與演進，自有獨特的軌跡，特點是從部落進入「統一」的局面，開始的政治領袖因爲「有才有德」受人擁戴，施政以民爲本，建立了於民有利的「治道」。

人類有史可據的記載最多也只能推到一萬年，在此之前的，還有待考古學的研究。中華文化從文字記載說，開始於黃帝時倉頡造字。可是在黃帝之前，據說就有伏羲、神農的偉大發明。伏羲作八卦，是《易經》的根源。黃帝戰蚩尤，安定了民族的發源地，並且發明了多種器物，奠定了此後的發展。

在一個民族定居之後，使生活安定，且不虞匱乏，就要有人來維持這個群體的秩序，於是出現了群衆信服的「領袖人物」，在他的領導下生活，生活無虞，才能繼續發展進步。

中華民族開始定居於黃河上游，《尚書》或稱《書經》的記載是從「虞書」堯典開始，記載著那時有「洪水爲患」。大概那時是「群居的部落」狀況。部落間須要和平共存，沒有爭鬥，而且必須有通力合作的精神，才能共同生活在一起，於是就要有一個人以「公道」爲原則，把「部落群」融合起來，成爲「一體」。這情形也見於一些群居動物中，只是人類的狀況更複雜而已。

《尚書》開始就說有一個受部落群推崇的「總領袖」領導大群體，「堯」便是這樣的一位領袖。可以進一步想像的是：那時地廣人稀，堯用和睦衆人的方式領導，並試圖治理洪水的方法，先用鯀治水不成，後用禹才有了效果。顯然他是一位關心民瘼的領導者。到了晚年，又選了一位有才又有德的人一舜來繼續領導，於是在「舜典」中看到了稱職的領導者的作爲。

我們見於動物族群的是，似乎牠們所秉持的，是出於大自然所賦予的本能：保護幼小，取食按得食所出的力量分先後。這先後之別，避免了爭奪打鬥，就有了「秩序」的意味。

人類從這裡就衍生出「讓」，讓是「合理」的，遂成爲「禮」。不隨便「爭先欺後」就是「禮」。而「禮讓」也就成了密不可分的「合理行爲」了。

但是人的「讓」並不是來自先天，而是靠後天的「教導」。因爲人對食物的獲得，已經進步到不必由自己的力量得到，多半要借重別人。故而人和人更需要合作。合作是由「教導」來學習。在生活中學習，最早是兒童隨著成人一齊活動，而成人往往一面活動，一面歌唱以舒解疲勞。

歌唱可說是人類共同的語言。語言不一定相同，歌唱的作用卻是相同的。因爲歌唱可以抒解性情，由「歌相應」而融合，化解了性情中的「私」，消除了爭鬥的意念，把「暴力」抑制住，變成「祥和」，使「禮讓」隨之而生。試看現存的原始部落民族，他們就是在聚合時用歌唱來表示歡樂與融洽的。

人們先用歌唱融合情感，待情感平和之後，用「合理」的行爲（人人都能接受的表現）來對待別人，而「理」既然也就是「禮」，「情感」與「行爲」內外融合，即是用「樂」與「禮」合起來使衆人融合。部落首領多半這樣做。

中華民族的領袖，先就採用了「禮樂教化」的方式，把「部落群」統合成一個整體，使其領導下的人們，和平共存，各安生業。《書經》所載的第一位帝王，堯就是這樣做的。堯典載：

若稽古帝堯，曰放勳，欽明文思安安，允恭克讓，光被四表，格於上下。克明俊德，以親九族，九族既睦，平章百姓，百姓昭明，諧和萬邦，黎民於變時雍。

這段話先說堯爲人光明正大，人民敬服他，擁戴他作了領袖。他爲人明智，又有德性，自己以身作則，從比較接近的人作起，然後擴大到全國的人雍雍睦睦的生活。後來又選了有德又有才的舜接受了帝位，舜大力謀求進步，其中最重要的一項措施，便是命契作了教化萬民的司徒。

大致說來，教化萬民，便是從歌唱入手。把人們常唱的歌，稍加修飾，使之具有意義。如此歌唱便不只是宣洩情感，而是有了表示心意的作用。所以「樂」也就成了教人的首要教材。

到了夏代，民歌已成了政治領袖參考民意的材料，即是把修飾後的民歌，返回來再用作教育人民的材料。然後歌唱除了宣洩情感之外，還具有「教化」的作用。歌中另有教導人的行爲的，是根據「道理」的「理」而成的「禮」，加上實際的行爲表現，完成了「禮樂教化」。

禮與樂的推廣，全國一體，上自宮廷，下至民間，樂歌便是把民間的歌謠，改進修飾後，一部分採爲「宮廷」正式的「樂」。宮廷樂兼有歌與舞，舞中排列儀器與武器，是技藝與秩序的訓練。最早以「舜」時的樂爲代表，即是孔子所說的「盡善盡美的韶」。經學中的《詩經》和《禮記》於焉形成。

《禮記》樂記中說「禮樂」有「形而上」的根源。「形而上」是哲學，見於《易經》。據傳《易經》開始的最早，始於伏羲氏畫八卦，後來發現了「河圖」、「洛書」，到周文王才演成現在所存的《周易》，這方面待後再說。

先來說禮樂教化之美，因爲這是人類進步的文化基礎。

當「禮樂教化」深入民間之後，全體人都受到影響，也就是所有的人逐漸脫去野蠻狀況，有了「文質彬彬」的性格表現，上焉者成爲君子；即使下焉者，也濡染了「文」的成分。這情形世代相傳，遂成爲傳統。傳統含著「前事不忘，後事之師」的精神，所以「史」的事蹟就會見於言談與文字之中。「經典」的「經」字，意義是含著「常道」，是「確定的法則」，有「永久不變」的價値。五經似乎應該把「禮樂」放在首位，因爲「禮樂教化」是文化的基礎。例如《禮記》學記中說：

> 發慮憲，求善良，足以謏聞，不足以動眾。就賢體遠，足以動眾，未足以化民。君子如欲化民成俗，其必由學乎！玉不琢，不成器，人不學，不知道。是故古之王者建國君民，教學為先。兌命曰：念終始典於學。雖有嘉肴，弗食不知其旨也；雖有至道，弗學不知其善也。是故學然後知不足，教然後知困。知不足，然後能自反也；知困，然後能自強也。故曰：教學相長也。

由此可知，教育與學習，在中國自古就是執政者認爲的「重要政策」。所以從舜開始，先命契爲司徒，施行「全民教育」。後此的三代，王室都設有中央大學，以培養「行政人員」。特別載在《尚書》之中。

先秦時期，教民就是以《禮》《樂》爲宗。到漢武帝設「太學」，置「五經博士」，通一經者爲教授，定「五經」——易、詩、書、禮、樂的學習者爲「博士弟子」必學的科目，五經遂成爲必修的經典。初時易、詩、書、禮與春秋，稱爲「五經」，是基本的「經學」。後來因傳授者不同，把春秋分爲左傳、公羊、穀梁三傳，禮書包括禮記、周禮、儀禮，再加上論語、孝經、爾雅和孟子，遂有了「十三經」之名。

就五經來說，其內涵已概括了文、史與哲學，從文字內容即可看出。例如現在可見的《周易》，據傳始於伏羲氏畫八卦，就等於西方哲學的「形上學」。「詩」又稱《詩經》，是由民歌改進「文字與樂譜」而成爲宮廷樂。樂譜雖已失傳，文字卻仍然存在。「禮」有現存的《禮記》（又稱小戴禮），與《大戴禮》相當於《禮經》。以早期五經來看，不但兼含文史與哲學，而且美不勝收，試來檢視一下。

二、易經

據說《易經》始於伏羲氏開始作八卦，乃是從對自然現象的觀察。如繫辭下傳第二章中說：

> 古者包犧氏之王天下也，仰則觀象於天，俯則觀法於地，觀鳥獸之文，與地之宜；近取諸身，遠取諸物。於是始作八卦，以通神明之德，以類萬物之情。

伏羲氏這位創造家的創造，是經過仰頭往上面觀察天象，低下頭來觀察地面上的法則，如水向低處流，草木向高處長，「宜」字是指因地理狀況而有的差別，先認識了自然現象，然後又從最切近的自己看起，看到所有人的「共相」，得到對自己和人類的了解。從遠處則了解到各種物類的狀況。把所有的了解綜括起來，明白了宇宙萬物的原始，也懂得了人所應該有的作爲，於是做成「八卦」的符號。所謂「通神明之德」的神明，《易經》中就說「陰陽莫測之謂神」。因爲大自然有「變化莫測」的現象，人無法預知，只好稱之爲「神」。「神明」和「神靈」是「想像中超越人智慧的象徵」。「德」指「作爲的成就」。古人認爲「宇宙萬物」的形成，就是來自一種「陰陽不測的作用」（如易、繫上五章）；又說：「神也者，妙萬物而爲言者也」（說卦傳六章）。這是說，宇宙源自一個「至高無上」的「規律」，姑且稱之爲「最高的原理原則」，用了另一個名詞，叫作「道」。「道」可說是「行進所要遵循的」。人期望自己能通達這樣神明的作用，能夠比喻萬物的情狀，八卦就是進入這種成就的進階。

(一)形而上的觀點

1.由自然現象推測到宇宙原始

包（音ㄆㄠ）犧氏也稱伏羲氏。雖然在我國歷史中是上古時的人，可是宇宙卻存在已久。只是伏羲氏從所見的大自然，推想到其成因，也就是宇宙最初的狀況。可能他假想，宇宙原來是「一片混沌」，其中有兩種「無以名狀的原質」，如現在所說的「微粒子」，姑且稱爲「元」，是形成萬物的基本「質素」，就可以從《易經》看到先哲的概念，以爲宇宙萬物就是這兩種「元」結合的結果。

2.抽象推理

再進一步設想，兩元象徵自然現象的日和月。日光強而有熱度，算是「陽」；月有光而沒有熱度，是爲「陰」。同時「陽」也象徵「天」；「陰」象徵「地」。在生物界，「陽」代表男性或雄性；

「陰」代表女性或雌性。先哲的聰明，改而用了兩個「抽象名詞」代替陰陽，陽稱「乾」，陰稱「坤」，並用兩個符號指示這兩個字，乾的符號是「—」，坤的符號是「--」。這兩個符號上下重疊一次，可以成爲四個符號，若再重疊一次，便有了八個。把自然現象中的「天、水、山、雷、風、火、地、澤」換成和乾坤一樣的抽象名詞，便是

乾、坎、艮、震、巽、離、坤、兌

其符號是　—　--　—　--　—　--　--　--

上述的八個符號，等於是自然現象中最明顯可見的，或可稱爲八大元素（Elements）。把這八個符號兩兩交錯重疊，而成爲82，即是成了64個不同的符號。用這八個符號所代表的自然現象，用來占卜人事，以判斷吉凶。如果從哲學觀點看易經，是先哲觀察萬物後推究出來的「道理—理」，然後驗證「自然現象—象」，再用「數學—數」來解釋，以判斷人之作爲的當否。

以現存的《周易》看，主要的在上經、下經和繫辭。「經」中除了卦詞，還有據說是周文王所作的「彖辭」、周公所作的「象辭」，加上以爲是孔子補做的「文言」和「子曰」。「繫辭」大概可以確定是孔子之作。無論是誰之作，可見的是「理路透徹」、「文字優美」，承接的十分順暢。

前文所引包犧氏的觀察，是由「形而下」的大自然，然後推究到「形而上」的抽象道理。這抽象道理稱之爲「道」，也可以說，「道」就是宇宙的「本體」。所以繫上第十二章中說：

……是故形而上者謂之道，形而下者謂之器。

從「形而上」的「道」來說，乾坤就是宇宙萬物之元，可以用易乾坤兩卦的文字為例。

——乾坤——

易經開始便是乾卦，文字是：

乾，元亨利貞。

後面文言解釋說：

元者善之長也，亨者嘉之會也，利者義之和也，貞者事之幹也。

「元」是最高最初的開始，由此才有後續的一切。「亨」是通達，是惠及一切。「利」是「物各得其宜」。「貞」是穩固的支持，才有所成就。後文是：

彖曰，大哉乾元，萬物資始，乃統天。

說「萬物資始」，可以參見《大戴禮》本命第八十一中說：

子曰：夫易之生，人、禽、獸、萬物、昆蟲，各有以生，或奇或偶，或飛或行，而莫知其情，惟達道德者，能原本之一矣。

乾卦卦詞中也說：

大哉乾乎，剛健中正，純粹精也。

這就確定了「乾元」的意義。然後再看坤卦，是：

坤，元亨，利牝馬之貞。

後面文言解釋說：

坤至柔而動也剛，至靜而德方，後得主而有常，含萬物而化光。坤道其順乎，承天而時行。

彖曰，至哉坤元，萬物資生，乃順承天。

對照乾坤二卦，先是乾卦只「利貞」二字，坤卦則是「利牝馬之貞」；繼是「乾」為「資始」；「坤」為「資生」。

先說「資始」與「資生」之別，「始」當然有「先頭」的意思，重在「先」在「頭」，不論「後續」的作用。「資生」則不僅一個作用，其後還有很多繼起的作用在，這可以說是易經中兩性生殖的觀念。生物類，尤其是動物，陰陽兩個細胞結合後，雄性的任務便算完成。而胎兒的孕育以至生長，都在雌性。所以說坤元是「至哉」。

又乾卦中也說：

本乎天者親上，本乎地者親下，則可從其類也。

《易經》中認為萬物之始的乾坤兩元，不是靜止不動的，而是本身有「運動」。乾元象徵陽性，比擬天，是在高處。坤元象徵陰性，比擬地在低處。這兩元各自運動，在上者向下而動，在下者向上而動，而且動時並作旋轉的方式，因而可以相遇，因相遇而相合，如果結合得恰好，便可形成一個物體。物之不同，可能由於元的成分或質量不同，以及遇合的狀況不同而致。如此而萬物化生，且並生而不悖，各得其所，共存共榮。

這項歷程的價值，用一個字表示，就是「生」。常言說「天地生物」，即是說，物的來源是天地，而天地的最大「成就」就是「造物之仁」。天上和旭的陽光使生機發展壯大；地則是承載萬物的，猶如萬物之母。易繫下第一章中說：

> 天地之大德曰生。

繫辭上第五章中又說：

> 一陰一陽之謂道，繼之者善也，成之者性也。

於是總結起來，宇宙萬物的根源，是秉承了一個至高無上的秩序，自有原理原則，這就是「道」。「道」有時稱「天道」，有時又稱「天地之道」，只是所用文字不同而已。

從「道」推到人，以為人類生存於天地之間，特別稟承了天地的靈氣，成為最優秀的一類。人所稟賦的靈氣，也可說是智慧。這項天賦使人具有本源的善性，如繫上第四章所說：

> ……與天地相似故不違，知周乎萬物而道濟天下故不過，旁行而不流，樂天知命故不憂，安土敦乎仁故能愛。

說人「安土敦乎仁，故能愛。」把「仁」與「愛」關聯到一起，是一個非常重要的觀點。仁愛兩個字成為中國道德哲學中非常重要的一項「德」。可是從字面看，「愛」是與生俱來的一種情感，人人都知道那是甚麼感受，可是「仁」字就比較費解。因為照字體說，是「二人」，大概是指「二人相愛」的意思。這樣解釋，印證乾坤兩元結合生物說，「結合」是「親近」，可以引申為「其中有愛」，不過那是指「生之原」而說的，「愛」的情感作用就如此「狹隘」嗎？

《論語》中樊遲問孔子何為「仁」，孔子只回答了兩個字，「愛人」。合起來說，就是「仁者愛人」。這樣說，「愛」字的內涵就廣泛多了。即使如此，只用一個「愛」字也就夠了，何必另用一個「仁」字，徒增困惑？好在在「安土敦乎仁，故能愛」之下，註解說：「仁者愛之理，愛者仁之用。」使二者有了不同的定義，有了「具體」與「抽象」之別。而抽象的理，用最簡單的說明，就是使「原始衝動的情感理性化」，可以說：仁是合理的愛或愛人。而合理的愛人，照《大學》中所說的，應該是「愛而知其惡，惡而知其美」。這樣的「愛」才能符合「形而上」的「天地之愛」，或是「天道之愛」。

由此可以見繫辭上第一章所說的：

> 天尊地卑，乾坤定矣。卑高以陳，貴賤位矣。動靜有常，剛柔斷矣。方以類聚，物以群分，吉凶生矣。在天成象，在地成形，變化見矣。……乾以易知，坤以簡能，易則易知，簡則易從。易知則有親，易從則有功。有親則可久，有功則可大，可久則賢人之德，可大則賢人之業。易簡而天下之理得矣。天下之理得而成位乎其中矣。

然後人的智慧見於發明創造的能力，才有了不同凡響的神農之後的各種發明，這就屬於「史」的範圍了。繫下第一章接著包犧氏之後說：

> 作結繩而為罔罟，以佃以漁，……。包犧氏沒，神農氏作，斲木為耜，揉木為耒。耒耨之利，以教天下，……。日中為市，致天下之民，聚天下之貨，交易而退，各得其所，……。神農氏沒，黃帝堯舜氏作，通其變，使民不倦，神而化之，使民宜之。易窮則變，變則通，通則久，是以自天佑之，吉無不利。黃帝堯舜垂衣裳而天下治，蓋取諸乾坤。刳木為舟，剡木為楫，舟楫之利，以濟不通，致遠以利天下，……。服牛乘馬，引重致遠，以利天下，……。重門擊柝，以待暴客，蓋取諸預。斷木為杵，掘地為臼，臼杵之利，萬民以濟，……。弦木為弧，剡木為矢，弧矢之利，以威天下，……。上古穴居而野處，後世聖人易之以宮室，上棟下宇，以待風雨，……。古之葬者，厚衣之以薪，葬之中野，不封不樹，喪期無數。後世聖人易之以棺槨。……上古結繩而治，後世聖人易之以書契，百官以治，萬民以察，……。

這段文字歷述黃帝之後的發明，卦名係配合自然現象，故從略。由生活便利配合八卦符號組合的變化，便是根據宇宙現象的形成與變化狀況，來說明發明不是憑空而致的。這段敘述的內涵，可以參照南懷瑾先生的《易經繫傳別講》，更容易了解。

三、書經

中國遠古的情形，有不少的傳說。傳說曾經有過「三皇五帝」，不過人名有些差別。有文字記載最早的，見於《史記》的「五帝記」。可是關於五帝的名字，其他書中所載也有出入。史記中所載的五帝，是黃帝、顓頊、帝嚳、帝堯和帝舜。堯舜二帝，是孔子稱道最多的理想領袖，《書經》即從帝堯開始。

(一)始於帝道

「堯典」有一段記堯時的話說：「四方諸侯們：洪水滔天，包圍了高山，淹沒了丘陵，危害到人民，有誰能治理這洪水呢？很多人說，鯀大概可以。堯說，他曾經反抗上級的命令，害過好人。諸侯都說，還是先讓他試試吧。堯只好對鯀說，那你就去試試吧！不過要小心謹慎。結果鯀做了九年也毫無成績。」

原文（據景印古本）是：

> 帝曰：「咨！四岳：湯湯洪水方割，蕩蕩懷山襄陵，浩浩滔天，下民其咨。有能俾乂？」僉曰：「於！鯀哉！」帝曰：「吁！咈哉！方命圮族。」岳曰：「異哉，試可乃已。」帝曰：「往，欽哉！」九載績用弗成。

這段文字簡略得有些艱深，不過卻記載了一段史實。顯然是堯在安服了各部落之後，採取了「民主方式」，有問題時，集合部落領袖來共同商討，即是所謂之四岳。說「湯湯洪水」（湯讀ㄕㄤ）；「蕩蕩」、「浩浩」都是「洪水滔天」的意思，卻用不同的字來形容，已經見出用字的技巧。

堯晚年把帝位禪讓給舜。「舜典」中記載了舜的性格和多項作爲，文字是：

> 曰若稽古帝舜，曰重華。協於帝。濬哲文明，溫恭允塞，玄德升聞，乃命以位。

據說舜的眼睛有兩個瞳孔，即是生有「異稟」。他的父親昏庸，史書稱爲瞽叟，他後來的繼室又生一個兒子名象，非常嫉妒這個前母的哥哥，可是舜仍然和善的對待他們。加上舜的德性久受人的敬仰，堯才把帝位讓給他。

舜繼位之後，洪水已平，表現了他的作爲，舜典中說：

> 慎徽五典，五典克從。納於百揆，百揆時敘。賓於四門，四門睦睦。納於大麓，烈風雷雨弗迷。

五典即是後來所說的五常或五品；然後分任百官，各按品位高低任事；四門分別招待部落首領，雍雍睦睦。舜即使進入杉林，遇到大風雷雨，也不會迷路。可見舜的才智。由此更制定典章制度，量才任命百官，教育官的司徒，就是從此開始的。

此後經過夏商周三代，每一代開國的帝王，都是部落領袖，因爲當時爲王者的表現，不合政道，三代開國之君都以德與才推翻在位者，開啓了另一個朝代，從《書經》可以看到一些形跡。

(二)顯於王道

帝舜之後，因爲禹治水的功績，使萬民得利，受到天下人的擁戴，於是把帝位禪讓給他，國號爲夏。夏代的「大禹王」（中國歷史中據說稱「皇」是指「德業」最高；後來「功業」彪炳的稱「帝」。夏以後德業不及皇與帝，遂稱「王」）。帝位改由兒子繼承，此後變成「世襲」，不再有禪讓的事實。所以《禮記禮運》中，孔子說：「大道之行也，天下爲公。」就是指堯舜把「帝位」看作「公器」，不是自己的「私產」，要選有才有德的人來承擔工作，所以說是「大同」。到了「大道既隱，天下爲家」，帝位變成「私產」，縱使「繼承者」能守正道「爲王」，頂多也只是「小康」而已。言下之意是，倘若「不肖的子孫」登上王位，那就是天下人的禍患了。看此後夏商周三代的遞嬗，便可明白。而此後朝代變革的禍患，居然持續了將近三千年。

1.王道之始

不過《書經》所載的王道，仍然美不勝收。其中有明王與賢臣的言論，足爲「治國」的「殷鑑」；也有「事實」記載，可作爲政者「謀國」的參考。例如「大禹謨」中所載的舜、禹以及名臣皋陶的言論，便有：

> 益曰：罔失法度，罔遊於逸，罔淫於樂。任賢勿貳，去邪勿疑。疑謀勿成。百志惟熙。罔違道以干百姓之譽，罔咈百姓以從己之欲。無怠無荒，四夷來王。

這是警戒爲王者不可只顧育樂，怠荒政事。

禹曰：……德惟善政，政在養民。水火金木土穀，惟修。正德利用厚生，惟和。九功惟敘，九敘惟歌。戒之用休，董之用威，勸之以九歌，俾勿壞。

無稽之言勿聽，弗詢之謀勿庸。

滿招損，謙受益。（以上見大禹謨）

皋陶曰：在知人，在安民。……禹曰：知人則哲，能官人。安民則惠，黎民懷之。

皋陶曰：亦行有九德，亦言其人有德。……寬而栗，柔而立，愿而恭，亂而敬，擾而毅，直而溫，簡而廉，剛而塞，彊而義。

天聰明，自我民聰明。天明畏，自我民明畏。

上一則皋陶所說的「栗」，是莊敬的意思；「塞」是篤實的意思。接下來看「益稷」篇中有：

帝庸作歌曰：股肱喜哉，元首起哉，百工熙哉。……元首明哉，股肱良哉，庶事康哉。

是敘述君明臣賢，工作者努力，人民安樂的狀況。可是到了太康在位時，王政不修，耽於遊樂，他的弟弟們作「五子之歌」說：

皇祖有訓，民可近，不可下，民惟邦本，本固邦寧。

此後夏代王室日趨沒落，到了夏桀無道，商湯王取得王位而開啓了商代。「商書湯誓」中說：

有夏多罪，天命殛之。

德日新，萬邦惟懷。志自滿，九族乃離。

「太甲」中說：

天作孽，猶可違；自作孽，不可逭。

「太甲」下：

惟天無親，克敬惟親。民罔常懷，懷於有仁。鬼神無常享，享於克誠。

「說命」下：

說曰：王，人求多聞，時惟建事，學於古訓，乃有獲。事不師古，以克永世。非說有聞。

這是說，要尊敬天道，多以古訓的道理爲師，才能昌明王道。但是商代到了紂王在位，「無道」的行爲更超過夏桀，周武王才滅商而建立了周朝。此後「人文」日漸昌盛。如「周書泰誓」中說：

惟天地萬物父母，惟人萬物之靈。亶聰明作元后，元后作民父母。

這是周武王大會諸侯於孟津，準備伐紂的誓辭。是辭中所說的，是承襲天道生萬物的觀點，但萬物之中，人卻是最靈的一類。人若能竭盡其靈明，則可以作民之父母。「元后」並不專指母性而言，應是指

「始生」者，兼有乾坤兩元而說的。後文又說：

> 天佑下民，作之君，作之師，惟其克相上帝，寵綏四方。有罪無罪，予曷敢有越厥志。同力度德，同德度義。受有臣億萬，惟億萬心。予有臣三千，惟一心。

「泰誓」中說「作萬民之君」，也是「萬民之師」，是「一身作則」，保護人民，為人民謀福利，同時也要「教化萬民」，培養他們「善良」的品質。「泰誓」中又說：

> 天視自我民視，天聽自我民聽。百姓有過，在予一人。今朕必往。

這是說人民的意見，上天也能據以反應。不過如果仁民有「不滿意的地方」，則應該由我一人「負責」。「泰誓」下又說：

> 建官惟賢，位事惟能，重民五教，惟食喪祭，惇信明義，崇德報功，垂拱天下治。

武王伐紂時的誓辭，表明了他的態度與將來治國的決心，後來得到周公輔佐成王，開啓了周代八百年的王權。

2.建統立緒

統緒的建立，除了繼承前代的優點之外，又見於「洪範」的九疇，其中有箕子的話說：

> 箕子乃言曰：「我聞在昔，鯀湮洪水，汨陳其五行。帝

乃震怒，不畀洪範九疇，彝倫攸斁。鯀則殛死，禹乃嗣興，天乃錫禹洪範九疇，彝倫攸敘。」

這一段是周武王徵詢箕子有關政治的意見，箕子重述過去的史實，文字就比較容易懂了，但仍然簡單明瞭。其中還包括天道佑護行爲正當且善良的人，仍然是宇宙觀中「天道福善禍淫」的觀念。

書經中多是三代帝王與臣子的言語，承襲了早已建立的「天道本善」的觀念，因而對前代帝王的得失，非常重視，以免重蹈「覆車之轍」。「召誥」是召公告戒周成王的話，其中說：

我不可不監于有夏，亦不可不監于有殷……有夏……惟不敬厥德，乃早墜厥命。……有殷……惟不敬厥德，乃早墜厥命。

以過去的事蹟爲殷鑑，在中華傳統中視爲當然。夏桀、商紂因不尊天道，不行王道，不合人道而任意施爲，以至民不聊生，而致湯武革命，換了執政者，改了朝代名稱。事實上孔子一直稱道「堯舜之治」，有人以爲是保守的「守舊主義」，其實孔子眞正崇尚的，是堯舜的禪讓帝位，以「天下爲公」的政治態度，目標乃是「世界大同」的「民主思想」。夏以後帝位變成「世襲」，孔子說是以「天下爲家」，繼承者不肖時，這個家就被推翻了。即使後繼者能守正道而治，最多也只能算是「小康」，絕對沒有希望實現「大同」。

夏商周三代更迭，便是把「天下爲公」的選擇政治領袖的「原則」—才德—拋棄，變成「天下爲家」的世襲，竟然實行了三千年，由民主變成「帝王專制」。不過「開國」的皇帝，看到了前朝失敗的原因，還知道採納臣子的善言，「力精圖治」，並教導繼位者施行正當的行政。如「大禹謨」中便教導執政者說：

> 於，帝念哉！德惟善政，政在養民。水火金木土穀，惟修。正德利用厚生，惟和。九功惟敘，九敘惟歌。戒之用休，董之用威，勸之以九歌，俾勿壞。

「九功惟敘」是對有功的官員按功敘獎，「九敘惟歌」就是敘獎以民歌反映的民意爲根據來敘獎，乃是以民意爲本的治道。再看「商書」仲虺之誥中說要了解民意，還要正確的教化人民，因爲：

> 惟天生民有欲，無主乃亂。
>
> 又說：德日新，萬邦惟懷。志自滿，九族乃離。

說人民天生的就有慾望，慾望不盡是合裡的，要靠後天教導，知道甚麼是「可欲的」，甚麼是「不必也不可欲的」。可見對人性已經有了相當的了解。然後勸施政者要行德政，行德政則使天下尊崇；任意施爲就連親屬也會棄之而去。

後來高宗用了傅說，傅說本來只是一個泥水匠，可是才德兼備。高宗要任用他，貴族們反對。於是高宗就不再說話。如此連續了三年，有一天高宗居然說話了，說他夢見像傅說一樣的一個人，群臣這才允許進用傅說。可見當時的帝王還沒有太專制。傅說作官後向高宗建言說：

> 人求多聞，時違建事，
>
> 惟教學半，念終始典於學，厥德修罔覺。

這意思是說，人須要有知識，知道爲人與作事的道理教與學的功夫各占一半，不過知識並不全在讀書。學習當然要有人教，學習卻在自己。而教人者則先要自學，然後才能教人。周代大司徒之教，載在《周禮》，又稱周官，後文再述。

3.洪範九疇

《書經》中「洪範」這篇的內容和文字既豐富，又優美。所謂「洪範九疇」的「疇」，就是「法」的意思，也就是「治道」應有的知識。細讀之後，可以有無可言喻的心得。試舉幾個重點來看。

1.五行：水火木金土。水潤下（鹹），火炎上（苦），木曲直（酸），金從革，（辛）土爰稼穡（甘）。—以上指類別、功用與性質
2.五事：貌（恭），言（從），視（明），聽（聰），思（睿）。—五者指才德
3.八政：食、貨、祀、司空、司徒、司寇、賓、師。—指業務與官職
4.五紀：歲、月、日、星辰、曆數。—指曆法，屬天文
5.皇極：惟皇作極。—指建制
6.三德：正直、剛克、柔克。—指性格與德行
7.稽疑。—指占卜
8.庶徵：雨、暘、燠、寒、風、時—指適時操作
9.五福：壽、富、康寧、攸好德、考終命。—指德業的報酬

另有六極：凶短折、疾、憂、貧、惡、弱—指作為不當的後果以為警惕

上述「皇極」，從「皇」字的意義說，是指「始」、「大」和「德」。所稱上古的「三皇」，就是這個意思。「極」字可以解爲「頂端」，可能指「最高」、「最遠」、「最深」。但是也可以作「起點」看。在空間知覺裡，通常訂了一個起點後，用「直線」引伸，只有上下左右前後六個方向，各在另一端，這六條直線所指的不能「周遍」。可是如果把一個「端」定在「中間」，可能引伸的直線，其另一端便成了一個「圓周」的任何一點，而以這個「中心點」爲起點時，便成了「大中至正」的一點，可以引伸到「無所不至」的任何點。而且不只是平面的延伸，更能直通上下，「中」和「正」就是中國傳統的「核心」概念。也就是「皇極」的意思。從這一點上施政，性質與功能是大中至正，無遠弗屆。如此施行教化，人民可以知道道理，有爲有守。

4.政治首重教育

周朝的政治型態，據史書所載，是周公輔佐成王時建立的，其時最高行政系統有六官，即天、地、春、夏、秋、冬。據《周禮》載：地官即司徒，即是掌管「全民教育」的。至於「人材教育」，則在春官宗伯的治下。

司徒的職責是：

> 大司徒之職，掌建邦之土地之圖，與其人民之數，以佐王安擾邦國。以天下土地之圖，周知九州之地域廣輪之數，辨其山林、川澤、丘陵、墳衍、原隰之名物，而辨其邦國都鄙之數，制其畿疆而濟封之，……

我們現在知道，要推行全民教育，所必須知道的，就是國土領域、人口數目，和各地的地理環境。因爲司徒所推行的教育重點有兩項：一，人民的品格教育；二，生計教育，即謀生能力訓練。要達到這兩項目的，就必須知道領土面積、人口數目，才能做全盤計畫，教育才能「普及」。而各地的特殊狀況，也要顧到，才能適合特殊需要。

照這樣在實行時，司徒就有要和天官溝通之處（天官等於行政院長），如土地、人口之類。另外司徒還訂有「鄉八刑以糾察萬民」，八刑是：

不孝　不睦　不淵　不弟　不任　不恤　造言　亂民

由此可知司徒的權限，待後再論。

四、詩經

(一)詩與樂同出一體

詩經源自民歌。人類和多數動物相同，能說話，又能唱歌。說話是爲了傳達意見，唱歌則是爲了抒發情感。抒發情感並不需要另一個人，每逢感到喜怒哀樂時，都可用「唱」來宣洩內心的感受，這眞是一種最好的活動。單就人類來說，能發聲就能唱，無論文化程度如何，用歌聲表現哀樂是人盡相同的事實。

詩經就是中華民族最早的民歌，歌所表現的不僅是情感，並有內心對事物和生活的感受，包括喜怒哀樂。（本節中「樂」字有兩個讀音，要連上上下文決定讀哪個音，如快樂，則讀ㄌㄨㄛˋ；音樂則讀ㄩㄝˋ。）

民歌從帝舜開始，就有了文化氣息，先是舜命契爲司徒，「敬敷五教」以教化全民；然後又命夔典樂教胄子，並叮囑說，要：

直而溫，寬而栗，剛而無虐，簡而無傲。接著說：

詩言志，歌永言，聲依永，律和聲，八音克諧，無相奪倫，神人以和。

於是在教育中，詩和樂便融會於一起。劉勰的《文心雕龍》「明詩」中也說：

大舜云：「詩言志，歌永言。聖謨所析。義已明矣。是以在心為志，發言為詩，舒文載實，其在茲乎！詩者持也，持人情性。三百之蔽，義歸無邪，持之為訓，有符焉爾。人秉七情，應物斯感，感物吟志，莫非自然。」

由此劉勰歷述「詩」的體例在早期之美，以爲：

堯有「大唐之歌」，舜造「南風之詩」，大禹成功，「九序惟歌」；

自商暨周，雅頌圓備，四始彪炳，六義環深；

春秋觀志，諷頌就章，酬酢以為賓榮，吐納而成身文……

「詩」與「樂」合，發乎情感與心志，使聽者聞聲知義，《禮記》樂記中有一段話說：

樂者，音之所由生也，其本在人心之感於物也。是故其哀心感者，其聲噍以殺。其樂心感者，其聲嘽以緩。其喜心感者，其聲發以散。其怒心感者，其聲粗以厲。其敬心感者，其心直以廉。其愛心感者，其聲和以柔。六者非性也，感於物而後動。

心因感受不同，而生出不同的狀況，有哀、樂、喜、怒、敬、愛之別，由此發出的聲音也各不相同。所以歌聲實際上所表現的，乃是心理狀況。因而如果歌聲「哀」，可以知道是因爲「有所失」；歌聲「樂」，則是因爲「有所得」；歌聲「喜」，則是因爲「暢心如意」；歌聲「怒」，則是因爲「心不順」；歌聲「敬」，是因爲「有所畏懼」（不是恐懼）；歌聲「愛」，則是「喜歡」。

民歌據說原來有一千多首，經過孔子刪削，只留下三百零五首，即是現在詩經所見的。因爲原來是歌，含著「韻味」，有韻味才適合唱，唱起來才順口，而且悅耳動聽。這是後來發展成五言詩和七言詩的濫觴，故其文學成分特別明顯。（禮樂之教可參看《周禮》地官大司徒）

由古代歌謠進而成「樂」，以涵養性情，是涵養性情的內在教育。周代初年開始設有「行人」之官，到各諸侯國去採集民歌，一方面在了解當地民間對施政的反應；一方面把民歌加以修飾，使之更爲文雅，然後用來教化人民。對人的外在的行爲習慣教育，則用「禮」來培養，所以禮樂二者不可分，因而「詩」就有了「賦、比、興」和「風、雅、頌」等名稱，「風」是諸侯國的民歌，後來爲王室採用；「雅頌」是王室的樂。

詩並不是「堆砌文字」而已，其感受中有深刻的意義。試先來看看「詩大序」的文字，雖然其作者尚無定論，有人說是子夏，也有人懷疑。但就成文的時代說，無論作者是誰，文字之美，確定是值得推崇的。大序中說：

> 詩者，志之所至也。在心為志，發言為詩。情動於中而形於言，言之不足，故嗟嘆之。嗟嘆之不足，故永歌之。永歌之不足，不知手之舞之，足之蹈之也。情發於聲，聲成文，謂之音。治世之音安以樂，其政和。亂世之音怨以怒，其政乖。亡國之音哀以思，其民困。故正得失，動天地，感鬼神，莫近於詩。

由此可以看出詩的作用，從歌聲探索民意，可知政治家多麼重視民意。下文接著說：

> 先王以是經夫婦，成孝敬，厚人倫，美教化，移風俗。……上以風化下，下以風刺上，主文而譎諫，言之者無罪，聞之者足以戒，故曰風。至於王道衰，禮義廢，政教失，國異政，家殊俗，而變風變雅作矣。

周代開始由周公制禮作樂，所成的教化，在王道隆盛時，教化成功。後來王室衰微，「風雅頌」都變了。不過初時的教化效果仍在，民間仍然世代相傳，未曾動搖文化根基。至少有些優良的文化傳統，保存在民間，好的傳統習慣，如追思祖先，便是「孝」的一例。像「大雅」文王之什的第一首：

> 文王在上，於（讀ㄨ）昭于天！周雖舊邦，其命維

新。……

這首詩是周公追思文王的。文王之德，是在商紂暴政之下，曾被囚繫，文王毫無懷怨之意，並不想起來反抗。歷史記載中說：「三分天下有其二，猶服事殷。」這是說，文王在西岐封地的德政，爲諸侯賓服，都來崇奉文王，不再去崇奉王室。文王保守臣子的本分，不肯作出反抗王室的舉動，所以到武王才號昭諸侯伐紂，得到諸侯的擁護，滅商而建立了周朝。

(二)詩的欣賞

詩在歌唱之外，更有內涵的意義，另外可以舉一些足資欣賞的來看。

1.由情入禮

《詩經》第一首據說是孔子刪詩後的排列，是王道昌盛時期，情感與理性調和的作品，即是「關雎」：

關關雎鳩，在河之洲；窈窕淑女，君子好逑。
參差荇菜，左右流之；窈窕淑女，寤寐求之。
求之不得，寤寐思服；悠哉悠哉，輾轉反側。
參差荇菜，左右采之；窈窕淑女，琴瑟友之。
參差荇菜，左右芼之；窈窕淑女，鐘鼓樂之。

孔子曾說學詩可以學得草木鳥獸之名，可知對自然界的資料很豐富。唐朝陸璣曾有「詩經草木蟲魚疏」，不過已經失傳。日人淵在寬、江村如圭河岡元鳳撰述了清徐雪樵撰的毛詩名務圖說，名「詩經動植物圖鑑叢書」，頗資參考。書中說關雎鳩類的鳥，常在河洲之上雌雄雙居，大概爲人所常見，遂成了這首詩命名的原因。

試設想這首詩是在太平盛世，民生安定，當春暖花開的時候，一對青年男女因邂逅而牽動感情，而相愛。那時依「禮」而行，男女不可私相授受，男士雖然動了感情，卻不便自行表白，很可能日間只在河邊徘徊，夜裡輾轉懷想，想得夜不成眠。最後才遵照禮法，找中間人—媒妁—去說親，而實現了心願，舉行了結婚大禮，成爲夫妻。

「關雎」列爲詩經第一，在《韓詩外傳》卷五中載子夏曾問過孔子，孔子回答說：

> 關雎至矣乎！夫關雎之人，仰則天，俯則地，幽幽冥冥，德之所藏；紛紛沸沸，道之所行；如神龍變化，斐斐文章。關雎之道也，萬物之所繫，群生之所懸命也。河洛出圖書，麟鳳翔乎郊，不由關雎之道，則關雎之事將奚由至哉！夫六經之策，皆歸論汲汲，蓋取之乎關雎，關雎之事大矣哉！馮馮翊翊，自東自西，自南自北，無思不服。子其勉強之，思服之，天地之間，生民之屬，王道之原，不外此矣。

照《易經》陰陽化合生物的觀點，人類兩性結合生育下一代，乃是「天地之大德曰生」和「生生之謂易」的基本觀念。周公「製禮」，訂出婚姻制度，從生物學與社會學的觀點看，第一，合乎「優生」的條件。因爲前此人類可能是「亂交」的。「亂交」將影響「性生理衛生」以至下一代。周公就說過：「同姓爲婚，其生不蕃。」因爲那時還是地廣人稀的時代，希望多子多孫。而性生理衛生以至近親血統太近，影響下一代的健康，乃是後來才知道的。第二，避免如動物般二雄相爭的事件，是維持群居和諧的辦法。所以關雎是以發乎情、止乎禮爲宗的。因爲「聖王教民，就是基於人情，而節之以禮的。」結婚是人生一件大事，《中庸》第二十章中說：

君子之道，造端乎夫婦。及其至也，察乎天地。

因爲結婚代表一對青年男女已經達到生理成熟期，要準備過成人的生活，不但要獨立謀生，更要生育並教育下一代，同時還有上一代需要奉養。人生的責任和義務相當繁重，是要在開始的時候，就要有充分的心理準備。所以婚姻是一件相當嚴肅的事，「發乎情」是必然，但卻要「止乎禮」。情感與理智調和，這就是中華文化既有「人情味」，又「有道理」的地方。

2.夫妻和樂共處

那時既把婚姻看得很嚴肅，夫妻希望和諧相處是勢所必然，試看「樛木」這一首：

南有樛木，葛藟纍之，樂只君子，福履綏之。
南有樛木，葛藟荒之，樂只君子，福履將之。
南有樛木，葛藟縈之，樂只君子，福履成之。

這是妻子爲祝福丈夫而作的。樛木是一種枝幹向下長的樹，比喻丈夫扶助妻子。葛藟則攀援樹的枝幹生長，比喻妻子和丈夫密切的結合在一起，過著幸福的生活。另一方面，有女兒的父母，自然希望女兒出嫁後，會有完美的生活，但是卻要自己與夫家的人善於相處，如「桃夭」這首便是女兒出嫁前，父母叮嚀的話：

桃之夭夭，灼灼其華，之子于歸，宜其室家。
桃之夭夭，有蕡其實，之子于歸，宜其家室。
桃之夭夭，其葉蓁蓁，之子于歸，宜其家人。

另一方面，如果「女教成功」，女性也會「以禮自持」，如「將仲子」這一首：

將仲子兮，無踰我里，無折我樹杞。豈敢愛之，畏我父母。仲可懷也，父母之言，亦可畏也。

後兩首還有「畏諸兄」、「畏人之多言」。這是一個女性愛上一個青年，恐怕他乘夜來私會，引起父母兄弟以至鄰里的責難，而予以警惕。

3.對施善政者的懷念，「甘棠」

蔽芾甘棠，勿剪勿伐，召伯所茇。
蔽芾甘棠，勿剪勿敗，召伯所憩。
蔽芾甘棠，勿剪勿敗，召伯所說。

詩中「召」音ㄕㄠ，「說」音ㄕㄨㄟ，通「悅」。召伯曾在南方駐守，愛護人民，人民感激他懷念他。他曾種了一顆「甘棠」，俗名杜藜樹，會結小小的果子，也可以吃。召公生時，常坐在樹下休息。若干年後，樹仍然很茂盛（即蔽芾），人民看到那棵樹，就會想到他，並連想到要保護這棵樹，說樹是召伯種的，千萬不可砍伐毀壞。這就是中華文化「愛屋及烏」的意思；也見出中華民族是一個「知道感激」並「念舊」的民族。

4.為政者的操守

在政治方面，從前從政者都是經過學習（出身宮廷大學）而任官的，有固定的報酬，不必從事農耕，算是「貴族」。平民則是「賤民」，於是有了「貴賤」之說。如果從政者悉心爲民謀福利，則他們享受人民供養，應是合理的。可是如果與此相反，「吃糧不管事」，人民自然會不平，可以看「伐檀」第一首便知：

> 坎坎伐檀兮，寘之河之干兮！河水清且漣漪！不稼不穡，胡取禾三百廛兮！不狩不獵，胡瞻爾庭有縣（同懸）貆兮！彼君子兮，不素餐兮！

這首詩是說檀木本是做車的好材料，卻被砍伐下來棄置在河邊成了廢物，象徵良材未得其用。另一方面，如爲官者，不耕田卻有三百間屋子的存糧；不打獵卻有獵物懸掛在院子裡。本來君子是不肯「無功受祿」的。可是人的品類不齊，官吏中常有不能控制「貪欲」，搜括民財以「自肥」的，由於利用權勢，不顧「官箴」，有的「貪贓有據」，受到法律制裁，但也有漏網之魚，得以「滿足貪欲」的，落得「民怨沸騰」。所以民間才有「神話了的包青天」。

5.感念父母養育之恩

> 「蓼莪」：蓼蓼者莪，非莪伊蒿，哀哀父母，生我劬勞。
>
> 蓼蓼者莪，非莪伊蔚，哀哀父母，生我勞瘁。

……無父何怙，無母何恃！

父兮生我，母兮鞠我，拊我畜我，長我育我，顧我復我，出入腹我，欲報之德，昊天罔極！

蓼蓼是草木生長的狀況；莪是一種野菜；蒿是一種野草，有一種濃濃的味道。這是父母亡故後，看見有的母親揹著幼兒在田裡工作，回想到自己小時父母養育自己的情形，而哀慟不已。很多人長大後，就把幼時父母養育的辛苦全忘了。甚至有些人只記得父母「對不起自己」的地方，可說是相當健忘。奇怪的是，到自己有了子女，倒很會疼惜，從不回想當初父母也是如此愛自己的。

說起來也很諷刺！世界多種文化中，只有中華文化有這個「孝」字，而且把「孝」列爲諸德之首，說是「百善孝爲先」，這應該是中國人最值得「自豪」的一點，可惜有些人卻「置而不論」了。

6.宮廷樂之美

宮廷之樂，有的是在太平歲月，君臣同樂而演奏的；有的是爲招待外賓的。像「小雅」、鹿鳴這首：

呦呦鹿鳴，食野之苹。我有嘉賓，鼓瑟吹笙；吹笙鼓簧，承筐是將。人之好我，示我周行。

呦呦鹿鳴，食野之蒿。我有嘉賓，德音孔昭；視民不恌，君子是則是傚。我有旨酒，嘉賓式燕以敖。

呦悠鹿鳴，食野之芩。我有嘉賓，鼓瑟鼓琴；鼓瑟鼓琴，和樂且湛。我有旨酒，以燕樂嘉賓之心。

「鹿鳴」這首詩，據說在周文王時，便是用來酬勞努力工作人員而聚會時演奏的樂。到唐朝開始科舉後，地方如縣等考試後，酬勞考試人員和獎勵考中的人而舉行宴會，稱鹿鳴宴。宋代以後，成爲考取狀元以後舉行的才叫鹿鳴宴，此時考試人員和考取者，都把出席這宴會視爲無上的光榮，這宴會也就成了一個盛典。

(三)詩的陶冶與知識

《詩經》在經學之中，孔子即認爲是和「禮」與「樂」必須要學的，《論語》泰伯篇中曾說：「興於詩，立於禮，成於樂。」因爲「詩」在吟詠時，可以發抒情感，同時辨別正誤。情感是人與生俱來的，而在生活中，常常不免於有喜怒哀樂之情。且情不離性，性情得其正，才能立身正而合禮，也就是「樂記」所說的：「禮樂皆得，謂之有得，得者德也。」孔子教孔鯉學詩學禮，即是教以「爲學之本」。又在「陽貨」篇中說：

> 小子何莫學夫詩。詩，可以興，可以觀，可以群，可以怨，邇之事父，遠之事君，多識於鳥獸草木之名。子謂伯魚曰：汝為周南召南矣乎？人而不為周南召南，其猶正牆面而立也與！

詩的陶冶功能，從幼兒時教兒歌便可了解。此時幼兒雖未必懂得意義，卻從歌聲得到祥和的感覺。詩的知識，乃是「有用的知識」，兼「知」與「用」二者，不只是「讀死書」而已。

五、禮記

司馬遷在《史記》「孔子世家」中說：「孔子之時，周室微，而禮樂廢，詩書缺。……故書傳禮記自孔氏出。」可知現存的《禮記》出自孔子以至其弟子的記錄，經過戴勝「記述」的，也稱「小戴禮」；另外後來戴德記載的稱《大戴禮》。即以現存的《禮記》來看，大致如下。

《禮記》可說是「政教合一」的經典，更正確的說，相當接近哲學的道德論，因爲立論是以宇宙觀爲基礎，然後進入人的道德。人的道德一方面在涵養人性，需要樂來陶融性格，是從堯舜時代就開始的，求人「內在」的美化；另方面在用禮來控制行爲，是外在的「調整」與節制，仍然是美。兩者融合爲一個和諧的整體人，和原來的自然人有了差別，即是脫離了本有的「野蠻氣息」，表現出「文質彬彬」的風采。

(一)禮樂調和的必要

涵養內在用樂，調整外在則用禮，是舜時普及全民教育就用的教材。到周公制禮之後，禮和樂二者更不可分。二者在道德修養方面的論述，後文另用專題說明。試先從形上的觀點來看，《禮記》「樂記」篇中說：

> 大樂與天地同和，大禮與天地同節。
>
> 樂者天地之和也；禮者天地之序也。和故百物皆化；序故群物皆別。樂由天作，禮以地制。

這就是說，樂和禮有形而上的根源，因爲大自然的風聲樹鳴，鳥語啁啾，宛如樂自天成，稱爲「天籟」，用此來比照人，則是：

> 是故君子反情以和其志，比類以成其行。

……奮至德之光，動四氣之和，以著萬物之理。是故清明象天，廣大象地，終始象四時，周還象風雨。五色成文而不亂，八風從律而不姦，百度得數而有常。

人稟大自然的「和氣」而生，把與生俱來的原始情感調和後，使衝動變成「適度」的「祥和」之氣，去其「浮躁」的剛烈，而成爲「樂音」，外在行爲也隨之溫和，就要靠行爲的節制作用，如此就要爲政者率先示範。

《論語》中有子說：

禮之用，合為貴，先王之道斯為美，小大由之。

有所不知，知和而和，不以禮節之，亦不可也。

信近於義，言可復也；恭近於禮，遠恥辱也；因不失其親，亦可宗也。（學而）

進一步說明了禮的作用。

(二)禮的精神與實質

現在來看「禮」的核心精神是甚麼。《禮記》「曲禮上」開始便說：

毋不敬，儼若思，安定辭，安民哉。

「敬」是一種心理狀態，心在這種狀態下，安定而祥和，說話的語氣必然溫和；行動必然不急不緩。如此作爲表率，便有安民的作用。接下來說：

敖（同傲）不可長，欲不可從，志不可滿，樂不可極。

臨財毋苟得，臨難毋苟免，很毋求勝，分毋求多。

夫禮者，所以定親疏，決嫌疑，別同異，明是非也。

禮不妄說人，不辭費。

禮不逾節，不侵侮，不好狎。

修身踐言，謂之善行。行修言道，禮之質也。

禮聞取於人，不聞取人。

禮聞來學，不聞往教。

道德仁義，非禮不成。教訓正俗，非禮不備。

君臣上下，父子兄弟，非禮不定。

宦學事師，非禮不親。

……

是以君子恭敬撙節，退讓以明禮。

是故聖人作，為禮以教人，使人以有禮，以自別於禽獸。

人有禮則安，毋禮則危。故曰，禮者，不可不學也。

夫禮者，自卑以尊人，雖負販者，必有尊也。

富貴而知好禮，則不驕不淫。貧賤而知好禮，則志不懾。

民國初年西學輸入，新學派大罵古典經學迂腐，不近人情，現在從上述各項的反面來看，在生活中，誰願意接受？

1.驕傲，只要自己從心所欲，志得意滿，只求自己快樂，不管別人死活。

2.見錢就想盡辦法要據爲己有，遇到患難比誰跑得都快，與人相爭一定要勝過他，分東西自己一定要多分些。

3.親疏不分，不避嫌疑，分不清好壞，不明是非。

4.專門說人是非，說話囉唆個沒完。

5.不守分，愛欺侮人，不尊重人。

6.不尊敬年長者，爭先恐後的上下車。

7.和人說話時，常常打斷別人的話。

8.不問是甚麼場合，爭先發表自己的意見。

對這樣表現的人，想想看，會有甚麼感覺？

(三)禮樂調和的功能

《禮記》「樂記」中說，樂是由音而生的，而音則是由於心有所感受，乃是通於倫理的，所以知樂也要知禮，「禮樂皆得，謂之有德，德者得也。」這就是說，明乎禮和樂，乃是有所得，所得的是內心的平和，與外在行爲的節制，合起來就是有了「人的道德」。夏商周三代帝王行德政，才用禮樂教化萬民，因爲「禮可以調節民心，樂可以和樂民聲。」文字說：

> 樂者為同，禮者為異。同則相親，異則相敬。

所謂「樂者爲同」是指歌唱「同聲相應」，代表一致的歡樂，無形中把大家融爲一體，而相親相愛。「禮者爲異」是指一群人雖然親疏有別，由互相尊敬而融融洩洩，還是一個整體。下文說：

> 樂由中出，禮自外入。樂由中出故靜，禮自外入故文。……樂至則無怨，禮至則不爭。

這是說，樂是陶冶性情的，性情平和，由內在發出的就是和樂的聲音，整體一致和樂的精神，是由樂培養出來的。「靜」在心理學中是指「心情平衡」，乃是「正常」的狀態。「禮」是由外到內的一致表現，「恭敬謙虛」則沒有「粗暴」的表現，可見的是「文質彬彬」。樂達到極點就不會有怨氣，人人謙恭有禮，自然不致有爭競。接著說：

論倫無患，樂之情也。欣喜歡愛，樂之官也。中正無邪，禮之質也，莊敬恭順，禮之制也。

這是內外和諧的表徵。這種作用，就是聖哲所以教人的目的。主要的是：

樂也者，聖人之所樂也，而可以善民心。其感人深，其移風易俗。故先王著其教焉。

總結起來，「禮」和「樂」乃是本乎人性，發乎人情的。同時又說：

樂也者，情之不可變者也。禮也者，理之不可易者也。樂統同，禮辨異。禮樂之說，管乎人情矣。

如此看，就可以知道「禮樂」正是為人而設的既合情、又合理的辦法。如果人人都如此，有人會反對嗎？

(四)禮樂教化之美

接受了禮樂之教的道理，就可以了解實行禮樂教化的必要。至於如何實行，《禮記》「學記」是最明白的資料。從其中可以看到以下各點。

1.教育宗旨與歷程

「學記」所載，把具體的教育方法述說得相當完備。從大處看，「教育宗旨」是為「培養德才兼備」的下一代。遠古時學校是兩級制，六歲入小學，十五歲入大學。學記所記的，乃是「大學教育」。從這個年齡接受正規教育，也有其「有效」的道理。因為此時正是發展旺盛的階段，也是「正規」發展的「奠基時期」；可塑性最高。

其時的教育分「小成」與「大成」兩個段落：小成七年，大成兩年。「學記」中說：

> 古之教者，家有塾，黨有庠，術有序，國有學。
>
> 比年入學，中年考校。一年視離經辨志，三年視敬業樂群，五年視博習親師，七年視論學取友，謂之小成。九年視知類通達，強立而不反，謂之大成。

那時學校分布的狀況，根據住戶數目而有不同的名稱，家塾包括25戶，黨庠500戶，術序12500戶。國學在諸侯國都。

教育實際是兼「教導」與「考察」二者。教導在增加「知能」；「考察」在了解「學習的效果」。「視」是一個「非常重要的字」，在於實際「觀察」，是教學工作最務實的一項，似乎教師的眼睛要常常看著學生，不過沒有現在把學生「整得七葷八素」的考試。

教學歷程除第一年外，其後都以兩年為一個階段，七年共計四段。學生經過教育的效果，第一年是「離經辨志」，即分別句讀，從前沒有標點符號，文字都接連在一起，要經過學習才會「斷句」；然後則是看有無學習的「志趣」。第三年要看是否用心學習，並和同學和睦相處。第五年看有無廣博的學習效果，是否願意從師學習。這幾項都完成了，算是「初步的成就」。再加兩年，到九年之後，學生的個性已經陶冶成定型，知識也有了定見，不可能「反璞歸眞」到「幼稚無知」的階段去，人也達到了成年。

2.教育方法

「教」與「學」，本來是指有相對的兩個人，一大一小。大的「教」小的，小的則是「學」。兩者的身分不同，各人所作截然有異。後來複字的名詞漸多，有了「教育者」和「學習者」的名稱，仍然把二者劃分得十分清楚。自從有了「教學」這個名詞之後，一般人多稱「教師」的任務是「教學」，彷彿教師「包辦」了「教」與「學」兩項活動，果眞如此，學生一定大爲高興！

這裡用「教育」兩個字，至少想喚醒教師「不要」只教課本文字，對學生還有「育」的責任。「學記」裡所說的，主要的是教學生「怎樣學」，「教」是依照「學」而做的活動，所以有些頗爲不同的作法。

(1)愼始

學記中說：

> 大學始教，皮弁祭菜，示敬道也。宵雅肄三，官其始也。入學鼓篋，孫（同遜）其業也。夏楚二物，收其威也。

這是說，大學開始的時候，先舉行一個儀式，表示「鄭重其事」。學唱「小雅」三首，顯示爲官者的初步（那時大學是爲培植政治人才的）。「篋」似乎是放書本的箱子，敲箱子表示將用心學習。陳列著懲罰的工具板子和鞭子，表示不用心會受到懲罰。不過學記全篇並沒有懲罰的文字，這只是用作「警惕」而已。

(2)教學作業

教學開始的時候，一定有「正規」的課業。那時按四季分，春秋教禮樂，冬夏教詩書。下課的時候，必定要有「自修」。有關實際活動或技藝的學習，要從實際操作，學會了初步能力，才可以進入運作的學習。例如學彈琴，先要學怎樣安置琴弦；先學會操作，才對學習能發生興趣。所以君子教學，有隱含的，有需要修習的，有准許休息的時候，也有可以玩樂的時候。這樣學生才會安心學習，親近教師；喜歡和同學共同研習，即使教師不在身邊，仍然能循序活動。原文說：

> 大學之教也，始教必有正業，退息必有居學。不學操縵，不能安弦。……不興其藝，不能樂學。故君子之於學也，藏焉，修焉，息焉，遊焉。夫然，故安其學而親其師，樂其友而信其道。是以雖離師輔，而不反也。

想想看，教師這樣教學，會讓學生有反感嗎？

(3)教學適度

所謂教學適度，是教師必須了解學生的能力和狀況。首先教師應該知道學生在甚麼地方會遭遇困難，先把困難的地方解釋清楚，學生就不致受到挫折，而順利的學下去。其次是時機恰當，便要立刻進行，時機過後再來便會費時費力了。再次是「不勉強學生學習力所不及的」，最後是讓學生互相參照，找出最好的答案。原文是：

> 大學之法，禁於未發之謂豫，當其可之謂時，不陵節而施之謂孫（同遜），相觀而善之謂摩。此四者，教之所由興也。

然後相反的是：

> 發然後禁則扞格而不勝，時過而後學則勤苦而難成，雜施而不孫則壞亂而不脩，獨學而無友則孤陋而寡聞。燕朋逆其師，燕辟廢其學，此六者，教之所由廢也。

總結起來說：

> 君子既知教之所由興，又知教之所由廢，然後可以為人師也。故君子之教，喻也。道而弗牽，強而弗抑，開而弗達。道而弗牽則和，強而弗抑則易，開而弗達則思。和易以思，可謂善喻矣。

這裡這個「喻」字非常重要，簡單的說，就是教學生要做得「適如其分」。「道」即「引導」或「在前面領導」，應該是用「溫和的力量」。如果用「牽」，則是「強拉著走」，「用力強拉」往往會導致「往後墜」的「反彈」。俗語不是說過嗎，「牛不喝水，強按頭也沒用」。「強而弗抑」是「用鼓勵代替壓迫的力量」，免致學生感覺是被「迫害的弱者」。「開而弗達」是「啓發」而「不全部告知」，留給學生「自動思考的餘地」。這樣學生在學習時，必然可以順利的進行，也會學著自己想，能想到些甚麼時，才會感到學習的樂趣。

六、左傳

孔子作春秋由孟子的說法而成為定論。原始是周代所封的諸侯國各自有紀年的大事，成為一國的「史料」。魯國自不例外，原來稱魯史，孔子加以修正後，稱為春秋。是紀年的體裁，文字十分簡單。後來左丘明加上較詳細的事實敘述而傳述，遂稱為「春秋左氏傳」，遂有了記事的論述。到漢代太學因傳述者而又有了公羊、穀梁二家，但左傳常列在五經之中。

左傳中多是說政事和執政者的言論，內容涵蓋極廣，哲學觀點、天文曆數、道德規範皆備。不獨文字優美而已，可舉幾則以為例。

(一)寒食節

寒食節原在農曆清明前後。清明是一個節日，是傳統祭祖的日子。寒食則是由一個歷史事件形成民俗的，在山西省流行，至今不變。但是知道這民俗故事的，恐怕不會太多了。

寒食的故事是由一個「氣節高尚」而「動人」的「悽美」故事而起。《左傳》僖公二十四年的一個標題是「介之推不言祿」。

故事起自晉文公因為宮廷變亂，流亡到別的諸侯國數十年。在流亡的時候，有些親隨跟著他歷盡千辛萬苦。有一次這些流亡者沒有飯吃，晉文公餓得發慌，便割下一塊大腿的肉煮來給他充饑。後來文公終於回到晉國登上諸侯之位。晉文公當然要分封這些從亡的功臣，大家都紛紛述說自己的功勞。只有介之推一言不發，晉文公也未曾注意，所以他沒得到封賞。回家後他和母親談到這件事，頗為輕藐那些爭功的人。他母親問他何不自己說明？他說：「我看不起那些邀功爭祿的人，自己當然不屑去做。我將隱居離開這個塵世。」他母親同意他的見解，於是母子躲到偏遠的地方隱居起來。晉文公後來想起了他，卻找不到他。最後聽說他藏在一處深山裡不肯出來。晉文公以爲放火燒山會把他趕出來，至少他不會讓母親也燒死吧。但是山燒光了，他也沒出來。搜遍全山，才發現他和母親都被燒死在裡面。晉文公非常懊惱，於是定這一天全晉國人都不可燒火煮飯，稱爲「寒食」，以紀念介之推高尚的志節。這情形到今天山西人還保留著。

(二)子產不毀鄉校

在《論語》裡，可以看到孔子相當推崇鄭國的子產，因爲他任鄭國卿相時，鄭國已經國勢衰微，又夾在兩個大國一齊、秦一之間。他用自己的才能見解和道德修養，使鄭國仍能安然存在。《左傳》襄三十一年記載「子產不毀鄉校」。大意是：周朝初年，諸侯國都有「鄉校」，應是教育全民的場所。進入春秋時代以後，諸侯互相爭伐，人民要服兵役，學校便廢止了。場地空在那裡，變成人民遊憩的場所，有些人便在那裡議論「官員」的是非。一個叫然明的向子產建議把鄉校毀了，免得人們在那裡說長道短，批評政事。子產說：「爲甚麼呢？」接著說：

> 夫人朝夕退而遊焉，以議執政之善否。其所善者，吾則行之；其所惡者，吾則改之，是吾師也，若之何毀之！我聞忠善以損怨，不聞作威以防怨。（若作威以防怨），然猶防川，大決所犯，傷人必多，吾不克救也。不如小決使道（同導），……吾聞而藥之也。

在這裡可以看出中華文化雖在君權時代，從書經已經看到把民意看得十分重要，「適任」的執政者也都以民意為依歸。因為從古以來，贊頌官員任事合理時，都說「愛民如子」，可見為政者對人民有至深的情感，而且以民意作為政的指歸。

前述「學記」已經看出周代普設學校的狀況，到教育廢弛之後，鄉校廢墟猶存，卻已沒有實質的用途。子產要保留下來，作為訪察民意之用，實心任事的政治家的苦心，是值得稱道的。

另外一個關於子產的軼聞，也有談說的價值。這軼聞留下了一句成語，即是：

(三)「君子可欺以其方」

據說有人送給子產幾條活魚，活魚當然是放在水裡送來的。子產看見魚在水裡游得很活潑，不忍殺來吃，便告訴廚夫不要吃，最好把牠們養在水池裡。廚夫逢迎子產，也說這些魚游得很快樂，是不應該殺來吃，答應子產一定好好的養他們。事實上，他心裡笑子產很傻，回到廚房，便把魚殺來吃了。過了兩天，卻告訴子產魚在池裡游得非常快樂，子產聽了很高興，過幾天就問他一次，魚怎樣了？他總是說：魚好得很。所以子產每次聽了都很高興。廚夫卻得意的說：「君子可欺以其方。」用適合君子的想法來欺騙他，「騙術」也能「得逞」，遂有了這句成語。但不能「斷章取義」的說「君子可欺」。君子之所以為君子，乃是心存忠厚，不用「不肖」的心意猜度別人。如果真忍心欺騙君子，要騙得合乎他的「哲學」，才能使他相信。

君子執政信守正道，也要伴合著機敏，能衡情度理做決定。列為春秋五伯之一的宋襄公，一次和齊國交戰，兩軍隔河相對。宋國的軍隊早已列成陣勢，齊國的軍隊還在分批渡河。宋軍將官要趁齊軍未成陣前，請宋襄公下令開戰。宋襄公卻說，兩軍作戰時，要都準備好才開戰，那才公平。在人尚未準備好之前就開打是不公平的，於是等齊軍列成陣勢後，齊軍人數眾多，宋軍不敵而大敗。就是「拘泥於一端」，會讀死書，不知道作戰根本就不是君子樂於做的事，而是要講兵法，不會隨機應變，大概是少讀了一本書。

(四)燭之武退秦師

說話的口才在《左傳》裡占相當重要的地位，孔子教弟子便有「言語」一科，而以子貢居首。言語有時可以興邦，或消彌戰爭，燭之武便是一例。

春秋時鄭國已經式微。當晉文公出亡在鄭國的時候，曾受到鄭國諸侯慢待。後來作了諸侯，便聯合秦國征伐鄭國。鄭國無力抵抗，便想拆散秦、晉兩國的兵力，於是派燭之武去遊說秦國退兵。

燭之武見到秦國諸侯說：「秦國幫晉國打鄭國，對秦國毫無好處。因為鄭國離秦國相當遠，秦國占領了鄭國土地，並無用處，只是便宜了晉國而已。那樣晉國對秦國的威脅反而增加了。」秦君聽他說得有理，於是先撤了兵。晉君也不想單獨作戰，也即收兵，免了鄭國的危難。這就是能掌握「利害」的道理，使聽話的人聽得入耳。「言辭」的功用，到了戰國時期，更是「大興其道」，諸侯國的外交人員，很多都是「擅於辭令」的。

(五)叔孫豹論三不朽

襄公二十四年，魯國命叔孫豹去訪問晉國，晉國的范宣子迎賓，問叔孫說：「古人有句話說，死而不朽是甚麼意思？」在得到答案前，他先述說自己前代輝煌的姓氏，問叔孫是否可以算是不朽。叔孫回答道：「你所說的都不是『不朽』。魯國先前的大夫臧文仲歿後，他生前所說的話仍然能『垂訓於後世』，是為『立言』；同時我又聽人說過，太上有立德，其次是立言，再次是立功。這三者雖久不廢，才是『不朽』。」三不朽的次第，第一是立德，第二是立言，第三是立功。到現在仍然是「名言」。

(六)北宮佗論威儀

威儀是一個人所顯示的「莊重」程度。北宮文子隨著衛侯訪問楚國，看到楚國令尹名「圍」的莊重表現，幾乎和國君一樣，就告訴衛侯說：「楚國令尹心懷叵測，有篡奪之心，雖然能成功，卻不會長久。詩經大雅蕩那首中說：『靡不有初，鮮克有終。』有終是很難的，大概令尹最後將不免於禍患。」衛侯問他何謂威儀。他說：「有威而可畏，謂之威。有儀而可象，謂之儀。君有君之威儀，其臣畏而愛之，則而象之，故能有其國家，令聞長世。臣有臣之威儀，其下畏而愛之，故能守其官職，保族宜家。順是以下皆如是。……故君子在位可畏，施捨可愛，進退可度，周旋可則，容止可觀，作事可法，德行可象，聲氣可樂，動作有文，言語有章，以臨其民，謂之有威儀也。」

威儀雖然是形容外表的名詞，可是外表和內心是相通的。而內心和一個人的品格行事關係更大，即是所謂之修養。修養與身分配合，行為自然中規中矩，使所接觸的人尊敬取法，而成為典範。

(七)晏子與齊侯論禮（昭公二十六年）

一次晏子與齊侯談到治國的長久之道，而知道了「禮」的重要。自以為這是新知識。晏子遂把「禮」的作用詳細的作了說明。以下就是晏子的話。

用「禮」治國已經有了很長久的歷史。長久的和天地的存在一樣。「禮」在治國方面的作用，明白的說，就是：「國君發布命令，臣子實心任事。作父親的慈愛兒子，作兒子的孝順父母。哥哥愛弟弟，弟弟敬哥哥。丈夫和氣的對待妻子，妻子溫和的對待丈夫，婆婆慈祥的待媳婦，媳婦尊敬服從婆婆。這都是『禮』。如此，沒有人違背君主的命令，臣子盡忠任事，父親慈祥的教導兒子，兒子孝順的規諫父親，哥哥友愛弟弟，弟弟尊敬順從哥哥，丈夫溫和而忠實，妻子溫順而守正，婆婆慈祥而不專橫，媳婦順從而溫婉，都是最好的禮。」齊侯說：「太好了，我今天才知道禮的可貴。」晏子說：「這是早先的帝王稟承天地的善道來治理人民的，所以先王更是值得尊崇的。」

「禮樂」是中華文化的「精華」，是內外雙修品格的要件。因爲「禮」表現在外的機會多，關係到「人際關係」的良窳。而人際關係從最親密的人開始，齊家才能治國。教育就是要從普遍而基本的作起。

(八)孔子相夾谷（定公十年）

魯定公和齊景公相約會於夾谷，那時孔子爲魯國司寇，任約會的「相者」輔佐魯侯。齊國的大夫給齊侯劃策說：「孔丘雖然知禮，卻無勇氣，若用收來的夷人劫持魯侯，他們就會服膺我們的命令。」齊侯同意照計行事。孔子看到這個陣仗，就保護著魯侯退出會場，並說明：「兩國的君侯以士兵相隨，本是爲了和好，如今齊國竟用戰俘混亂隨從陣容，不是齊侯號令諸侯之道。戰俘來自偏遠地區，不應該擾亂中華，干涉盟約，這樣是在道德方面傷害了義氣，在人事方面則是失禮，一定不是齊侯的意思。」齊侯聽了非常慚愧，撤去了夷兵。盟約完成後，齊人附加文字說：「齊國出兵作戰的時候，盟約國要如約出兵三百乘相隨。」孔子使另一大夫回答說：「如果魯國如約出兵，齊國就要如約歸還魯國的汶陽之田。」盟約完成後，齊國歸還了魯國一部分汶陽之田。

大家熟知孔子以五經教授弟子，對孔子當政的事卻所知甚少。孔子曾教弟子「使於四方，要不辱君命。」這是孔子自己「不辱君命」的一個實例。由此可知「禮」不是只說空話的，用在實務方面，不但可以折服「不合禮」者，更能使「強者」屈服。

《左傳》都是春秋時代有關政治和政治人物的言論，可以當作《書經》的續集看。其中的「正言」足以啓導人；反常的人與事，則使人「戒懼」，所以孟子說：「孔子作春秋而亂臣賊子懼」。大抵在政治失序、國家失去常規的時候，必然造成「民不聊生」的狀況。所以政治還是國家首要的行事，政治合乎常規則國治，國治則人民能有安樂的生活。管子說：「衣食足而後知榮辱；倉廩實然後知禮義。」教化人民禮義，要靠「言辭」才能生效，而言辭則不能「無文」。

《古今圖書集成》中，有兩巨冊載錄「文學典」，總部也舉出《易經》、《禮記》和《春秋左傳》中有關「文」字的語句，試舉數則作爲參考。如：

> 易、小畜卦：小畜君子以懿文德。
>
> 繫辭下：物相雜故曰文。
>
> 禮記、儒行：儒有不祈多積，多文以為富。
>
> 春秋左傳、襄公二十五年：仲尼曰：志有之，言以足志，文以足言。不言誰知其志，言之無文，行而不遠。

七、孝經與論孟

在十三經中，列有孝經、論語、孟子，可以簡述數則以為例。

就孝經而言，在「開宗明義章中」孔子說：

> 夫孝，德之本也，教之所由生也。
>
> 身體髮膚，受之父母，不敢毀傷，孝之始也；立身行道，揚名於後世，以顯父母，孝之終也。

這是說，孝是由愛自己的身體開始，因為身體是父母賦予的，應該保護愛惜。反之，任意傷害自己，不顧父母生育自己的辛勞，便是不孝。而以正立身行道，不枉費此生，才見出有生的意義與價值，到死才對得起父母，是最後的終結。所以一個人不是只為自己而活，要時時想到生我育我的雙親。

除了帝王卿相之外，《孝經》中也舉述了士人（指初入「仕途」的公職人員）的孝道是：侍奉父母要有愛有敬。普通人則要「用天之道，分地之利，謹身節用以養父母」。為甚麼子女要如此，不妨細說一下。

俗諺常說父母寵愛子女是「天下父母心」。父母心是怎樣的，可看《詩經》小雅「蓼莪」：

> 蓼蓼者莪，匪莪伊蒿。哀哀父母，生我劬勞。
>
> 蓼蓼者莪，匪莪伊蔚。哀哀父母，生我勞瘁。
>
> ……

父兮生我，母兮鞠我，拊我畜我，長我育我，顧我復我，出入復我。欲報之德，昊天罔極。

父母對子女，從出生就愛護得無微不至。過去常見工作中的母親，把嬰兒背在背上。想一想那種情況，背上負著一個重量，還要如常的工作。母親爲甚麼不把嬰兒放在身旁而要背著他？「捨不得！」到子女自己作了父母，對自己的子女也是如此，甚至超而上之。可是卻忘了自己當初也是受到這般愛護的。

中華文化的一個優點就是「念舊」，不忘「當初」，所以重視「愼終追遠」，所以有了「孝道」。（孝字在外文中沒有同義字，孝字是中文獨有的。）作者在美國時，有時和一些年輕人閒談，他們常常抱怨父母。作者提醒說，你們的父母養育了你們，不是也很辛苦嗎？他們理直氣壯的說：「那是他們的責任！」爲人父母者在愛自己的子女時，如果想到父母當初也這樣愛過自己，就可減少些新聞材料了。

《孝經》三才章第七中說：

子曰：夫孝，天之經也，地之義也，民之行也。天地之經而民是則（之），則天之明，因地之利，以順天下。是以其教不肅而成，其政不嚴而治。先王見教之可以化民也，是故先之以「博愛」，而民莫遺其親；陳之以「德義」，而民興行。先之以「敬讓」而民不爭。導之以「禮樂」，而民和睦。示之以「好惡」而民知禁。詩云：「赫赫師尹，民具爾瞻。」

由此，教育應該作甚麼，就值得仔細考慮了。

第四章

文學之美

一、文學概念

文學的範圍極廣，自從有了文字之後，人們把說的話、作的事，以至心裡想到的寫下來，一則可以供自己永誌不忘，一則可以供別人閱讀並且流傳。早期凡是學術與經典的研究，都稱文學，例如孔子以四教，文學即是其中之一，且指出擅長者是子游、子夏。後來有文章又博學的人，列在文學之中，稱之為文學家。

在漢代之前，文學泛指學術。到了南朝，才專指「純文學」，是以語言、文字表示思想情感的藝術，包括詩歌、散文、戲劇、小說等等。大體說來，以有見於文字、有閱讀價值的為著。因為文字表現了「文采」，所以稱為「文章」。杜甫就有兩句詩說：「文章千古事，得失寸心知。」

「文」的字義本來指「交錯而不亂」，即是物體顯示於平面的「紋路」雖然錯落不齊，卻仍有「條理秩序」。早期曾說「五色交錯而成文」，含意是「文」中有「美」的成分，於是「文」和「藝術」便關聯在一起了。進一步用文來形容人時，說一個人有「氣質」，所指的可能就是說「有文氣」，表現在這個人的面孔以至行動上。張載說：「學以變化氣質」，說白了，就是經過學習的人，面孔少了「野氣」。推演一點說，則可以見於言語行動；不使人感覺「粗俗」。這種情形，大概要在平時多讀書，說話或行動，如俗語所說的「斯文」。其中涵蓋著「理致」，而這個「理」字，有「條理」的意思，更有中國文化中禮貌的「禮」的意思。比如說，看見長輩時，粗俗的人「瞪」一眼就走過去了，毫無表現。懂禮的人，則要行禮問候一聲，因為知道對長輩要有相當的尊敬。知道敬人要曾經學習。學習使人脫離粗俗，加上了文采。而文采在語言和行動上都會表現出來。

至於「文學」成爲專用名詞之後，所指的是「一門學問」，英文字爲literature，就有了專屬的意義。現在則說是「純文學」，包括詩歌、散文、戲曲、小說；有藝術特質的則稱「雜文」。這說法似乎和我國文化傳統中的概念不太相合，因爲我國的經、史、子、集，無不含著文學的品質，所以可能須要放寬一些文學概念的範圍。

孔子在《論語》中說：「弟子入則孝，出則弟，……行有餘力，則以學文。」我常懷疑，孝弟出於天性，禮儀重在行動表現，成了習慣就如同自然一般，是要時時出於本心而作爲的。再加上「謹而信，泛愛衆，而親仁」，都應該包括在日常生活之中，何以要在做完這些之後，才用餘力學文？難道學文不能和入孝出弟同時用功嗎？若想替孔子解釋，大概可以說，孝弟是基本且重要的「德行」，要時時戒愼恐懼，以免有疏失，所以要盡全力而爲。至於「文」，孔子也曾說過：「質勝文則野，文勝質則史。」可能是孔子以爲文若過於「注重形式」，反而失去自然本有的面貌。另一方面，《論語》中又有「子以四教，文、行、忠、信」，並指出學而有特殊成就的，文學中便以「子游子夏爲最」，可見孔子還是「教文」的，大概孔子教的是「廣義文學」，有實質內容，不在「咬文嚼字」上。如此解釋，便無害於文學的概念了。所以從最廣意方面說，凡是有關「學問」的文字，都不能劃除於文學之外。

中國三代之前的文字記載，以《易經》、《詩經》、《尙書》以至《五經》，無不包含文學品質，後來書載增加，遂因專門內容分類，文學遂自成一門。

就專門文學來說，以常見的短篇「文章」，英文字爲essay的最普遍，或稱「散文」，被許多學者根據自己的欣賞，蒐集成冊的，如《古文觀止》之類的出版作品相當多。《古文觀止》裡收錄了《左傳》等古籍的文字，又自秦、漢、六朝，至唐、宋、明各家的文章，有許多「名篇」在內，是普遍學習的必讀材料。可是「學問」是「日新月異」的，經過兩千多年，自然有些變化，也牽連到對文學的內容和形式的概念。

二、文學的演變

文學概念既然有了改變，在內容、形式、以至體裁上，也隨之而有了變化。

變化最明顯的是自東周的春秋戰國到秦朝以後，一則著述大增，一則字體改變，就在文學領域內，也發生了巨大的變化。以臧勵龢所編的《漢魏六朝文》的序言爲例，來看他的說明可以得到一些概念。臧序說：

> 漢魏六朝，文學遞變之時代也。前乎此者為周秦，駢文洛乎散文之間，韻文洛乎不韻文之間，蓋流露於不覺，非有意為之也。漢時，賈晁董劉諸家，其文章面目，猶未離古。武帝時，司馬相如創為辭賦，競尚宏麗；其後揚雄班固，從而效之，而文格一變，駢文與散文，韻文與不韻文，始截然分離。東漢之末，建安七子，崇尚文辭，遂成風俗。寖假而尚排偶聲韻，……大同以後，爭馳新巧，風雲月露，累牘連篇，香草美人，罕言寄意，以儒素為古拙，以辭賦為君子，……風會所趨，亦不期然而然也。古之時，文以載道，

> 行有餘力，則以學文，蓋以行為文之本，文為道之表見者耳。孟荀以道鳴，楊墨管晏老莊申韓諸家以術鳴，然其術之所長者，未嘗不包於道之中。兩漢以後，醇儒雖少，而文景之時，……大旨主乎經世。……魏晉而降，競以辭勝夸過其理，與文以載道之旨遠矣。然采不滯骨，鍊不傷神，峭奇淡宕，清麗芊綿，各極其勝，文人之文，要亦未可厚非，……

序中似乎以爲秦以前的文章，多以尊經論道爲主，重在啓迪觀念和思想，宣示爲人做事的正道，在求「文以載道」。可以說是在「樸實」之中見誠摯，其「美」在「善言敦厚」，並不求文字「華麗」。到了漢武帝時，司馬相如爲了討好皇帝，寫出了「上林賦」、「大人賦」，務求「宏麗」，裝飾多辭，「典章」的精神便消失了。班固的《漢書》雖然是史書，已經落在司馬遷的《史記》之後。進而有了所謂之「韻文」，和「不韻文」遂形成兩途。再到晉朝，社會風氣大變，文章務華美，言辭卻以「詭譎」爲尚，「道」與「理」不但相形見絀，甚至被扭曲變形。可見漢魏六朝文學表現的特點，或可說有所長，但也有所短。

「文以載道」應是「大旨」；「文字優美」則是「心靈的超越作用」。西方學者與中國先哲相同，都承認人有愛美的傾向，從人的創造到多種表現看，這見解是無可否認的。不過「美」的欣賞，有時會「主觀」勝過「客觀」。

大致說來，文學之美，固以內容思想爲主，也要見於言辭，更見於文字，究竟如何能達到美的境界，大概要求諸於文學家，以他們寫作的經驗與鍛鍊，可能提供一些重點，爲教育者點上一盞明燈，爲學習者指示出有效的方向。

概括的說，文學不但見於「用文字寫作」的「巧妙」，更有其他的條件，使人因閱讀而感動，不僅一再吟誦，低迴不已，以爲「深得我心」，與作者發出「共鳴」，所以說是「感人至深」。這種情形，絕不是只靠「巧言麗詞」，還要有充分的「道理」與「觀念」。歷代名家的「文章」，現在稱作「散文」，像《古文觀止》和《漢魏六朝文》之類，以至個別名家的「文集」，作品都有其價值，文辭美的使人樂於吟誦；文章美的可以感動心靈。以下述數則爲例，或可略見梗概。

(一)歸去來辭——陶淵明

> 歸去來兮，田園將蕪胡不歸！既自以心為形役，奚惆悵而獨悲！悟已往之不諫，知來者之可追。實迷途其未遠，覺今是而昨非。

陶淵明的歸去來辭和桃花源記，從前多出現於中學課本中，可是中學生對陶淵明的心境未必能了解，需要教師說明在政治系統中，上級和下級尊卑有別，上級的考察員職位和學識不一定高，可是既然來自上級，到了下級，便要「作威作福」的擺出官架子，視下級官員如無物。看過《三國演義》的，應該記得「張翼德怒鞭督郵」這一回。晉朝繼漢代之後，督郵不過是一個巡行地方的小職員，陶淵明乃是堂堂的地方官，可是對這個來自上級的小人物，還要必恭必敬，想想自己這個職位的俸祿，一個月只有五斗米，不足以養家活口，不必爲此「折腰」於「無知小兒」，於是辭職回家，過著「環堵蕭然，簞瓢屢空」的日子。而在他的詩：「採菊東籬下，悠然見南山，山氣日息佳，飛鳥相與還，此中有眞味，欲辯已惘然。」可以知道他的人品之高，才能寫出這麼優美的詩文。

(二)陋室銘——劉禹錫

山不在高，有仙則名；水不在深，有龍則靈。斯是陋室，惟吾德馨。苔痕上階綠，草色入帘青。談笑有鴻儒，往來無白丁。可以調素琴，閱金經。無絲竹之亂耳，無案牘之勞形。……

一個品德高尚的人，自愛並充滿了自信，以此爲榮。至於物質方面的食衣住行，並不在意，更不會汲汲營求。有一間茅屋棲身，與自然合而爲一，與知識界談論學問，讀盡古今名著，閒來彈一曲琴以自娛，何等逍遙自在。秦始皇修了長城，又蓋了阿房宮，眞正得到了甚麼！有這樣一個小故事說：一位宰相的鄉下老家，家裡人要擴建住宅，想把圍牆推出三尺，以增加院內面積。那樣就使院外的人行道變小，致鄰居反對。家裡人想借宰相的權威，命令鄰居就範，遂寫信給他。他看後作了一首詩給家裡說：「萬里家書只爲牆，讓他三尺又何妨，萬里長城今猶在，不見當年秦始皇。」於是家裡人遵照他的意思，不但沒往外展，並往裡退了三尺。鄰居也爲自己的爭競感到慚愧，竟也退讓了三尺。結果造成一條寬大的巷道，從此稱爲「睦鄰巷」。

(三)陳情表——李密

……伏惟聖朝以孝治天下，凡在故老，猶蒙矜育，況臣孤苦，特惟尤甚。……臣無祖母，無以至今日，祖母無臣，無以終餘年。……臣密今年四十有四，祖母劉今年九十有六，是臣盡節於陛下之日長，報劉之日短也。烏鳥私情，願乞終養。

李密的身世非常不幸，可是他的祖母卻把他教養得十分成功，可以想像必然也是一位賢明的女性，使他深知祖母的恩德，孝心眞摯。所以這篇陳情表，「情深意切」，言辭無不出於肺腑，感人至深。爲人子女者，都應該熟讀這篇文章。

(四)岳陽樓記——范仲淹

嗟夫，予嘗求古仁人之心，……不以物喜，不以己悲。居廟堂之高，則憂其民；處江湖之遠，則憂其君。是進亦憂，退亦憂，然則何時而樂耶？其必曰：先天下之憂而憂，後天下之樂而樂歟！

「先天下之憂而憂，後天下之樂而樂」已經成了負有政治責任者的「名言」。印證岳飛的「文官不愛財，武將不怕死」的說法，可以互相輝映。當然這樣的人歷史中也不少見，只是被另外的一種人遮沒了。因爲以天下爲己任的人，不會自私，不曾想到使自己升官發財。然而不在適當的職位上，也有志難伸。爲甚麼會如此，歸根究底，恐怕還得歸咎於「普遍而基本的教育」，不曾把人教得「明是非，知廉恥」。這是教育中「很應該深思」的一個問題。

三、文學美的條件

以劉勰所著《文心雕龍》中述說的文學之美，依其重點，可以摘要參照一下。

文章是人的創造，美不美全在命筆之人的先在條件。條件是出於學、養，和鍛鍊的功夫。不過人的才智有別，卻是很難改變的。好在「勤能補拙」，還有補救的可能。

劉勰的《文心雕龍》，向來被視爲「作文」的圭臬。其所說的文學條件，最基本的至少有兩項，即是原道與宗經，繼而還有其他的規範，可以扼要舉述如下。

(一)原道

劉勰以爲「文」的本原就是「道」。「道」源自《易經》的形上哲學，簡單的解釋就是「最高最基本的原理原則」。劉勰說：人言成文，是秉承了天地之道，孕育在大自然之美中而生的。言辭成文出於天地之心，是一項偉大的成就，猶如《易經》中認爲天地生物一般的偉大，即繫辭中所說的：「天地之大德曰生。」其說是：

> 文之為德也大矣！與天地並生。

他描述說：天是青色的，地是黃色的；天圓地方；日月光華，使山川發出綺麗的顏色，裝點成大地的形象，這就是「道的文」。人靠著仰觀俯察，分別高低，人存在於二者之間，與天地合而爲三，以人的性靈，遂與天地合稱三才，秉有「五行」的秀氣，即是《書經》周書中所說的「惟天地萬物父母，惟人萬物之靈。」和《禮記》禮運中說的「故人者，其天地之德，陰陽之交，鬼神之會，五行之秀氣也。」又說：「故人者，天地之心也，五行之端也，食味別聲被色而生者也。」劉勰也認爲人秉承天地之心，所以能夠：

> 心生而立言，立言而文明。

言之文也，天地之心哉！

於是終結說：

爰自風姓（據說伏犧姓風），暨於孔氏（即孔子）。玄聖創典，素王述訓，莫不原道心以敷章，研神理而設教；取象乎河洛（河圖洛書），問數乎蓍龜；觀天文以極變，察人文以成化，然後能經緯區宇，彌綸彝憲，發揮事業，彪炳辭義。故知道沿聖以垂文，聖因文而明道，旁通而無滯，日用而不匱。易曰：「鼓天下之動者存乎辭。」辭之所以能鼓天下者，迺道之文也。

《易經》中本來就說是由庖（亦作伏）羲「仰觀天文，俯察地理，遠取諸物，近取諸身而得到知識」，於是人才有了「文」。經學中也說過「道」是宇宙的本原，見於天生萬物，是天地之德。我國傳統文化中相信「人與天地合德」，就是秉持了道的觀念，人以文章立言以明道，猶如代道「說話」，是另一項創造，和天地創生萬物一般。所以文章表現於文字，必須以道爲根源。

(二)宗經

劉勰認爲「經」就是素王孔子宣揚的先聖的道，見於「經傳」。據傳孔子曾刪詩書，定禮樂，補周易，作春秋，即是五經都曾經孔子修定，當然成了千古不變的原理原則，是無法修改的偉大教言。這教言象徵天地，效法鬼神，參照萬物的秩序，洞察到人的靈性，這些文字能深入推究到文章的骨髓，乃是至理名言。後世多只抱著《論語》來了解孔子，忽略了「五經」是曾經孔子之手而流傳的，只一部《論語》不足代表孔子的思想。劉勰的原文是：

> ……經也者，恆久之至道，不刊之鴻教也。故象天地，效鬼神，參物序，制人紀，動性靈之奧區，即文章之骨髓者也。
>
> ……三墳、五典、八索、九丘，易、書、詩、禮、春秋，義既極乎性情，詞亦匠於文理，故能開學養正，照明有融。……根柢槃深，枝葉峻茂，辭約而旨豐，事近而喻遠。……故文能宗經，體有六義：一則情深而不詭，二則風清而不雜，三則事信而不誕，四則義直而不回，五則體約而不蕪，六則文麗而不淫。

「三墳」為伏羲、神農、黃帝的書。五典為少昊、顓頊、高辛、堯、舜的典。八索即八卦。九丘即九州土地風物之書。歸結起來說是：

> 文以行立，行以文傳，四教所先，符采相繼，立德樹聲，莫不師聖。

這說法完全根據文化傳統，由哲學的天道觀開始，以經學為宗，徵驗文學的意義和價值，最低限度，絕不是只以辭藻為美。正和臧勵龢所說的一樣。照這樣說，文學便不是只求文字表面的功夫，不是只重表面華美，更要有內容，有「品質」。

四、文學的品質

品質是內涵。內涵一要材料精純，即是主旨和內容正確無誤；二要結合材料妥當，即是現在所謂之「結構」。前者在選材的知識與「心力」；後者在組合意念的技巧。二者都需要相當的功夫，即是學習、修養與鍛鍊。修養與鍛鍊的重要項目，以劉勰所說的為例，摘要應有下述各項。

(一)神思

劉勰以為「神思」是超乎形體存在的空間，而能「想像」到遙遠的地方。這就是精神思想的妙處。作者認為人的眞正「自由」，就在思想，不管身在何處，都可以在思想中「上窮碧落下黃泉」，在時間上可以「和古人對話」；在空間中可以和遠在萬里之外的朋友「互通靈犀」。劉勰的文字是：

> 文之思也，其神遠矣。故寂寞凝慮，思接千載。悄然動容，視通萬里。吟詠之間，吐納珠玉之聲，眉睫之前，卷舒風雲之色，豈思理之致乎！
>
> 思理之妙，神與物遊。……陶鈞文思，貴在虛靜。……積學以儲寶、酌理以富才，研閱以窮照，馴致以懌辭，……

照這樣才能有透徹的了解，有了獨到的見解，是作文首要之務。也就是說，在思考作文的時候，要保持「虛靜」的心理狀況，心中沒有雜念煩擾，「文思」（猶如靈感）才會出現。可是這是在培養「思緒」的時候。在此之前，先要有「積學」，即是「廣博的學習」，累積起來，心中才會「有物」，才有話可說。這「積累的功夫」，劉勰稱之為「儲寶」。而在積累的過程中，當然免不掉「有時想到」儲存的東西，想到了也就免不掉理出一些頭緒，酌取其中的精華，才增加了文才，是為「酌理以富才」。所以文學修養需要時間，杜甫曾說「讀書破萬卷，下筆如有神。」學識積存在心中，猶如「庫藏」，可以隨時取用，但是卻不一定能「呼之即來」。不過熟悉的材料，往往一觸到相關的機宜，就會湧現出來，不用苦苦的搜索枯腸。

然後劉勰描述寫作時的心理狀況，非常傳神。他說在寫作開始運思的時候，心裡千頭萬緒，反而忘了寫作的法則和技巧。由靈感而生出意念，有意念則有了言辭。此時似乎有千言萬語，要一下子傾吐出來，如果文思細密，則覺得意不勝言，以至有時會捨近求遠，有時又不知所云。所以作文先要以「積學」為「素養」，經過相當時間一再思想，到真要作文時，才能文思泉湧，通暢而不亂。

通常寫作開始的時候，常常是「意念紛紜」，好像有很多話要說，若就順著意念即刻寫下去，寫完以後，開始的「銳氣」消失了，回頭再看，好像原本要說的，並未說盡，據劉勰說是：

> 神思方運，萬途競萌，規矩虛位，刻鏤無形，……方其搦翰，氣倍辭前，暨乎篇成，半折心始。

這情形是因為開始的時候，「思念尚在縱橫馳騁」，難免空幻奇巧，落筆後的言辭，卻要徵實，刻劃不出那份奇巧來，結果回頭再看時，會覺得要說的話並未說盡。

於是劉勰說：才情奔放的人，心裡常存著寫作的要點和技巧，因為才思敏捷，似乎一下子已經「成竹在胸」，所以可以「振筆疾書」，筆不加點，一揮而就。不過也有人雖然積學很深，但習慣於作多方思考，所以下筆很慢，可是也能寫出好文章。

這後一個說法可以用蒲松齡的《聊齋誌異》中一篇名為「織成」

的故事爲例。據說有一個落第秀才搭船在洞庭湖上。湖中有神稱洞庭君，說是一個名爲柳毅的落第秀才娶了龍女而成神，常常出來乘民舟遊湖。此時洞庭君帶了許多隨從到了船上，操舟人都躲避開去。這位秀才因爲喝醉了，大睡不醒，冒犯了湖神，湖神叫人拉他出去殺死，他才醒過來。知道湖神就是當初的劉毅，所以邊走邊說：「當初洞庭君是個落第秀才，但卻成了湖神。我也是落第秀才，卻要被殺死，眞是有幸有不幸啊！」洞庭君說：「既然你是秀才，作篇賦給我看。」他拿著筆想了很久，還未寫出一個字。洞庭君說：「你這算甚麼秀才？」他說「當初左思作三都賦，作了十年才成，可見文貴工，不貴速。」他最後做成了賦，得到洞庭君的欣賞和獎勵。

最後劉勰補充說：若學淺而空疏，才既不足，又要求快，絕不會有成就。原文是：

> 若夫駿發之士，心總要述，敏在慮前，應機立斷，覃思之人，情饒歧路，鑒在疑後，研慮方定。機敏，故造次而成功。慮疑，故愈久而致績。難易雖殊，並資博練。若學淺而空遲，才疏而徒速，以是成器，未之前聞。

實際上，杜甫所說的「讀書破萬卷」，並不是只在「博」，還要「熟」，即是要「記憶正確」，到用時才能「引用無誤」，不必再去查證原作。曾經有這樣一個軼聞說：「宋朝有一位替皇帝寫詔命的學士（科舉高中的進士），一天一個上午寫了幾十份公文，寫完後走到院裡去散步休息。看見一個老人躺在那裡曬太陽，便和他閒話起來，問他可曾看見人們在裡面忙碌的情形。老人說：看見你寫了許多公文，眞是辛苦。他又問老人是否見過蘇東坡寫公文，老人說見過。他再問：『我是否和蘇東坡寫的一樣快？』老人說：『蘇學士也是提起筆來，振筆疾書。不像你，一邊寫，一邊還要去查書！』這個人聽後慚愧得恨不得鑽進地縫裡去。」由此可以看出一個人讀書「不熟」，臨時還要去查，可能會被人奚落，更不可自命不凡，漠視別人。

(二)體性

人都有自己的個性，表現於想法、觀念、言談、行動與作爲。寫文章所表現的，多半和思想與觀念有關，即是和個性幾乎不可分。心理學常用人格包括個性，人格是外來名詞，中國傳統只說個性或性格。當一個人的個性有了一貫的表現後，別人就會據以用一個概括名詞來形容，說某人個性如何如何，便成了這個人的「概括形容詞」，在文學方面的表現，則用其「文章風格」作定名。「文章風格」，劉勰稱作「體性」，也是文章的品質之一。

劉勰以爲當情有所感而發生時，無論明白的說出，或只是在思念之中，必然有了語言。如果發現了道理，可能就要筆之於書，而成爲「文章」。這是由暗至明、由內而外的歷程。原文是：

> 夫情動而言形，理發而文見，蓋沿隱以至顯，因內而符外者也。

於是劉勰提出文有八種體性，列舉出來如下：

1.典雅的：如帝王的制誥，多半根據儒家的學說，雅而有致。
2.遠奧的：如經書之義理深奧的學說，需要深入義理，闡釋明白，表現出深刻的意境。
3.精約的：文字簡鍊，約言不繁，義理深入且明白，思路精粹。

4.顯附的：文辭明白，切合事理，有條不紊，使人易懂而讀了暢快。

5.繁縟的：廣徵博引，陳述詳細而含有深意，但辭藻不免蕪雜。

6.壯麗的：有卓見，宏大博深，言辭出人意表不涉詭譎，讀了使人心胸開朗，或可稱為壯美。

7.新奇的：表現不同凡響的意念，不落入窠臼，可能使人拍案驚奇。

8.輕靡的：文字輕浮華麗，多見堆砌，而少深刻的內容。

劉勰以為要涵養文章品質，需要從開始學習時，就要慎重的一絲不苟，磨練上述八體的優越處，要排除缺陷，自行用功，這就是：

> ……八體屢遷，功以學成，才力居中，肇自血氣。氣以實志，志以定言，吐納英華，莫非性情。

然後又說：

> 夫才有天資，學慎始習，斲梓染絲，功在初化。器成綵定，難可翻移。故童子雕琢，必先雅製，沿根討葉，思轉自圓。八體雖殊，會通合數，得其環中，則輻輳相成。故宜摹體以定習，因性以練才，文之司南，用此道也。

這就是說，文章要自幼開始依正規練習，最初的方式正確，日後才能成形。主要的先求其典雅，從這根本處繼續磨練，八體純熟後，必然不失其「中」，且能成為定型，也就是有了體性。

「文」之為文須要典雅，即是因為人脫離了野蠻，而披上了文采，「俗」與「雅」之別，見於語言的，是「不堪入耳」和「沁人心神」的差異，通常說是「俗不可耐」，或是「文雅」。經過知識陶冶的人，開出口來，與「市井之人」不同。見於文字的，給人的感受，差別更是明顯。

(三)風骨

「風」可說是文章「言辭的氣勢」；「骨」則是文章「內涵的義理」。

每個作家都有自己寫作的格調或習慣，當心中有了一個意念時，即是動了情感。岳飛的滿江紅，頭一句便是「怒髮衝冠」，是因爲想到金人侵略中國，占據我國領土，殺戮我國人民，擄去兩位皇帝，是可忍，孰不可忍，所以怒滿胸膛，氣勢必然非常雄壯，靈感當然也異常強烈，到唱出來或是寫出來，就是通常所說的，「不能自已的」眞摯之言。從表面文辭看，是意氣風發，把「壯懷激烈」說的淋漓盡致，到「饑餐胡虜肉，渴飲胡虜血」，說盡了怒恨之情，然後是「待從頭收拾舊山河，朝天闕。」這可說是「風」。至於「忠於君王，熱愛國家人民，決心保國衛民，恢復帝王的尊嚴的氣概。」也正是傳統的一位將軍應有的責任與骨氣。

文章作者也有的用婉轉曲折的手法，習慣的用很多話妝點，不肯直截了當的說出主旨，文辭的氣勢便是另一種風貌。和開始便「一言中的」的差別，似乎是習慣的要把重要的話暫且保留，且越是重要的話，越要留到後面才說。看在讀者眼裡，或者有人感到不耐，甚至掩卷而去；固執者也會堅持下去，要看看你到底想說甚麼，就是氣勢有了差別。

劉勰在「風骨第二十八」中說：

……悁悵敷情，必始乎風，沈吟鋪辭，莫先於骨。故辭之待骨，如體之樹骸；情之含風，猶形之包氣。結言端直，則文骨成焉。意氣駿爽，則文風清焉。

這就是說，情發於中而形於外，必有內在的「義理」爲骨幹，「支架堅定」，才能內外合成一體，最後才見出文章的氣勢，也見出作者的精神氣質。猶如振翼長飛的鳥，沉穩有力，翺翔高空，姿態優美一般。至氣勢貫徹到底，最後把整體作一終結，關照全部思想，才是一篇完美的文章。通體說來，如果文辭豐富優美，風骨凜然，始終不變，必使讀者欣賞不置。

可是如果風骨不振，缺少瀟灑飄逸的氣勢，便會顯得有氣無力，若更了無新意的勉強下去，不但有精力不濟的現象，言辭也可能顯得是陳腔爛調。所以立意和裁製成篇，要有旺盛的心情，剛正的氣質，文筆順暢，才見出是文字鍛鍊有素。原文是：

若風藻克贍，風骨不飛，則振采失鮮，負聲無力。是以綴慮裁篇，務盈守氣，剛健既實，輝光乃新。其為文用，譬征鳥之使翼也。故練於骨者，析辭必精，深乎風者，述情必顯，捶字堅而難移，結想凝而不滯，此風骨之力也。若瘠義肥辭，繁雜失統，則無骨之徵也。思不環周，索莫乏氣，則無風之驗也。

依此說來，則進一步所要注意的，便是熟讀經典之作，把握經典的神髓，確定自己的風格，通變而不失體，才能成爲佳作。劉勰說：

若夫鎔鑄經典之範，翔集子史之術，洞曉情變，曲昭

（明瞭）文體，然後能孚甲（生出）新意，雕化奇辭。昭體故意新而不亂；曉變故辭奇而不黷。若骨采未圓，風辭未練，而跨略舊規，馳騖新作，雖獲巧意，危敗亦多。

試看「為徐敬業討武曌檄」中的幾句話：「公等……或受顧命於王室，言猶在耳，忠豈忘心？一抔之土未乾，六尺之孤何託？」情感真摯，氣勢凌人，連武則天看了，也認為這樣的文才未被朝廷錄用，是宰相之過。

(四)情采

劉勰說：「聖賢書辭，總稱文章」，就是文字表現了華麗的「美」。他說，水本來是柔軟的，卻在流動中生出漣漪；樹木本是實質的，卻能開放出五彩繽紛的花朵。虎和豹若沒有美麗的花紋，則看起來和犬羊一般的平平無奇。犀牛的皮倒是很厚，可是顏色黯淡，並不動人。（大概劉勰的時候，只有土生的狗，沒見過今天五花八門的外來犬。）原文是：

聖賢書辭，總稱文章，非采而何？夫水性虛而淪漪結，木體實而花萼振，文附質也。虎豹無文，則鞹同犬羊；犀兕有皮，而色資丹漆，質待文也。若乃綜述性靈，敷寫器象，鏤心鳥跡之中，織辭魚網之上，其為彪炳，縟采名矣。

劉勰進而說，平實需要文采來妝點，文章則要情采來使文字發出光芒。因為人要「五情發而為辭章」，情是「文之經」，辭是「理之緯」，經正才能成緯，理定辭才能暢。不過「情」要「約而寫真，不可繁濫」。然後又解釋說：桃李並不說話，卻引來無數觀賞者，把旁邊踏成路徑，因爲是有從「實質」發出的「美」；文章要有「內容」，才能表現出炫爛的文采，即是「言以文遠，心術既形，英華乃贍」。

然後說：立文之道有三：一是「形文」，即五色；二是「聲文」，即五音；三是「情文」，即五性。五性（心、肝、脾、肺、腎）連著「五情」，紓發五情的言辭是「仁、義、禮、智、信」，都是「美德」。可見道德是出於「情感之美」。由此劉勰解釋說：

> ……文采所以飾言，而辯麗本於情性。故情者文之經，辭者理之緯，經正而後緯成，理定而後辭暢，此立文之本源也。

「情」是本源的，替情加上文采，就是在本質上，增加了裝飾，使之不但眞，而且美，就像一堆泥土製成陶器，若純留原貌，不過只是一個泥土罐而已。如果加上彩繪，立刻就使人看起來眼睛一亮。

(五)鎔裁

「鎔」字猶如鍛鍊金屬，先要加熱使之熔化，意味著這是一項緩慢的工作。學習作文，從練習運用文字來表達心中的意念，自開始識字，懂得字義，到把許多字連貫起來，說明「一個意思」，使看見文字的人，一樣的懂得，並不是一件簡單的事。尤其用作說明的一連串文字，必須不多不少，簡單明瞭。因而還要另加一番功夫，就像要使所融化的金屬，成爲一件可以觀賞或有用的器物，還得加上「千錘百鍊」。裁製文字，不像剪紙剪布那麼輕鬆；也不像畫人體般，多之一分則嫌肥，肥，可以塗抹一點下去；少之一分則嫌瘦，瘦，再描上一點就好了。可是出於自己之手的文字，自己正欣賞不置，看不出有甚麼毛病。

劉勰在「鎔裁第三十二」中說「作文」：

> ……規範本體謂之鎔，剪裁浮辭謂之裁。裁則蕪穢不生，鎔則綱領昭暢。譬繩墨之審分，斧斤之斲削矣。駢拇枝指，由侈於性，附贅懸疣，實侈於形。二意兩出，義之駢枝也，同辭重句，文之疣贅也。

這就是說，在作文之前，先要仔細思考，把握住主題精華。寫出之後，則要細察字句，不應有「贅字」（無用的廢字）或重複的字。通常如果上下兩句有重複的字，作者都會改用同義的另一個字，以免影響文字之美。或是有的字句看起來可有可無，也就是少了這一句，意義仍然明白；有這一句在上面，也沒多說了甚麼。這情形常出在「作文限制字數」的狀況中，說不出更多的話了，只好用廢話廢字充數。劉勰也說：

> 句有可削，足見其疏。字不可減，乃知其密。……引而伸之，則兩句敷為一章。約以貫之，則一章刪成兩句。……善刪者，字去而意留。善敷者，辭殊而意顯。字刪而意闕，則短乏而非覈；辭敷而言重，則蕪穢而非贍。

這說法就非常明白了。有人作文惟恐「不夠長」，所以才要「敷陳」，卻不知是浪費了筆墨，也浪費讀者的時間，反而不能討好。作文的要旨，其實用孔夫子的一句話就夠了，就是「辭達而已矣」。先做到這一點，其餘「練字」、「修辭」，則在於繼續的功夫與經驗。

宋代宰相韓琦退職後回到他的故鄉相州，修建了一所建築，名爲「晝錦堂」，特請在京城的歐陽修寫一篇文章以資紀念。歐陽修應邀寫了「相州晝錦堂記」，原來開始的兩句是：

仕宦至將相，富貴歸故鄉。

是套用了《史記》項羽本紀中，「富貴不歸故鄉，如衣錦夜行」的話。寫完後，即派人給韓琦送去。送文的差人已經走了，歐陽修又派人把送文者追了回來，只是「添了兩個字」。成爲：

仕宦而至將相，富貴而歸故鄉。

加上了兩個字意義完全沒變，爲甚麼要加這麼兩個字？念念看，原來的兩句「聲音平平的」就念完了。有了「而」字，就要把聲音拉長，成爲「而—」，顯得這兩句鏗鏘有致，讀出的「氣勢」就完全不同了，讀起來也就更特別「有味道」。

作者在大二作文課中，已忘了作文題，只記得文中寫了兩句話：「中華文化有五千年輝煌的歷史，有四維八德之美德」。同一句中有了兩個「德」字，重複的實在不好。可是想來想去，沒有別的字可以替代。最後就用了學生慣用的伎倆，就這樣吧！看教授怎麼改！作業發回來，先看教授是怎麼改的。原來他只把最後一個「德」字給劃掉了！當時既得意又佩服。得意的是教授也想不出別的字來代替；佩服的是，教授的確高明，沒有最後一個「德」字，對文意毫無影響，所以承認教授是「一字師」。文學之美，眞是美不勝收！

五、文學的廣闊領域

文學除正宗的經史子等專著和散文文集之外，還有同樣有價值和意義，且富饒趣味的作品，而且品類繁多，如詩、詞、歌、賦，以至多種變體的名目，有更多的意義和價值。文人雅士多有膾炙人口的傑作，是文學領域中另一種燦爛的花朵。

(一)詩

詩的緣起最早，由民歌進而成爲嚴肅的、現存的，經過孔子刪削的《詩經》，是「理智」與「文采」的成品，可以誦讀，可以歌唱，且可以配上舞蹈，具有德、智、形、聲、藝多種美。

見於《詩經》的詩，體例多是三言、四言不等。五言詩據說始於漢代李陵，人們評價文學類的優秀者說「唐詩、宋詞、漢文章」，每個朝代的作品各有其特色。

例如「古詩十九首」，雖不能確定其時代和作者，但其文學價值卻很高。試以其第十五首爲例：

> 生年不滿百，常懷千歲憂。晝短苦夜長，何不秉燭遊。
> 為樂當及時，何能待來茲？愚者愛惜費，但為後世嗤。……

這首詩的情、意、思想和寫實無不具備，似乎人生就是如此：一方面遺憾生命短促；一方面又憂慮到無盡的未來，相當矛盾。既然如此，何不把握時機，及時行樂？卻又瞻前顧後，患得患失。想起來也可以自以爲愚不可及，爲人恥笑而已。

詩體從五言詩後，又出現了七言詩；然後又有了四句一首的「絕句」和八句一首的「律詩」，也有六句一首的以至十七字詩。從前初入學的兒童，就有特為他們蒐集成冊的「千家詩」。那時人們以為兒童不必懂得詩的意思，只要教唱一些韻語，和唱歌一樣，能收斂心思。到兒童把詩背熟了，長大後自然自會領悟詩的意義。這方法後來受到「新潮派」的抨擊，於是改成教兒童念「小狗叫，小貓跳。」現在則是「拍拍手」就是一課書。

唐太宗基於政治考量，為了延攬讀書人，而開科取士。最初可能以文章定取捨，注重經國濟世的人才。後來則以「賦詩」為主。而且當時有一種風氣，讀書人要把自己的詩作，彙集成冊，先請以文著名的達官貴人閱覽，得到稱許，就有了「名氣」，考試就容易榜上有名。據說白居易曾將自己的詩作呈給當時的貴官閱覽。貴官並不認識他這個默默無聞的年輕人，一看到他叫白居易，就打趣的說：「長安米珠薪桂，居可不容易啊！」到看了他的第一首詩：

離離原上草，一歲一枯榮，野火燒不盡，春風吹又生。

就說：好！有了這首詩，就可以住在長安，不必擔心米珠薪桂了。這一來，白居易名聲大噪，便得到了科舉功名。

唐代就在小說裡，也常常加入詩作，所以詩人輩出，如杜甫、李白、王維等等，都是讀書人耳熟能詳的。那時候有一種社會風氣，文人常常在妓院聚會，飲酒賦詩，乃是雅事。他們作的詩，只要是好詩，妓女都會唱出來招待客人，是一種文雅的表現，與道德無傷。

唐代詩人既多，風格各異，進而對詩學也有了多種說法與要求。嚴羽在其《滄浪詩話》中說：詩要好，須要作者有見識，入門要合正規，立志更要高尚。詩的好處見於「體制、格律、氣象、興趣與意節。」並引陶淵明的《詩說雜記》所說的，「高」有凌雲直上的清氣；「深」是深奧；「遠」可以擴及滄浪萬頃；「雄渾」如長風萬里；「飄逸」如閒雲野鶴；「悲壯」如笳拍的聲勢；「淒宛」如絲哀竹濫。如此說來，作詩與賞詩，就值得深思並回味了。

試舉幾首唐詩為例：

杜甫的詩，以沉鬱出名，像其「丹青引」：

> 將軍魏武之子孫，於今為庶為清門，英雄割據雖已矣，文采風流今尚存。……將軍畫善蓋有神，必逢佳士亦寫真。即今飄泊干戈際，屢貌尋常行路人。途窮反遭俗眼白，世上未有如公貧。但看古來盛名下，終日坎壈纏其身。（讀者有興趣可自尋全篇閱讀）

杜甫自己一生坎坷，所以對懷才不遇者特別同情。有一件關於杜甫的軼聞，可以說來添些佳話。據說在一個大雪紛飛的日子，杜甫乘轎走在路上。天氣既冷，路又滑濘不堪，兩個轎夫非常辛苦，又不得不撐下去。一個說：轎裡坐的說是一位詩人，我們也作首詩來解解悶吧。他看到雪花片片飛舞，於是就開始說了一個「片」，下面想不出字來，就重複「片、片、片、片、片、片」，連上頭一個片字，已經是七個片字了，杜甫坐在轎裡忍不住，便接著說：「飛入鵝毛尋不見，」轎夫聽了說：「咦！他也會作詩呀？」另一個則說：「此人莫非杜子美？」杜甫接著說：「然、然、然、然、然、然、然。」居然成了一首詩。

李白的詩，以曠達聞名，如這首「將進酒」：

君不見黃河之水天上來，奔流到海不復回。君不見高堂明鏡悲白髮，朝如青絲暮成雪。人生得意須盡歡，莫使金樽空對月。天生我材必有用，千金散盡還復來。……鐘鼓饌玉何足貴，但願長醉不願醒。古來聖賢皆寂寞，唯有飲者留其名。……五花馬，千金裘，呼兒將去換美酒，與爾同消萬古愁。」

似乎李白習於自由奔放，不願受形式拘束，不想在宦海浮沈，惟以詩酒自娛，以自得其樂。爲了過足酒癮，而提議主人賣馬當裘，慷他人之慨，眞是放浪於形骸之外了。

再看以自然景物爲主的王維，其「竹里館」是：

獨坐幽篁裡，彈琴復長嘯，林深人不知，明月來相照。

這詩中意味，誰都能夠領會，讀者也可模擬出那情景與感受。

唐朝的讀書人，固然出於博取功名利祿，可是從另一個角度看，賦詩也是出於一種閒情逸致。會作詩的固然可以見景生情，用來舒發情感。再看王維的這首「九月九日憶山東兄弟」：

獨在意相為異客，每逢佳節倍思親，遙知兄弟登高處，遍插茱萸少一人。

重陽節的舊俗是人們登高配帶一種香草（茱萸）以躲避不吉利的事。此時王維不在家裡，所以想到家，想到家裡人的活動，乃是非常自然的感懷，所以詩也寫得自然而情感眞摯。如果說：「我在這種日子好想家啊！」讓人讀起來，會有這樣的意趣嗎？

寫詩的意趣，可以另有一個軼聞以見一斑。據說清乾隆皇帝遊江南時，一次坐在船上，紀曉嵐隨侍在側，看見遠處一隻小漁船，上面有一個漁夫。乾隆忽然說：「紀卿，你能做一首含著「十個『一』字」的詩嗎？紀曉嵐應聲便唸出來：

一籬一櫓一漁舟，一個艄公一釣鉤，一抬一呼還一笑，
一人獨占一江秋。

這是即景的偶然之作。紀曉嵐以才思敏捷著稱，最為乾隆欣賞，出遊時多半要他隨從，他也從未使乾隆失望過。再看劉禹錫這首「烏衣巷」：

朱雀橋邊野草花，烏衣巷口夕陽斜，舊時王謝堂前燕，
飛入尋常百姓家。

烏衣巷是東晉時王、謝兩家貴族所居，此時已成為平民百姓的住宅。原來烏梁上的燕窩卻依然如舊，可是人事已經大大的改變了。詩中慨歎自然比人事更有永久性。

詩抒發情懷的作用，相當廣泛，以王昌齡這首「出塞」看，是：

秦時明月漢時關，萬里長征人未還。但使龍城飛將在，
不教胡馬度陰山。

可見那時外患一樣的使詩人感懷很深。

(二)詞

有人說「詞」是「詩」的變體，句法長短不一，聲調也有了更多的音樂韻味，五代時已經出現，南唐李後主雖然是一個亡國之君，其詞卻始終膾炙人口。

況周頤在其《蕙風詞話》中說：雜曲開始時只是歌唱，後來配上管絃，率意的作出長短句，以合乎聲律，遂成爲「詞」。又說：填詞須要有天賦，也要有學力、閱歷，由性情學養中表現出來，典雅有致，成爲文學中另一項成就，也增加了文學的另一種趣味。

到了北宋時期，有名的詞家如晏殊、歐陽修、晏幾道等的作品，雍榮華貴，情意纏綿而沈穩，華麗而端莊，格調高雅，讀起來比「詩」有變化，更是鏗鏘有致。

前在文字之美中曾提到一位北宋時的錢惟演，他也是作詞的名家，有一首「木蘭花」，可供欣賞：

> 城上風光鶯語亂，城下煙波春拍岸。綠楊芳草幾時休，淚眼愁腸先已斷。情懷漸覺成衰晚，鸞鏡朱顏驚暗換。昔年多病厭芳尊，今日芳尊惟恐淺。

這首詞顯然是他晚年之作。人到晚年，感到衰老，會意識到來日無多，就是想到了死。莊子是對生死最達觀的人，說「死生一也」。可是很多人，無論生時境況如何，終是久已習慣了，不免還想繼續下去，因爲不知道死後會怎樣。錢惟演晚年，常在家裡宴集賓客以爲消遣。有一天在宴會中，他忽然說：「我近日常常覺得衰老不堪，大概死期不遠了。死是不可免的事，就是不知道死後的世界是個甚麼樣子，你們有人知道嗎？」大家聽了，都無言以對。忽然坐在最末座的一個年輕人站起來說：「我知道，那裡好得不得了！」錢於是問他是怎麼知道的？他說：「因爲凡是去了的，沒有一個人再回來。如果那裡不好，大家一定早就跑回來了！」於是引起一陣哄堂大笑。

再看宋祁這首「木蘭花」：

東城漸覺風光好，縠皺波紋迎客棹（音ㄗㄠˋ）。綠楊煙外曉雲輕，紅杏枝頭春意鬧。浮生長恨歡娛少，肯愛千金輕一笑。為君持酒勸斜陽，且向花間留晚照。

據說這是宋祁的得意之作，「紅杏枝頭春意鬧」的「鬧」字，原來用的是另一個字，換成「鬧」字，就把春意寫「活」了，所以有人稱他爲「紅杏尚書」。

歐陽修的「蝶戀花」：

庭院深深深幾許？楊柳堆煙，簾幕無重數。玉勒雕鞍遊冶處，樓高不見章臺路。雨橫風狂三月暮，門掩黃昏，無計留春住。淚眼問花花不語，亂紅飛過鞦韆去。

「庭院深深」，一開始就引人「遐想」，會想到那是一個寂寞空曠的環境，不見人影，自然沒有繁華熱鬧，於是一個人任著思緒馳騁，大概所能想到的絕不是多麼快樂的事。想到傷心處，只好用淚眼觀花，妙的是不說看到了模糊的花朵，卻說聽不見花說話，然後才看到「亂紅飛過鞦韆去」。作詞的這種妙處，就在思路出人意表，才使讀者不盡「拍案驚奇，自愧不如。」再看他這首「浪淘沙」：

把酒祝東風，且共從容。垂楊紫陌洛城東，總是當時攜手處，遊遍芳蹤。聚散苦匆匆，此恨無窮。今年花勝去年紅，可惜明年花更好，知與誰同？

這是由當時友情的歡愉，感嘆他日不可知，情意深遠，必然感動當時的同遊者。

蘇軾被貶到黃州的時候，說是作團練使，實際上是被「監管」，連住處都沒有，開始時只住在一個寺廟裡，試看他這首「卜算子」：

缺月掛疏桐，漏斷人初靜。誰（或作惟）見幽人獨往來，飄渺孤鴻影。驚起卻回頭，有恨無人省。揀盡寒枝不肯棲，寂寞沙州冷。

這種孤獨淒涼的夜晚，不能入睡，出去徘徊，看到那稀疏的樹枝上，一彎殘月，是多麼不堪的情景！「揀盡寒枝不肯棲」，是不願意委屈求全，就只好窩在冷沙灘上了。想想這樣的境況，是甚麼味道，就可了解作者的心情了。

據說蘇軾原來和王安石同在朝中爲官，在王安石變法之前，常相往來。有一天蘇軾去看王安石，王已有客在座，蘇便自己到書房去坐，看到書桌上有兩句未完成的詩是：「昨日西風過庭林，吹落黃花遍地金。」蘇想菊花是不落瓣的，顯然王錯了，於是提起筆來，就續上兩句：「菊花不比黃花落，說與詩人仔細吟。」王安石氣量狹小，看到後大爲不快，後來因變法意見不合，就把蘇貶到黃州。到了黃州，蘇才知道黃州的菊花是落瓣的，從前是自己所見不廣。可是人已經得罪了，再也無法挽回了。「輕率」應該也是要戒惕的。

宋朝詞家很多，到了南宋偏安一隅，把一個有志恢復中原的岳飛「莫須有」的殺死了，其時有另一個文武雙全的辛棄疾，一再上書陳述救國安民之道，不被錄用，最後是抱恨而終。試看辛棄疾的一首「菩薩蠻」：

> 鬱孤臺下清江水，中間多少行人淚。西北望長安，可憐無數山。青山遮不住，畢竟東流去。江晚正愁餘，山深聞鷓鴣。

這首詞是感懷金人侵略，在不同的地方也可感受到人民的痛苦，說是西北望長安，實際上是指汴京。但是視線雖被群山遮住，卻可以想像江水仍然向東流去。流水無底止，正像愁恨無窮，偏偏還又聽到鷓鴣的哀啼聲，代表鳥與人有同樣的心情。

晏殊的一首「浣溪沙」也是有名的，足資欣賞：

> 一曲新詞酒一杯，去年天氣舊亭臺。夕陽西下幾時回？無可奈何花落去，似曾相識燕歸來，小園香徑獨徘徊。

詞中「花落去」與「無可奈何」倒裝的句法，和「燕歸來」對襯的實在「妙不可言」，文之美就在字句的妝點上。

(三)文藝作品

由文學衍生的文藝作品多不勝數，戲曲、小說、遊記、神話、民間故事等，都對中華文化的流傳貢獻良多。又如文人雅士的對聯、猜謎、甚至不入流的打油詩，都含著文學的氣息。

元代靠武力建立了一個橫跨歐亞兩洲的帝國，卻藐視漢文化，把社會分成十級，讀書人排在倒數第二，叫做「九儒十丐」。文學家不敢作正式文章，於是編寫戲曲，有很多「元曲」出現，成爲文學中的另一個領域。

「元曲」以民間故事爲本，多重在傳統道德。元曲在文學上的價值自有著作可見，倒是留下來的一個民俗也值得一提。

因爲蒙古人壓制漢民族，據傳那時每一民家，不准有武器，每十家才有一把切菜刀，輪流使用，並派一個蒙古人駐守監督，人民的生活狀況可想而知。後來人們忍無可忍，遂有人倡言「八月十五要吃月餅以祈福」。「倡言者」自做了一種月餅做示範，要家家照做，餅裡加了一個小紙條，上寫「八月十五深夜大家一齊動手殺韃子」。這個活動成功了，蒙古人也不能殺盡漢人，只好不了了之。於是流下中秋吃月餅的習俗。

「小說」在文學上的價值更非同等閒。古典小說中有「四大名著」：《西遊記》、《三國演義》、《水滸傳》、《紅樓夢》。

《西遊記》的作者吳承恩以唐僧取經爲體，據說以人的五臟功能幻化出五個角色：唐僧代表心，以誠信慈悲爲懷；孫悟空代表肝，肝氣旺盛火爆善變而靈活；豬八戒代表胃，注重食色；沙僧代表脾，有輔助作用；白龍馬代表腎，善於馳騁。其中加上許多妖怪，成了一部饒富趣味的書。

《三國演義》的作者是羅貫中，文字是半文言的體例，簡鍊明暢，小學生也能看懂。書中敘述「有權力欲者」各用心機，旨在「戰勝競爭者」。其中「諸葛亮舌戰群雄」一節，言辭與機智，看了使人不盡拍案稱奇。據說清代在打明朝的時候，他們都要熟讀三國，學習用兵作戰之道。

《水滸傳》的作者是施耐庵，可能爲顯示角色的個性，文字中夾雜了方言，取材見於宋朝政治腐敗，官場充斥了貪官污吏；民間多有奸夫淫婦，逼得有能力的人淪入歪道來替天行道。作者創造了108個角色的個性、形象和能力都有特色，委實不易。

《紅樓夢》的作者曹雪芹。書中以兩個人名寓意，即是「甄士隱、賈雨村」，實則是「眞事隱了，用假語代替）。使得研究者考證不休。作者的才華，見於故事中對琴、棋、書、畫，醫、卜、星、象，富貴人、承迎者、權威者、奴才，都躍然紙上，美不勝收。

小說類的創作極多，喜歡閱讀的人自然不會生疏。在人生歷程中，由少年期開始，一方面由於好奇，一方面情感豐富，學校課本已不能滿足空虛的心靈，常在正課之外尋些小說看，是發展過程中的一種心理現象，也是增廣知識的一個途徑。這時期的情感最強烈，一則需要發洩，一則需要慰藉，正式學習科目解決不了這問題，於是另尋途徑。看小說既不像正課那麼枯燥無味，又不像正課那麼費心思，而且遇到情節動人的，就被吸引的廢寢忘食，成了小說迷。其實看「正規」的小說，也能增加社會與常識，指導介紹中外「名著」，供他們閱讀，有益無害。

平心而論，小說的價値，端在作品的質地。正規的小說，含有社會背景，人與人性，以及人事的描述，可以增加多種知識。正確的選擇，安排適當的閱讀時間，不但可以怡情悅性，同樣有助於知識的擴展。

「聯語」是以上下兩句描述一個意念，既要平仄合韻，又要對仗工整。七言律詩本就有這種形式，所以對聯也成爲客廳的裝飾，尤其新年貼在門上，代表氣象更新。文人相聚，常以作對聯爲消遣，而出現了許多名對。

據說梁啓超見張之洞時，其時張爲湖南總督，駐節江下，想要與梁分個高下，便即景出了一個上聯，是：

四水江第一，四季夏第二，先生來江夏，誰是第一，誰是第二？

梁即應聲答道：

三教儒釋道，三才天地人，末學仿儒人，不敢在前，不願在後。

當時張之洞是貴官，梁啓超也已名聞遐邇，但無官職。張藉河流與季節，想叫梁屈居於下，讓自己爲先。梁的對聯含蓄而不肯讓步，以儒在釋道之前爲例，卻自謙「不敢居前」，然後以「人」雖在天地之後，自己卻「不願意接受」做答。委婉而沒有「忤意」，眞是「妙不可言」。也見出二人的才識不相上下。

中華文化開始最早，經學之作又居先，經典本就富於文學品質，其中文詞常爲日後作品所引用，除了文詞之美外，內容更成爲學識的寶庫，長久以後，遂成爲「成語」，也成爲「典範語」，爲引用者增加學識光彩。

文學從有了文字以後，「人文」的光彩才開放出來。如果不落入「低俗」，只是「閱讀」，便可見其功效。

第五章

道德之美

一、道德觀念的根源

「道德」兩字合成一個名詞出現的較晚，早期「道」與「德」各是一詞，各有其義。大體說來，「道」的含意直說是「道路」，意思是行動或運動「必須或應該遵循的進行方向」。抽象的意思是「道理」，意爲「原理原則」，是普遍的「作人與做事的規範」。「德」的含意是「獲得」或「成就」，是一個運動或行動以及作爲的結果。

「道」與「德」合成一個名詞後，簡單的解釋就是「人所『應該』遵循的道理或法則」。這裡說「應該」的用意，是指人「要」遵循道理或法則，是「人的義務」（duty），卻不是「必然的責任」。「責任」（responsibility）是一個人無論有沒有「意願」，就是「非做不可」，是「必須要做的」，例如餓了非吃東西不可；或是出於內急，非排泄不可；以至疲倦了非休息或睡眠不可；都是「本能的需要」，鐵定的除了必須做之外，更無他法能夠代替。「義務」則是自己「認定要作」，認定了才有「做的意願」，內涵裡是，願意做則做；不願意也可以不做。願意做則會「自動」的做；不願意做可以想別的方法應付。義務的認定，只有人類才有這種「心靈的感受」。有了這種感受，才能「有所作爲」。

然則人類怎麼會發展出「義務感」來？對「並非必須要做的」，竟然「願意去做」，就要對「道德」作一番明確的解釋。

(一)基於天性善的本質

善的本質是由中國先哲之「道」或「天道」的概念而來。前章已經說過「天道生物」，是基於「形而上」的最高的原理原則——道。

「道」是「普遍的」，始終如一，恆久不變的「存在」「Being」，萬物化生就是依此原理原則。到宇宙萬物生成之後，就是「道」的「成就」，就是「天地之德」。易繫辭曾說「天地之大德曰生」，《禮記》樂記中說：「德者得也」，就是這個意思。「生」可以說是「創造」，是「增加」了「新東西」，乃是「可喜的現象」，所以「生」是「善」的。而天地生物之善，就是因為基於特有的「精神」，「誠」與「仁」，所以基本上也是「善」。

這樣說是否有過分「演繹」之嫌，可以解釋一下。

首先就「生」來說，其實際就是「有所增加」，特別是「新生命」的出現。

人類對有生命的物，多半喜於「見其生」：植物長出了一個嫩芽，開出了一朵小花，結了一個果，都會使人感到喜悅；動物生出一個小生命，更是喜悅萬分。而一個新生兒呱呱落地，作父母的尤其是喜不可已。相反的，與生相對的是「死」，是使人悲哀。所以人都「樂生而惡死」。即使不以死為惡，若無特別理由，也很少「見死而喜」的。所以說生是善，大概可以成立。

再看天道生物的一項基本精神之「誠」，《中庸》就有幾條形容這個誠字：

> 誠者天之道也。（20章）
>
> 天地之道，可一言而盡也。其為物不貳，則其生物不測。（26章）
>
> 誠者自成也，而道自道也。（25章）
>
> 誠者非自成己而已也，所以成物也。成己仁也，成物智

也。（同上）

據此可以說天道之誠，是本原的，本已存在的；且是唯一無二又永恆不變的。而在其成己時，「仁」也就包含在內了。因爲從根本上，沒有人會不愛自己，時刻以自己爲「前提」的「私心」就是由此而來。

天道精神之「仁」，可說是「愛之理」（見易繫辭上第五章註：「仁者愛之理，愛者仁之用」。）無論理或用，「仁愛」都指「博濟無私」、「溫馨祥和」，所以才爲「生物之原」。

「愛」對有生命之物，通常說是可以「感受」的。其感受是「溫暖親切」，稱作「情感」（feelings）。生物就是賴此而生長發育，自然界春生夏長，也是如此。到了秋冬肅殺的季節，與生相反的衰亡便來臨了。

中華文化相信人就是秉持著這種天道精神之善而生。不過稟賦是蘊藏在內的，不似本能生而既有。潛在的稟賦需要在生長發展的歷程中，有適當的「助力」予以「導引」並「助長」，到自行表現出來，才是「實現」（realization），實現即是「成就」。而成就所依據的，就是「道德」的「孕育」。

(二)道德是導引善性的指標

《中庸》開章就說：

天命之謂性，率性之謂道，修道之謂教。

前面已經肯定了「生是善的」，「性是與生俱來的」，所以說「天命之謂性」。推演起來，似乎「性也應該是善的」，只是還不能自行實現出來，故而要加上一番「導引」的功夫。在這裡，卻有兩個需要考慮的事實。

所要考慮的第一個事實是，在同一個物類之中，就有「物之不齊，物之情也」的現象，說明在同一個物類中「個別差異」的存在；第二個事實是，在同一塊土地上，播下相同的種子，同樣的耕耘照顧，卻有了「苗而莠」的不同結果。以人來說，一對夫婦所生的子女，不但才智不同，而且「性格」不同，特別從導引善性方面，對其中的「頑劣者」，和「馴服者」，應用相同的方式，是否都有效，就成了問題。

這問題只好用「修道之謂教」來解答。傳統的「道德教育」已有「長篇累牘」的「論述」與「規範」，只從「道德」看，的確是「美不勝收」。且先從其「美的方面來看」。

1.把原始的「衝動情感」變成「溫和的性情」

人之與生俱來的情感本來是蘊含在內的，只因受到內在或外在的刺激才發作出來。《禮記》樂記中說，人有喜、怒、哀、懼、愛、惡、欲七情。大體看來，可以作如下的分析：

「愛」是「可愛的」，且和「喜」與「欲」常常相連。人同此心，都喜歡「被愛」；也要「有所愛」，似乎這兩者「只嫌其少，而不厭其多」。

「惡」（音勿）是「令人嫌厭的」，即是「不喜歡」。沒有這種感覺最好，但是卻不可免。

「欲」是心中想望並想要得到的，不但人人都有，而且越來越多，以至常常「不能如願」。

「怒」即是所謂「生氣」，最平常的是「和自己的心意相反」。這樣的情形常不可免，發作的「頻率」也因人而異。

「懼」常是對「不知道」或「不確定」的種種，因疑慮而生。所疑慮的不一定眞的存在，可是就是「不能釋懷」，心理學中稱作「焦慮」（anxiety）。成語「杯弓蛇影」的故事是人所共知的。總而言之，情感發作而表現出來時，稱「情緒」（emotions）。情緒作用的特徵是「內在有了一種衝激力」。這種衝激力存在時，不但激動在心，生理也發生變化。至於變化的狀況，則因激動的「強度」而異。強度較低者生理變化不甚明顯；過分強烈時可能有害自己，同時也可能「傷及別人」。既然對己對人都有影響，則「調節」情感，使憤怒以及各種情緒作用不過分強烈，基本上便成了道德修養的重要工作。這工作就在教育。

「調節情感」的教育工作，先哲早就倡導且實行了「禮樂之教」。用樂（讀悅）涵養內在，使人受到刺激時，情感的激動程度不至過分強烈，外在表現也會比較「和緩」，這是「治本」。另一方面，則從外在的表現入手，用「合理」的表情與行動，取代「不適當的」，是爲「禮」。因爲「禮者理也」。人和人接觸時，一個普遍而公平的要求，就是「都要合理」。合理的表現就在於「禮」。而「禮」的核心精神則是「敬」。「敬」的表現就是「自卑以尊人」，就是把自己的身段放低些，把別人抬高些。「禮」是「由外而內」的「訓練」：時時約束外在表現，成爲習慣後，就會「內在化」，宛如本來就是這樣一般。所以「禮」從外入，「樂」自內發，「禮」與「樂」相合而不可分，融合於一起，成爲一個和「原始狀況」有別的「人」，乃是教育的「基本工作」，所以在「率性之謂道」之後，才說「修道之謂教」。

現在來了解一下爲甚麼人的性情「需要修習」？且從與生俱來的七情看。

首先，這七情中有些有關聯作用，例如：

愛——喜——欲

怒——惡——懼

本來一種情感發作後表現出來，就會有後續的結果，特別是在與人相對的時候。

上文說過，「愛」是只嫌其不足，不嫌其多的，可是並不是「絕對的」說法。就在親子方面，親長對子女，就要「愛而知其惡」。這就是父母愛子女固然出於天性，卻不可只是「一味的」只有愛，而成了「溺愛」。因爲幼兒在經過「教導」之前，只是憑著「無知」的衝動而活動。其活動即使不是所喜歡的，也是「意有所在」的，所以有些是「可以的」；有些則是「不可以」。可以的沒有問題，「不可以的」，不是對其「有害」，就是「不合理」，必須「禁止」。幼兒雖小，也不喜歡「意向受到阻礙」，甚至特別不喜歡，而他喜歡的，往往也正是他「所欲的」，因而要「任意妄爲」。「任意妄爲的」雖是「小事」，既在「不可以」之列，便不能容許，因爲「惡雖小，亦不可爲。」兒童「堅持爲之」，就成了成人所謂的「頑劣」。而這種情形，也就是要「愛而知其惡」的開始。「怠於始者無以善其終」，乃是可貴的「箴言」。

「愛—喜—欲」相連之後，由「愛」所投注的目標，變成「喜歡」，又因喜歡而變成「想要」（欲）。幼時不教，「成年」後便置「愛人」的「博愛」而不顧，轉而投注於數不盡的目標。所投注的大體上可以歸納爲「利、名、權」三種。

「利」，現在多以「錢」代表，以「多多益善」爲宗，從來「沒有定數」，也就「永遠不夠多」。

「名」在「出人頭地」、「廣爲人知」，以見自己「出類拔萃」，可以「自命不凡」。這一點西方心理學家在探討一個人的「自我」時說：自我有三個系統：一是「本我」，是生而即有的「本能」；二是「自我」，是自己「知覺」或「意識」的自己；三是「社會我」，是一個人在群體之中，想要別人知道的自己，因而可以得到別人的尊重。於是就要自己「與衆不同」，要「出人頭地」，就是要「名」。

「權」在於「社會地位」，在於可以「控制別人」，自己可以「任意而爲」。於是「表面上服從」的人數越多越見「權威之隆」。

因爲愛這三者，則「必欲得之」。至於如何得到，則在「手段」。所以有「見利忘義者」；有「盜名欺世者」；有「恃權妄爲者」。結果是：「爲利者」之中，小焉者「入人園圃，竊人桃李」；大焉者詐騙、搶奪、殺人，以至發動戰爭。「爲名者」之中，作假、僞造、仿冒、頂替，都可應用。「爭權者」以「盜國者」稱最。

「欲」隨著人類的進步，把「利、名、權」三者拓展出更多的名目，成了「人欲橫流」，世界也成了「五光十色的萬花筒」，不僅使人「眼花撩亂」，而且人人爭相攫奪。

唯一可以使人安慰的是，這現象只見於少數人，並不普遍。而所以有少數人如此，可以說是這少數人誤用了情感，被「欲」迷惑了。

再從「怒—惡—懼」三者來看，無疑的，這三種情感發生作用時，作用者所感受的，決不可能愉快，而這三者也有關聯。

「怒」：通常說是因爲受到阻礙，確切的說，就是面對了「不合己意」的狀況，也就是「被觸犯了」，這狀況當然是「可惡的」。至於和「懼」的連結，則是「深藏在內」，甚至自己也不覺得。因爲「被觸怒」時，表示「自尊」受到挑戰，若不「維護」，自己就「沒有面子了」。有這份恐懼在骨子裡，一股腦併入怒氣中，是可忍，孰不可忍，一定要把自尊奪回來。於是輕者成爲「口舌之爭」；重者則揮出老拳；如果手頭有工具，更有了助力，而成爲「鬥毆」。雖然古人教人「君子動口不動手」，那是指「君子」，不能稱爲君子的，在「盛怒」之下，最迅速有效的反應，就是「採取行動」。

不合己意就發怒，人類的反應方式特別多，有許多更「變本加厲」，用「壓倒對方的」手段來「洩憤」，來「出這口氣」。於是人類世界，有私鬥、有群毆、有大規模的戰爭，至於訴諸法律，聲請公決的和平方式，還算是「文明」的。

前在「文字之美」中，作者曾提出人類「爭」的問題。這裡再深入追究一下，就是「人爲甚麼要爭」？「爭」是否原來就「潛在本性」之中？

試從生物類的根本處說，有生命的物類在其生機開始時，已經秉有「生」的本能，能否活下來，全靠自己掙扎。而活下來最重要的，就是獲得必需的營養或食物。動物類，尤其較高級的，可能爲了「爭食」而鬥，那是「各憑本事」的，力量或加上一點技巧，強者先得食，弱者只好等待「殘食」或另謀他途。牠們最明顯的是，吃飽了就去睡覺，天下太平。直到再次求食時，才有爭的可能。牠們所求的就是這麼多。

而人類所求的卻遠遠超出了本能的需要之外，而且和保持生命毫無直接關係。為此而爭，只在「衍生出來的欲」，並非必須。「欲」固然是與生俱來的一種情感，很多人類「所欲的」卻不是「保生」所必須的。坦白的說，是由「後天學習」而擴展了「不必要的欲」，也可以說，至少這類的爭「不是本原的」。

「欲」雖然是一種基本情感，和其他情感一樣，可以從幼年陶冶，加以改變。「調節」情感不但能「去爭」，也使所有的情感發生作用時，「適如其分」。才是治本之道。

2.禮樂相合以節情

我們習慣上把「禮」字放在前面說「禮樂」。「禮」和「樂」這兩種陶冶作用，「禮」是由外而內，把外在合宜的禮貌養成習慣後，表現出文雅的舉動，久而久之，可以使內在的原始情感表現時生出變化，不但改變情感的強度，而且可以完全改變一種情感，使之成為另一種不傷人的表現。這是根據「禮—理」而作的由外而內的「指引」與「教導」，即是「用禮作根據」，使外在表現合理，不合理的就要「加以約束改變」，成為合理。但是這項訓練的效果卻非一蹴可幾。「樂」是「內在的陶冶」，陶冶有效時，情感發而表現出來，和原始的衝動有了差別，所以開始的越早越有效，但也需要較長的時間才能見效。因為情感是與生俱來的，可以從出生就開始訓練，外在表現、特別是動作，出現較晚。

情感陶冶需時較久，但開始卻越早越好。嬰兒的聽覺先於行動，「樂」就要先開始。《禮記》樂記開章便說：

> 凡音之起，由人心生也。人心之動，物使之然也。感於物而動，故形於聲。聲相應，故生變。變成方，謂之音。比

音而樂之，及干戚羽旄，謂之樂。

人因受到刺激而使情感發生作用，西方心理學也是這樣說，我們的先哲卻早就知道了。這裡所謂「聲相應」，即是聲音與詞意相應和，而有了清濁高下的改變。這項改變成了悅耳的「曲調」，近乎音樂，才叫作「音」。中國的音樂由基本的五音——宮、商、角、徵（讀茲）羽合成，五音諧和才成調，再配合上樂器和其他點綴（干戚羽旄），才叫作「樂」（音樂）。下文說：

是故其哀心感者其聲焦以殺；其樂心感者其聲單以緩；其喜心感者其聲發以散；其怒心感者其聲粗以厲；其敬心感者其聲直以廉；其愛心感者其聲和以柔。六者非性也，感於物而後動。

這裡需要特別注意的是心中的「感受」與「聲音」的差別，即是：

哀心——焦以殺（聲短氣促）
樂心——單以緩（舒緩）
喜心——發以散（通暢）
怒心——粗以厲（近乎暴戾）
敬心——直以廉（平正而有分際）
愛心——和以柔（這很易懂）

如此就看出聲音與情感關係的密切，而人與人接觸時，不開口則已，一出聲便能使對方知道了心意之所在。在這方面，對生人，我們常說這個人「對人友善」或是「不和氣」。前者是他的聲音「溫和」，代表心氣「平和」；後者則是有「不平之氣」，是出於個性或另有原因，乃是進一步的問題。「樂記」下文又說：

是故先王慎所以感之者，故禮以道其志，樂以和其聲，政以一其行，刑以防其姦。禮樂刑政，其極一也，所以同民心而出治道也。……治世之音安以樂，其政和。亂世之音怨以怒，其政乖。亡國之音哀以思，其民困。聲音之道，與政通矣。

這就說明「禮樂之教」，是政治最重要的一項措施，是對全體民衆必行的行政事項。當政者可以根據民衆的歌聲來評定自己行政的當否以至國家的興亡，乃是輕而易舉的。因爲樂在人類說，是「通倫理」的。試看「禽獸知聲而不知音」，「愚民知音而不知樂」。要知樂才能進入禮。「樂記」就說：

禮樂皆得，謂之有德。德者得也。

這就是說：只有人才講究道德，講究道德就要通達禮與樂，而具備了道德，就是「成人」的「成就」。「成人」的「人」字，不再是徒具「人的形體」的「自然人」或「生物人」或「野蠻人」，不會只憑情感用事，不知自我節制的人，「而是經過文化」（人文化成）的「文化人」或「文明人」。「樂記」對這一點有很好的解釋說：

人生而靜，天之性也。感於物而動，性之欲也。物至知知，然後好惡形焉。好惡無節於內，知誘於外，不能反躬，天理滅矣。夫物之感人無窮，而人之好惡無節，則是物至而人化物也。人化物也者，滅天理而窮人欲者也。於是有悖逆

> 詐偽之心，有淫佚作亂之事，是故強者脅弱，眾者暴寡，知者詐愚，勇者苦怯，疾病不養，老幼孤獨不得其所，此大亂之道也。

這是說：「物慾」使人「爲物所化」，失去人性，而人又因生活進步，物慾隨之增加，所見所知的物越多，「欲」也就越無底止。由此不由人不想到老子的一句話：「不見可欲，其心不亂。」當初只能步行的時候，有牛車可坐就很滿足了。從有了汽車，誰還要坐牛車！推而廣之的想一想，物慾的增加和道德，相距越來越遠。生活是進步了，人的「幸福感」增加了多少？所以先王要用：「禮節民心，樂和民聲」，再加上「政以行之，刑以防之」，四達不悖，以行王道。可見我們的先哲，早就看到「物慾」之害的嚴重，才倡導「以德窒欲」，教人要成爲「經過教化的人」，以免除種種「危害同類」，「不恤同類」的「劣行」。

二、禮樂為入德之本

(一)禮樂的意義

「樂記」中說：

> 樂者為同，禮者為異。同則相親，異則相敬。樂勝則流，禮勝則離。合情飾貌者，禮樂之事也。禮義立則貴賤等矣；樂文同則上下和矣；好惡著則賢不肖別矣。刑禁暴，爵舉賢，則政均矣。仁以愛之，義以正之，如此則民治行矣。

這是說：樂的聲音與詞意相同，表示「和合」而同聲相應，因而其中有「親切」的情感成分。這就是「樂」的作用。試想一群人聚在一齊，面對面的站成一圈，拍著手合唱一個歌的情景所代表的是甚麼！即使「你」是一個局外人，「你」會「只呆站在那裡」看熱鬧嗎？至少也會有點不同的感受吧！

至於禮有親疏貴賤之別，是指不同身分的人，各自表現的「適如其分」，則互相尊敬。但是二者都不能超過限度，以「合乎禮貌爲宜」。試想當「你」和一個人接觸時，那個人「不理不睬」，或是用「不耐煩」的口氣問：「你」幹甚麼？「你」將如何感覺？如果人和人沒有貴賤之別，只有賢不肖之分。不肖者有刑罰禁制，剩下來的，豈不就是一個和樂的群體了嗎！「樂記」再進一步解釋說：

> 樂由中出，禮自外作。樂由中出故靜，禮自外作故文。大樂必易，大禮必簡。樂至則無怨，禮至則不爭。……大樂與天地同和，大禮與天地同節。……論倫無患，樂之情也，欣喜歡愛，樂之官也。中正無邪，禮之質也。莊敬恭順，禮之制也。……樂也者，聖人之所樂也，而可以善民心。其感人深，其移風易俗，故先王著其教焉。

這裡的「樂自中出故靜」，是說「樂」的陶冶使人的情感「處於平和」的狀態，即是「沒有激動」，是「靜止的」。「禮」從外面開始，是「文雅的」，即是含著「敬」的「平正而有分際」。「大樂必易」的「易」指「簡潔容易」；「大禮必簡」是「簡單易行」。都是輕而易舉的。做到了這二者，就不致再有怨恨與爭奪。所有的是「欣喜歡愛」、「中正無邪」，與「莊敬恭順」。人人如此，自然形成

「善良」的風俗。而要得到這樣的成就，除了「教化」，似乎更無良法了。

然而人心不同，各如其面。先哲早就看出人有「君子」與「小人」之別。二者雖有差別，卻不妨礙禮樂教化的功效。「樂記」中說：

> 樂（讀悅）者樂（讀勒）也，君子樂（勒）得其道；小人樂（勒）得其欲。以道制欲，則樂（勒）而不亂；以欲忘道，則惑而不樂（勒）。是故君子反情以和其志，廣樂以成其教。樂行而民鄉方，可以觀德矣。
>
> 德者性之端也，樂者德之華也。……是故情深而文明，氣盛而化神。……情見而義立，樂終而德尊。君子以好善，小人以聽過。

這是說：經過禮樂教化，「努力修己」者成為有德的君子，而德是「性的端柢」；樂則是「善性的光輝」。「不善修己」者淪為小人。「君子樂道」固不待言，「小人」經過樂的陶冶，雖不能「入道」，卻不至因「忘道」而失去「約束」，使「欲」還有限度，不至「迷惑」在慾海之中。《大學》誠意章中說：「小人閒居為不善，無所不至，見君子而後厭然，掩其不善，而著其善。」樂陶成的善性，情感真摯，化而入神，表現出來，見出君子之好善；即使小人，經過樂的陶冶，也可以知道「善」，知道了自己的過錯，而有所收斂與改變。

現在來看，何以在樂之外，還要加上禮？「樂記」下文說：

> 樂也者，施也。禮也者，報也。樂（悅），樂（勒）其

所自生；禮，反其所自始。樂（悅）章德，禮報情，反始也。

樂由中出，出來時已經是快樂的了，釋放出來「送給別人」，當然不改其樂（勒），接受到的人因而用「禮」回答，和施出者的情意相同，所以說是「反始」。如果說「施出者」所表現的是「彰顯了德」，則回答者所回報的，就是那份「愉悅之情」。人人有來有往，「四海之內皆兄弟」也，就成了「兄弟既翕，和樂且湛」了。

「樂記」再進一步申釋說：

樂也者，「情」之不可變者也。禮也者，「理」之不可易者也。樂統「同」；禮辨「異」。禮樂之說，管乎人情矣。窮本知變，樂之情也；著誠去偽，禮之經也。……是故大人舉禮樂則天地將為昭焉。

這是說：喜樂之情是人所同有的，也是人都願意感受的，無法作僞。禮在不同的人表現「合理」，也是人所共同期望的。哲人倡議出來，恰是合乎天理的。天理昭明，人情順適，則人生活在天地之間，自然快樂安定。

(二)禮樂的功能

——用禮樂長君子之善，袪小人之過。——

「樂記」中說：禮樂可以使君子長善，小人聽過。似乎君子與小人有基本的差別，以至禮樂的作用也不同。則君子與小人的差別，最好先作一比較。在這方面，孔子在《論語》中，已經有了相當完備的說明，試列舉出來，以供比較。

君子	小人
周而不比	比而不周
懷德，懷刑	懷土，懷惠
喻於義	喻於利
坦蕩蕩	常戚戚
成人之美，不成人之惡	反是
和而不同	同而不和
易事而難悅，悅之不以道則不悅，使人則器之（論才）	難事而易悅，悅之不以道仍悅，使人則求備（求全責備）
泰而不驕	驕而不泰
有不仁者	無仁者
上達	下達
固窮	窮斯濫
求諸	己求諸人
不可小知而可大受	不可大受而可小知
有勇而無義爲亂	有勇而無義爲盜

另外在《孔子家語》中，顏回問小人，孔子說：

> 「毀人之善以為辯，狡訐懷詐以為智，幸人之有過，恥學而羞不能，小人也。」

《論語》裡除了歷述君子與小人之別外，還舉述了許多君子的「長處」，如：

不憂不懼（顏淵）

敬而無失（同上）

成人之美（同上）

以文會友（同上）

學道則愛人（陽貨）

矜而不爭（衛靈）

尊賢而容眾（子張）

正其衣冠，尊其瞻視（堯曰）

有九思：視思明，聽思聰，色思溫，貌思恭，言思忠，事思敬，疑思問，忿思難，見得思義。（季氏）

統合以上所舉君子的「德行」，歸根結柢，就是要用禮樂來「培養性情」。雖然孟荀論性有善惡之別，似乎孔子說的「性相近也，習相遠也」比較客觀，令人對教化習染存著希望。希望多培養君子，相對的減少小人。

三、道德的道理

(一)基本認識

中華文化有史可據的已經累積了數千年，經典所載的「道德」之說斑斑可考；歷代賢哲所闡釋的更是長篇累牘，單是「德目」就已不勝其數。而時至於今，竟落得「道德淪喪」。這原因推究起來，若說是「言者循循，聽者藐藐」，當非過言。細想起來，關鍵只在「說而不行」。說者「繁雜」，使人「無所適從」；「名目」繁多，使人難以「取捨」，既不知從何處「做起」，也不知如何能夠實行！

從根本處論道德，要從三項「認識」做起，即是要「辨別」幾個重要名詞的意義，即是：

理——欲（道理——慾望）：

「理」是「原則」，普遍通用；「欲」則人各不同，應當有所限制。

「節欲便在理中」。

是——非（對——錯）：

「是」即「對」，有「共同認可的條件」；「非」即「錯」，是「共同否認的」。對爲「可」；「錯」爲「不可」。

義——利（利人爲公，爲義；利己爲私，爲不義）：

「利人者」得人助；「利己者」無人助。

榮——辱（光榮——恥辱）：

「光榮」爲「貴」，受人尊敬，增加「自尊」；「恥辱」爲「賤」，自己問心有愧，也使人唾棄。

這些概念，必須「從幼年」學習實行，不是到了後日才空言說教。「習染」就是要「及早開始」。

(二)德的根本起點——「誠」與「仁」

「誠」在誠實不欺：不騙自己，也不騙別人。

「仁」爲「合理的愛」：愛自己，愛別人，擴大到愛物，愛所有可愛的。

1.誠實不欺

前文曾說「天道本誠」是宇宙萬物生成的根源。《大學》誠意章也說誠意從「不自欺」開始，繼而不欺人，不欺天。以實例來說如下。

——從本能的需要開始——始於幼兒能雙手抓握時

餵奶時，幼兒要試圖自己抓握奶瓶，但仍不穩定。「成人最好助其穩住奶瓶」，勿取而代之。因爲幼兒的動作須經練習才能成熟。

餵食時，幼兒要自己抓握羹匙，因抓握不穩，或者吃不到口而大哭，或者狼藉滿地。成人可助其掌握，但勿堅持餵食。

稍長後可令其觀看所浪費的食物，喚起其「惜物」的意識。

辨識其饑餓狀況：幼兒飢餓與不餓對食物的眼光不同，餓則注視食物；不餓則視而不見。成人強其進食，多半會「中途即止」，轉而活動嬉戲。成人「必欲」其吃完食物，於是到處追逐，最後將飲食變成遊戲，幼兒樂此不疲，養成吃飯的「壞習慣」：一是營養不良；二是拖長進食的時間。此後別人已經吃完了，他還行無所事的自顧自的細嚼緩嚥。

欺騙的開始：語言

幼兒食未終即停止，聲稱「已吃飽了」。成人聽之任之，不久就開始吃零食，成人因愛而供應之，於是又養成另一個「壞習慣」，用吃零食代替吃飯。現在醫療方面已經發現了兒童飲食不當的弊病，成人必須檢討生活教育的方式。最主要的是，相信了兒童「不實」的「謊言」—「吃飽了」。

「說謊」即是「欺騙」。成人接受了兒童的謊言，使兒童「學習到」欺騙是「很好用的手段」，相反的，說實話的「誠實」使自己「不能得到所欲的」，此後便「拋開誠實」，專以「樂得其欲」爲務。誠實教育便失敗了，「說話」與「行爲」反其道而行，縱然說「誠實是美德」，卻無人「肯信」，也就「無人肯行」。

欺騙的繼續：行動

到幼兒能行動時，先是抓取不適合玩要的物件，打火機、電器開關；攀爬有危險性的地方如窗臺、欄杆之類。

這類活動有先機可見，特別是有距離時，會趨向目標物的所在，其意向已明顯可見。成人應注意其目光之所指，先期擋在他的前面。然而兒童並不因一次攔阻即放棄，他要趁人不注意時，實現自己的願望，甚至故意裝作要去別處，誤導成人的視線，就有了「欺騙意識」，要絕對要「防微杜漸」，在「欺騙心」萌芽時，立即剷除。

誠實不欺要從心開始

從心開始，可以先問一個問題：

你喜歡「別人騙你」嗎？

答案可能都是「否定的」。

再問：

你喜歡「騙人」嗎？

表面的答案大概「否定的」較多；實際上，「肯定的」多把道理放在心中。例如：

可以如我所願，得到我想要的；

可以避免我不想要的；

可以避免責備或懲罰。

不但沒有損失，可能還有好處。

更甚的是：有好處。

這些理由毋須明說，如果從幼兒時期察顏觀色，得知其有「欺騙」的意圖，立即指明，使之知道欺騙的「不道德」且「可恥」，「榮辱心」便能生根發芽，「羞恥感」會使心中不安。

通常兒童說謊，多是爲了「救一時之急」，不能確定其有「惡根」，初發立即予以抑制，即有阻止再發的可能，「愼於始者可以善終」，就是這個道理。建立了誠實不欺的基礎，自己會以誠實爲榮，誠實「使自己心安」，然後就可以排除欺騙，進步到「知恥知止」的境地，而終身不渝。

2.博愛為仁

——從「愛人」說起——

前文曾說「合理的愛爲仁」。成語「仁人愛物」，前文解釋「仁爲合理的愛人」中，曾說「愛人要合理」的旨趣是「愛而知其惡」，「惡（勿）而知其美」。是指父母之愛而言，只是「愛」的一個層面或部分。若從人生的廣大面來說，「愛人」是要「遍及於所有的人」，就是「凡我同類」，都是「愛的對象」，「博」的意思就在此。

可是人本有的「好惡之情」，專從「好而愛之」來說，「所愛的」必須自己以爲「有可愛之處」，故而對所愛的，必然已經有了認識，則對「一無所知」的人，怎麼會愛？要解釋這一點，就要從「較小的」範疇來看，「類別」就是這個範疇，也就是「愛同類」。因爲「同類」都有些「共同之處」，英文說是「something in common」，《周易》繫辭中說：「方以類聚，物以群分」（有人說「方」字可能是「人」字之誤）。同類相聚的事實非常明顯，人類群居就是一個很好的證明。則因有共同之處而群聚一處，「接近」的表現，至少是

「不相惡」。則因「接近」而「相親」，因「相親」而「相愛」的可能性便增加了。

人和人之間的「同類愛」，可說是出於本能的「原始情感」，其中最原始的，就是本能中的，生存以及綿延族類的「養育幼小」和「兩性結合」。可是這三項出於本能的原始情感，在「作用時」，卻發生了劇烈而複雜的變化。變化後，有積極的一面，也有消極的一面。

——積極面——

第一，人的同類愛在積極方面是「互助合作」

人類最早的生活是因個體機能並不完備——缺少銳爪、利齒、能飛的雙翅，能浮沉的水肺，和急速奔跑的四肢，只得群聚而居，集合力量以防止猛獸的侵襲；然後是合夥捕魚打獵以得食。在那種狀況下，一定要患難相助，互相扶持，同類愛是確定需要的。

第二，人的同類愛在積極方面是靠「共同的『公理』—『公平』維持」

無論捕魚或打獵，參與者都要各盡所能，各憑其力，然後把所得「公平」的分配，人人有份。這是「原始的」公平原則，也就是人人承認的「公理」。如此群體才能繼續合作。

——消極面——

後來有些人變聰明了，懂得了「計較」。計算求食時的「能力」有高下多少之別，要依此定分配食物的分量，從而出現了所得的差別，有了「多少」與「饑飽」之分，原來的公平不再，「公理」被「人理」代替了。「互助」有了「條件」；「合作」也打了折扣。苟子說：人對物有了「分」的觀念後，物不足則「爭」，因「爭」而有了許多後續的問題，顯出人性之惡。

3.愛中有理

——退一步看——

假如退一步看，當食物不足分配時，是否可以有一個比較「合理」的分法？那就是想一想孟子所說的「惻隱之心」，想一想「飢餓者」的感受，得食者分一點給他們，雖然大家都「不飽」，總比「腹中空空」的好些，這是「人饑己饑」的想法，基本上就是「推愛予人」了。

「推己及人」，基本上就是「以己度人」，己所欲者，人亦欲之，不僅是「己所不欲，勿施於人」而已。由此推而廣之，「愛人如己」便不是難事了。而其所以不難做到的道理，可以從一個最顯而易見的雙面問題得到答案。問題是：

之一：「你喜歡別人『和顏悅色的』對你嗎？」
之二：「你喜歡別人『橫眉豎目的』對你嗎？」

顯而易見，「和悅」之中，含著「廣義的『愛』」；「橫眉豎目」只是「厭惡」或「惡意」的表現。

由此再推而廣之，與「和善」相連的，是愉悅、謙遜、禮貌，通常說是「客氣」，有人會反對這樣的表現嗎？

歸結起來，孔子和孟子都說過：

「仁者愛人」

——反情學「愛人」自襁褓始——

「愛」既然是與生俱來的情感，可以說，胎兒時期已經有了感受。那時胎兒所感受的，是「溫柔」的母體，有隨時供應的養分，可以「相當自由的」活動。出生以後，可以接受母親的愛撫與安慰。心理學家說，嬰兒初時聽到母親的聲音就會停止哭聲，漸而會發出笑聲，母親用面孔接觸他，他也會緊緊貼近母親，已是有了愛的反應。再大一點，要緊隨母親，不肯離開，愛母親的情感已經十分明顯，「親一子」的愛，已是雙向的作用。血緣與生活，在親子之間的「我與人」，有了「人一己同在」的形式。

這「人一己」的形式，從生長的順序說，先是由人到己，因爲「我」的意識發展的較慢。至於「別人」在意識中的存在則較早就有了「母親」。所以對別人的意識，就要及早拓展，把「人」擴展到母親以外的人上去，近處及於家人親屬，漸遠到常常接近的人，然後再擴大到更多的人。

然而就在這「起步」處的教育，「美否」即有差別。例如：

父母情緒變換：「喜時」愛不可言；「怒時」則呵斥甚至打罵。

手足間爭競不肯相讓，甚至互相嫉忌，俟機報復。

（一位母親曾說他親身經歷的一個尷尬事件：次子反駁他所說的「融四歲能讓梨」的故事說：「我永遠比哥哥小，豈不是永遠得不到和他一樣多的東西了嗎？」這位母親是在留美期間結婚生子，受到美國民主平等觀念的影響，竟無言回答，轉而怪這故事有問題。聰明的母親們，有很多合理的答案在，何不想一想！長幼年齡的差別是確定不移的，「兄友弟恭」雖是「倫理」，可是年齡都會隨生長而增加，是「雙向的」，不應該用「吃虧」或「占便宜來解釋」。）至於手足間認爲父母對子女「不公平」，「錯」究竟在哪裡呢？應該由父母來反省。

教子女「相愛」，就是要教他們「各自反躬」，常常「爲對方設想」，想像如果「自己是他」，希望得到「怎樣的對待」。

4.愛人如己

「合理的」愛人，「格言」說是「愛人如己」。坦白的說，人的「常情」是「先己後人」。根據「邏輯」說，「己」是先已存在意識中的，沒有己，人從何來？只是照道理講，「只有己而無人」是「錯」的。「合理的」說法，「應該」先是「視人如己」，即是把別人看作是「和自己一樣的人」，在很多方面，「人同此心，心同此理」，才能擴大到「人饑如同己饑，人溺如同己溺」。於是在生活中，「利己也要利人」；「損人如同損己」，把「人」與「己」放在「同一個尺度」上，「愛己」也要「愛人」，推而廣之，便是「博愛」了。

試舉一個例子來說明。三個人同處在饑餓狀況中，卻只有一個麵包。如果只給一個人吃也不能飽。不過若只有一個人吃，吃的人終究會吃得多些。然而其他二人便一口也吃不到。若分給三個人吃，每人所能吃的就很少了，於是當如何處理？這決定的問題是：一人獨吃而二人餓死，或是三人各吃少許，雖然都還餓，卻無人餓死。過去有些海難的例子便是這樣的，在「患難」中，是「有難同當」，還是「眼看別人死亡而獨活」？

——愛人及物——

博愛在愛人之外，還要愛物。「愛物」的本意是「物對我有用」，無形之中，會不自覺的對「所用之物」有了一份感情，即是「愛惜」。這情形常見於一個人對所愛之物，愛護有加，即在用時，也小心謹慎，唯恐損傷，「用物惜物」的事實非常明顯。

「用物」的原則是「物盡其用」，要用的「適如其分」，即是「不濫用」、「不浪費」。猶記二次大戰結束後，美國在戰勝之餘，自恃其物資豐富，出現了一個口號：「用消費鼓勵生產」，於是汽車做得特別大以消耗汽油；報紙廣告印得特別多以消耗紙張；把擦手紙、面巾紙等，任意浪費，「說是衛生」。不過不久就發現了，地球資源雖然「豐富」，卻也有「枯竭」之時，「環保呼聲」出來，相距不過五十年而已。如果及早想到這一點，至少還可把今日的恐懼推遲一些。

捨棄「物慾」不能「誤以爲」是「以物爲仇」。相反的，還要存著「愛意」。大自然「萬物並生而不悖」，物與物在自然中，有「相生相剋」的作用。人生不能離開物，「正德、利用、厚生」的道理，即是「以德爲宗」，「以物爲用」，然後才能「通濟生活」。人也要有物才能生活，所以對物也要「持理」，「用之有道」，「處之有方」。這就是人「以物爲用」時，是「御物」。到了爲物慾而活時，就成了「爲物所御」了。以昂貴之物爲裝飾，把自己的價值寄託在物上，自己的價值就不存在了。「我」和「物」不同類，「物一我」分開，到「御物」時，還要知道「惜物」，即是既不可「誤用」，又不可「濫用」。

其實「惜物」還意不只此，更深的意思是「不可」把「愛物」變成「欲物」，尤其不可把「欲物」反過來，變成「物慾」。這在前文「樂記」中已經引述過：「物之感人無窮，物至而人化（於）物」，於是「心爲物役」。到了這個地步，人原有的「靈」消失了，「理性」也汨沒了。再到人的物質生活越來越進步，越來越變化多端，人也就深深的沉淪在「慾海」之中，「無心反躬」了。

——人的物欲——

現在要考慮「欲」對人的影響力。

首先是「欲」和「好」與「愛」相關。荀子所說的「好」，就有「好利」、「好耳目之欲」、「好聲色」，都偏重「物慾」方面。可是孟子所說的，「仁、義、禮、智」四個善端，則與物欲相反，而是偏重「理性」。前已說過，「物慾」誘人的力量，使人沈迷其中，很難自拔。而「理性」則要「頭腦清楚」才明白道理，所以很多人容易爲物慾所惑，陷入愈深，愈不能超脫。終至「理性」被汨沒，生活在「天昏地暗」的日子裡。

「物慾」何以「中人」如此之深，仔細推敲，不得不「歸因」於工商業的發達。工商業發達，有助於生活的便利，當然功不可沒。可是如果工商業多用非生活必須的品物以提高其營利，便很容易「誘惑」人趨於「浪費奢侈」，「務虛榮」而不顧實際，使生活趨向「浮華」。「誘惑」物一出，宣傳大力鼓吹，猶如一陣風，而成爲「時尚」，遂成了「社會風氣」。南宋末年，「商女不知亡國恨，隔岸猶唱後庭花」的寫照，就是說沉迷在浮華享樂中的人們，不知道敵國已經大兵臨境，還照樣在那裡大唱靡靡之音。待到蒙古人統治了中國，才嘗到亡國之痛的滋味。

——物慾和理性——

「物慾」和「理性」有明顯的差別。比較起來，物慾的誘惑力大於理性。因爲物慾所欲的，多數有「實際的東西」，感官可以即刻直接「感受」；理性是抽象的，要靠「腦力」來「認識了解並辨別」，乃是「心靈」的作用，而且相當緩慢。

明白的說，例如「口腹」之欲的「飲食」，可口的食物吃到嘴裡立即會有「快感」，不免「大吃大喝」起來，越吃越高興，捨不得停止。與此類似的東西都有這樣的誘惑力。而在這方面說理性，則是飲食過量或不當的飲食會傷害腸胃，損及健康。「服膺理性」，而「失去即刻」的快感，並非易事，至於健康與否，卻不是立刻就能證實的。「捨卻」眼前的愉快，牽就那「不可見的理論」，頂多可以「留待以後」再說。「聲色」之娛屬於感官層次，曹操不是在他的「短歌行」裡，開頭就說「對酒當歌，人生幾何」嗎，娛樂怎可輕易放過！劉伶一生嗜酒如命，只求醉酒的暢快，無暇過問酒能傷身的事實。

「欲」和「利」很難分開，尤其是「二者都關乎一身」的時候。

說到「利」字，從根本上就是從「利己」出發，是「為己」的「私」，也就是常說的「自私」或「為我」。凡是有生命之物，天賦的本能就是「保持自己的生命」。而人在這方面名堂最多，只要是「利之所在」，最先想到的就是「我」。「我」是「第一個」最重要的，不能「落於人後」；「我」要「先得為快」，而且要得到最好且最多的。「我」要「付出少而收獲多」，最好是「不勞而獲」。在多不勝數的「我要」之中，前述「名、利（錢）、權」三者，僅是舉舉大者。

可是人既然不能「離群索居」，而必須生活在「群體」之中，不會只是為了「我要」而「自己和自己爭」，而是變成了「我和人爭」。把眼睛看向別人，於是變成「他有而我沒有」，或是「他有的比我多」，「我怎能輸給他」。「別人勝過我」，是可忍孰不可忍！因而「只有和他爭」，「我」一定要作勝利者。就這樣，「人類世界」就成了「戰場」，且是「無盡無休的戰場」。

歷史記載的非常明白，勝敗、生死、存亡，不絕如縷，可是往日的英雄、富豪，而今安在哉！倒是曾經是道德高尚，不計自己的名、利、權，一心「爲他利他」的，人至於今還「稱頌他們的道德」，還懷念不置，還敬佩有加。因爲他們「忘了我」，至少「不以自己爲前提」，「不那麼自私」，也「不一心求自利」，在「世人皆醉時」，「緊我獨醒」；「世人皆濁時」，「緊我獨清」。他們怎麼會這樣？須要辨別一下。

5.物慾與理性的驗證

清醒者有清明的認識，他們對「得」與「失」，只當作是常有的「相對」狀況，知道大自然中有「消長互見」的事實，和日升日沉、月圓月缺一樣。他們對物慾沒有「必得之心」，先就有一番正確的認識與辨別。

——吃——

以飲食來說，餓時非吃不可，是必然。至於「吃甚麼」，只有一個起碼的條件，就是「吃無毒而可以療饑」的東西。一個非常明顯的事實是，「吃了就不餓了」。人類從自然界求食的方式和實物雖然不同，「吃過就不餓」，卻是相同而確定的。

可是有些人卻會「挑吃」，是在「不合理」的狀況下形成的。說「挑吃不合理」，且非必須，便有實例足以證明。試看飢饉的年代，人們用草根樹皮爲食以求生，「吃的必須」和「吃甚麼」就很明白了。所以「挑吃」並非出於自然，而是由於「人爲」。怎麼來的？來自於「富裕」和父母的「溺愛」。

富裕的家庭習於「錦衣玉食」，食物羅列滿前，不吃這個，可以改吃那個。滿桌都沒有「喜吃」之物時，可以「指名」要吃甚麼，自有人服役而得到滿足。我們知道晉朝大富翁石崇，吃飯時滿桌都是山珍海味，還嫌「沒有下著處」。最後他的財富被覬覦者所奪，而致殺身家破人亡！

溺愛的父母唯恐餓著孩子，任他挑吃，成為習慣，卻不告訴他「吃的真正效果」在「治餓」，還以孩子會挑吃為有「品味」。更未告訴他，吃是「免於」忍受「饑餓之苦」；無論這一餐吃了甚麼，到了下一餐的時間，還是「會餓」，還是要吃。不信就試試看，看你能餓多久。這是自幼就要教給孩子的，而且是非常重要的一項，幼兒不知道這項道理，可能一生都不明白，而相當多的父母卻不曾教給孩子。

幼兒生在富裕之家或得到父母溺愛的，不知道世界上有貧窮與饑餓。晉惠帝的侍從告訴他，許多人民無以為食，以至餓死。他說：「沒有糧食，為甚麼不吃肉丸？」當然他是歷史中有名的「癡呆皇帝」，不足為奇。可是環觀富家子弟，把不喜歡吃的東西，任意拋棄，就是因為不知生活的艱苦。加以「任意浪費」，視金錢如糞土，不知道金錢的正當用途。「理性」的父母，無論貧與富，都會有機會就告訴孩子，生活不容易，所以要「常將有日思無日，莫叫無時想有時。」這固然和物質生活直接有關，其實和生活的全面都有關係。因為在這樣的談話中可能關係到的是：

生活與生計—貧富與物質狀況

生活態度與觀念—自立與依賴

個人的品格與作為—作好人還是以利為先

只求一己之利還是想幫助別人

如此首先就有了「理—欲」之辨，更有了「個人生活」的目標。想到「目前和將來」，也就是「志之所向」的開始。由此也就對「物慾」

和「理性」有了初步的認識，知道在自己之外，還有許多別人，關懷別人，正是「人生價值」之所在。

由此可能會同情貧窮與飢餓的人，「推愛」到這些人，「仁」字的意義也就存在了。於是可能少些「自私」與「自利」，把「飽漢不知餓漢饑」這句諺語，變成「人饑己饑」。所以在幼年，就要知道世界上，「有富裕」就有「貧窮」，要想像「人饑」如同「己饑」的狀況，把「自私」和「自利」暫且拋開，擴大「視野」，把別人也包容在自己之中。心中當然有我，可是還要有「很多的『他』」。

富裕通常是「衣食無缺」。相對的，則是貧窮的「物質匱乏」，最迫切的是「無以爲食」。如果自己曾經有過「饑腸轆轆」的感覺，就會想到貧窮人家的幼兒，在「饑寒」中度日的苦況。

——衣和住——

生活除了食之外，還有衣和住。衣在人類進步之後，「蔽體」在保護自己。到現在有些原始部落的居民，最初步的是男性遮蔽性器官。（是爲了保護，未必是恥感）再進步一點的則用樹葉蔽身。更進步的才穿著衣服，不僅蔽體，還有保暖的作用。到有了文化意識後，服裝並有了社會意識作用，用來區別身分。此後遂因衣服的材料與形式，美感的傾向實現，終至進入「奢華」，不再注意衣服本有的功能。

衣從蔽體與保溫以至社會習俗說，是要有些「適時適地」的變換。不過從大處說，衣有千件，一次也只穿一身而已。（婚禮上新娘要換幾次衣服，另當別論）衣服太多了，穿著時反而選擇費時費事，實際上並非必須。

至於居住，原來目的之一是求安全，爲了躲避野生動物的侵擾；

二是爲了遮風避雨。在進入「奢侈」程度之後，竟然要有「廣廈千間」。居室建築藝術的成就是另一回事，但眞正居住的目的，不過是在睡眠時，躺下來要有「一席之地」。則廣廈千間，實用的價值何在，便很明白了。古來皇帝與富貴之家，宮殿與房屋綿亙連雲，他們的睡床又有多大呢？知道這些事實所蘊涵的道理，也就知道「欲不可長」的深意了。

——由節欲而入廉——

貧窮的父母如何面對自己的孩子？大概有兩種情形：一種是「安慰孩子」忍耐，忍耐貧窮而自強不息，才有正常生活的可能；一種是「勉勵孩子」自求多福。如果他們幸而活了下來，不失其奮鬥的毅力，度過了艱苦的日子，也可以實現「寒家出孝子」的事實。

中國的先哲早就從認識大自然，而對大自然存著「敬畏之心」與「感恩之情」，知道「人與物」的關係；知道人也是自然中的一類，「物」只存在於人身之外。人可以用物以爲生，卻不應該因欲而浪費物。「愛物惜物」的古訓即是由此而來。相並而生的便是對物「取不傷廉」，同時教人求「廉潔」，而免「貪污」。廉潔要「自律」，自律有得則是「德」。相反的，因「欲」而「貪」，貪則不「潔」，「不潔」即是有了「污點」，而成爲「失德」。

人類歷史中因「欲」而「貪」的實例也指不勝數，試舉幾件以見一斑。

第一類，帝王：帝王憑藉其權威橫徵暴斂，把天下的金錢與貴重物件都據爲己有，死後且帶入墳墓中。看古埃及發掘的法老王墳墓，秦始皇的兵馬俑墓葬，類似的事例很多。

第二類，達官貴人：只舉一個便夠了，就是清末和珅死後抄出的家產，是當時國庫財富的數十倍。

他們生前積聚費多少心思，死後或是使財物留在墓中；或是立即爲別人取走，所「享受」的，僅是殘留下來的「史跡」和「怨謗」，可是他們自己卻已經不知道，當然也無可承受或享受了。

另一方面，一個是楚莊王時的宰相孫叔敖，死後他的兒子落得砍柴爲生，然而卻使楚國人懷念不置，終於有一個宮廷優人出來爲他鳴不平，可見「公道自在人心」。再則是家喻戶曉的「包公」（包文拯），以「斷案」公正廉潔成爲歷久不衰的「清官」。他曾經規定「子孫中有貪污不潔的，死後不得入祖墳埋葬。」他自己「廉潔的榮譽」身死而名不沒。「貪污」身死物散，「惡名」永存也不滅。孔子說：「富貴如浮雲」；佛家說：「萬般皆是夢，只有孽隨身」。自古及今，有人「留芳百代」，有人「遺臭萬年」。人從幼年，便要知道這個差別。

總而言之，生活中「物質享受」不能必得；即便得到也「未必能長享」。無關生死的物質享受，「有之」只能得「短暫的快感」；「無之」也「不妨礙生活」，然而卻「良心平安」。不求「無益生活」的享受，可以「衷心泰然自若」。「希求」奢侈的享受，要違背良心，苦心孤詣的謀劃，縱然得到了，初時也難免「心中不安」，只得「狠下心腸」，把「良知」壓抑到下意識去，裝作「若無其事」的欺騙自己，實際上並沒有「眞正」的享受。「長久之後」，「良知」消失無蹤，只沉迷於「即刻」的「假象」，朦混了自己，「怙惡不悛」。古往今來，那些用不當手段取得顯貴財富，損人以自利者，有的至死不悟；有的自歎「時不我予」；有的雖然感到悔恨，卻爲時已晚。這類事實斑斑可考，足爲殷鑑。從有知識之後，便要隨時學習，銘刻心中。

四、德化教育

教育需要著力的，固然是「培養有用的人才」以為用，但是最需要著力的，就是一個「化」字，《禮記》學記中說：

> 君子如欲「化民成俗」，其必由學乎！玉不琢，不成器；人不學，不知道……雖有至道，弗學不知其善也。是故學然後知不足，……知不足，然後能自反也。

所謂「知不足」是知道自己的「道德修養」還不夠，然後自己「反省」，彌補缺陷，增加德性。《易經》中說：「天行健，君子以自強不息。」就是這個意思。

教育之「美」在於「能化」，化「愚昧」為「有知」；化「頑劣」為「溫遜」。如果人人都努力除去不當有的「雜質」，成為「溫馴純良」，多數人作到了，才是「化而成俗」，群體才能成一個美好的「渾然一體」。只教能「讀書識字」者，「捨棄道德」而不論，忘了道德不在文字的學習，而在從行為做起的品格培養上。何況文字學習只偏重一部分能讀書的，卻又「空言無實」。而道德行為，無論識字與否，只要不是白癡，就都能學習，而且還會把所學的，誠懇的實踐出來。在教育未普及前，絕大多數不讀書不識字的「普通人」靠著文化傳統的「口耳相傳」，教孩子以「忠厚」為本，以「誠實寬厚」待人；並在過年時，門聯上貼著「忠厚傳家久，節儉慶有餘，或詩書繼世長」的對聯。德化的普遍效果在實際，非常明顯。

(一)德教之知

德化教育當然要教學習者知道一些事或道理，不過不須經過文字的學習，口頭說明，只要耳能聽者，便能接受。但是教者卻不可「說完就算了事」，而是要「觀察」學習者「實踐」的狀況。經過「相當時間」，確定學習者已經實踐得「積久成習」，才算「學而有得」，才算是「德」。學習者需要知道的，最重要的有幾項：

1.勘生死

自然現象消長互見，生命有生長衰枯或死亡。這些現象是人常見的，只是未曾注意而已。

以道德爲宗，首先就要戡透了生物性的生死存亡，認定了「生與死無別」。如莊子說的，「死生一也」，可以解釋爲「死」與「生」無別，所以莊子能在妻子死後，沒有悲哀哭泣，反而「鼓盆而歌」。也可以說，「生」與「死」二者都是自然現象，才有「自然的生生不息」。莊子是認爲「生不足喜」、「死也不足悲」的，只能順其自然而已。那麼「生時」的壽夭窮通，就不足掛懷了。

然後是文天祥所說的，人生要自有其意義，說是「人生自古皆有死，留取丹心照汗青。」他是深深服膺中華文化傳統的人，對華夏蠻夷分得很清楚，爲華夏文化淪喪而悲；爲同族人慘遭殺戮虐待而痛，棄虛玄的富貴榮華如敝屣，相信生命體是短暫的存在，而生命的價值卻在道德的「忠」與「義」上，亙古不朽。「忠於對道德的認識」，寧可「捨生取義」。死而無愧於「天地良心」，不惜「引頸受戮」。因爲「天地有正氣」，秉正氣而死，死而光榮長存，勝過「腆顏偷生」，生而「愧恥難當」。

和文天祥相反的例子是明末降清的洪承疇。他抗清戰敗被俘，原來也想「以死報國」，後來竟受不住「生和富貴」的誘惑而降清，轉回來爲清兵攻打明朝的領土，幫助清朝統一了天下。他幫助清兵打敗抗清的人士，並俘虜了一個誓死保國的人，而且勸他降清。這個人在面對他的時候說：「你不是洪承疇，他是一力保國的將軍，怎麼會來勸我投降敵人！」洪落得滿面羞慚而去。另一個曾經是在洪承疇作科舉試官而中舉的人，在洪承疇攻打了一個明朝的領地後去見洪，拿出一篇文章請洪閱讀。洪推辭說，年老眼花，視力不佳。這個人說：「我可以讀給你聽。」於是高聲讀了起來，所讀的竟是明思宗親撰的「祭洪遼陽文」，（當時明朝訛傳洪因抗清戰死，是思宗爲他作的祭文。）這人讀完後大哭而去。洪承疇竟不知如何應付。洪承疇助清收服明代各地，對清朝是「有功人員」，後來清康熙修歷史，把洪列入「貳臣傳」，意思是「本國亡後投降敵國的」，鄙視的意味很重。

「樂生畏死」似乎是人之常情。幼兒有知後，便不難經驗死亡的事實。此時成人便應適時告以有生有死的必然。同時告以「保護生命」是「生物性」的本能，應該「避免」生命的危險。但是也不必「懼怕死亡」，造成「無意義」的恐懼心理。前述莊子對死亡的看法，便是很好的教材。美國人似乎對死亡特別敏感，很多人在親屬死亡時，不知如何告訴兒童，只是另一個民族的觀念。成人也諱言死亡，尤其是病人，沒有面對死亡的勇氣。中華民族有了莊子哲學，怕死的心理似乎淡些。前人已經說過：「死有重於泰山；有輕於鴻毛」之別。「能自己決定」生死的時候，「生」和「死」各有其意義。所以死比生有意義的時候，寧可「捨生就死」。這就是人類的超越萬物之處，人所追求的，是「人生的意義」，是「人的生命價值」。

2.追求人生價值

方今醫療進步，人類的壽命延長，希望健康長壽，連帶的也增加了「享受生活」的願望，但是卻把享受「寄託在物質上」。要物質享受就要有「名、利、權」。不過明智的人卻無視於「常人」趨之若鶩的「名利和權」，另有了「人和人生的價值觀」。

明智者看清了本身的價值只在自己，不在「本身之外」。本身的價值在「德」。「名、利、權」乃是「身外之物」，可以隨機得到，得到不足為榮，甚且適足成辱，何況也會隨機失去，而辱卻永遠無法祛除。於是明智者排除了俗人所有對物的「私慾」與「私利」，心目中所有的，是「正德、利用、厚生」，是所有人的「福祉」。把「人欲」與「理性」分別清楚，節欲而秉理。在對物上，寧可「遵循道理」，「捨棄」不必要的，不能長久保持的「身外之物」。

這樣作的條件是：第一，要看到遠處深處，不受切近物慾的誘惑；第二，要有決心和毅力，不見異思遷；第三，不為世俗所染，秉持正理，不惜特立獨行，不戚戚於貧賤，不汲汲於富貴；第四，胸懷坦蕩，以理存心，安然自處。這樣對物與人生的看法，便與世俗截然不同。「榮」在於心，遠離「恥辱」，就是「智者」的見解與作為，和世俗大異其趣，自古由學明理者大有人在。但是卻須要有人予以說明。

3.人的價值在明理

通常成人多以為幼兒只需要「哄」，會說故事或唱歌給他聽，卻很少和他說理，認為幼兒不能領會。這只是成人所用的語言問題，並非幼兒眞正不懂。幼兒的語彙有限是事實，但其潛能中卻有「理」存在，只是還不能明白的說出來而已。所以用他能懂得的言辭說理，仍然能夠懂得。特別是對幼兒有所「禁止」時，告訴他「不可以」的簡單理由，他就不再堅持，即是明證。例如幼兒玩火，告訴他火燒到會痛，並作出痛的表情，就會有效。

很明顯的，「理」比較抽象，需要「心知」。則「人的價值」在於何處，卻非愚昧無知的幼稚心靈所能「自得」，而在於「學」。

「學」必有「教」。「教育」二字的內涵非常廣泛，不是一個「大人」教小孩那麼簡單。所以「誰來教」？「教甚麼」？和「怎麼教」？就都成了「問題」。可以先從嬰兒降生說起。

(二)以知與行的能力為準

1.從出生開始

以哺乳動物爲例，小動物出生後，第一件事就是依照本能，尋找維持生命的乳汁。待找到母親的乳頭以後，便認定了方位，也認定了母親。此後就無須到處亂撞，也就是學會了求生的第一步。人類幼兒發育較遲，剛出生還沒有移動能力，須要母親把乳頭遷就他，他也就立刻開始吮吸。此後一接觸母懷，便要用口尋找乳頭。如果是從奶瓶吃奶，情形幾乎相同。

小嬰兒開始學的比動物多得多，因爲母親餵食時，多半會和他說話。他未必懂得話意，但是卻會辨別聲音是慈祥，還是不耐煩，聲音慈祥就順理成章的進食，聲音不耐煩則可能拒食，甚至大哭起來。此後育幼者接觸嬰兒的方式，說話的聲音，以至行動，都不會逃過嬰兒的感受。年齡越大，從育幼者那裡學的越多。

如此嬰兒期所學的，便是成人所顯示給他的。大體說來，如果嬰兒所感受的，是溫馨合理的愛，也就會馴順的反應。母親哺乳的情況，乃是一幅最美麗的畫面。反之，如果嬰兒所接受的，是成人喜怒無常，聲音與動作粗魯，便會因困惑而很難作適當的反應，因循下來，幼兒便會常常作出「不如人意」的表現。

2.幼兒期

兩、三歲以後，幼兒有了活動能力。照生長發展的需要說，活動一在練習動作能力；一在消耗養分。而且受好奇心的驅使，會碰觸任何能接觸到的物件，並要嘗試會動的東西。此時只要醒著，便要不停的動。但是目前居室中，有許多東西具有危險性，他們並不知道危險之所在，需要溫和的說明，「禁止」這類活動。「說明」要用他們能夠懂得的言辭，使他們「知道禁止的理由」。若不作說明而只是「禁止」，他們不會甘心，總要找機會嘗試一下，此時若立即予以「叱喝」，並不適當，要等他們接受了不能動的道理，幼兒才會服從。因為此時他們已經很樂於接受成人把他們看作「大人」了。說理是為了及早建立「理」的觀念，「灌輸理的意識」，有了這種意識，此後才「願意」服膺道理。教育幼兒者「輕聲細語」的和兒童說話，顯示了成人對他的尊重。別人聽來，可能覺得幼稚可笑，認為是和小孩子說「廢話」，乃是誤解。其實幼兒雖小，卻希望成人的關注，爭取成人的注意，是最明顯的例子，不厭其煩的和他說話，他的下意識裡是得到了「尊重」，會有一種「滿足感」。

這兩個階段的教者：應是有明確知識的尊長，對嬰幼兒教育有「眞知」。有「知識」不等於有「眞知」。有時人以為讀了書，知道一些事物，便算是有知識。「眞知」在「通達事物之理」，能作正確的辨別和判斷，用以作自己為人行事的指標。其餘將在統合的教育中，一併討論。

3.教法在美化教的作為——教育的藝術

教法有「原則」，乃是「規範」，近似「成規」，有「確定不移」的性質。可是用在「活人」身上，就要「靈活運用」，即是不能一成不變。

幼兒出生後，全靠從成人的舉動學習，養育幼兒的親長，是最切近的榜樣。因爲他們的學習，始於「模仿成人」。首先是成人說話的聲音和語氣。成人習於大聲說話，他們便學會「高聲喊叫」；成人習於輕聲細語，言辭明白，他們也就學會不疾不徐的說話，除非偶而情急才有例外。在成人的世界裡，也有「適當」的說話方式。要給幼兒作榜樣，對幼兒說話便要小心謹愼，尤其不可在自己情緒衝動時，改了說話的聲氣。幼兒要求成人注意，在親長和別人說話時，以爲是疏忽了自己，就要大聲喧嚷，必須「禁止」。禁止不是呵斥，而是走近他，或是把他拉到面前，用「耳語」告訴他，親長和別人說話時，喧嚷擾亂了人，是不禮貌的。如此則保持了他的面子，他才知道尊重別人。

現在國際間交通頻繁，說話的「禮貌」是「世界性」的要求。一個共同的要求就是「不可高聲喊叫」，以免擾亂別人。中國人在這方面幾乎無處不受人詬病，就是「大聲」與「吵嚷」。如果幼兒教育者要爭取國際聲望，就要「美化」對幼兒的言辭與聲調。也就先要「美化自己的說話方式」。

其次是看見東西就愛「隨便伸手觸摸」。幼兒本就有不可免的這種傾向。成人似乎也多有這種習慣，作出不當的示範。無論買甚麼東西，先要伸手摸一下，衣服、物品、鮮魚、青菜，展示的物件，以至博物館的展覽品，都不例外。更甚的是，進了電梯，必要伸手去按關閉鍵，不容電梯自動關門。於是幼兒到了別人家，隨手亂摸，進而亂動人家的物件，主人不便阻止，親長則視若無睹，不以為意，顯然是不曾教導過，乃是教育的疏失。

幼年教育是一個「人」生長發展的基礎。好的行為習慣，就在此時奠基。人格心理學家說：四歲以前便已奠定了人格的雛型。而這段時期的教育責任，便在親長身上。

4.師長的教育

教育普及後，學校（包括幼兒園）的教學方式是一位教師同時教若干個學生學習同樣的材料。在這種情形下，教師「必須」先知道一件事，即是「品類不齊」。先哲早就說過：「物之不齊，物之情也。」人雖是共同的一類，但是每個人都是一個「獨立的單體」，各有各的「特徵」。教師教一群學生，譬如在一塊田地上播下種子，生長之後，有的是「苗而穗」；也有「苗而莠」的。就在苗而穗中，也有「遲速」之別。教育中所講的「個別差異」，需要「切記在心」。

(三)師長條件

然後要收穫「教而化之」的「實效」，就在「運用教法」上。故而先要有些基本知識。

1.知識

教育方法之美，應該說是「善」。不過方法只是「工具」，工具的效果，除了其本身「合用」之外，更要用者「善於運用」。而運用「得當」與否，還要有「用前」的知識。教人所要「知」的，至少有三方面：

其一，教的目的：教育是要教人「成人」。

其二，學習者的性質：學習者的狀況，包括能力與性格，和一些有關的事項。

其三，方法的運用：教人者理論上都學過「教學法」，但是方法的運用，必須經過「練習」。只是練習還不夠，還要在練習之中，自己領悟運用的技巧，即是孟子說的：「大匠能予人規矩，不能使人巧。」「巧」是在運用之中，自己「體會」出來的。

於是「教人的人」，先要有的知識，也就在上述三項之中。

第一，「成人」是成「怎樣的人」？

答案是：成爲祛除自然人的「野蠻」，加上「文化」的色彩，成爲「文化人」。「文化人」的品質是：根據作人的「道理」，依理而生活並作爲。具體的說，即是誠實、博愛、明廉知恥、謙和有禮、能正當的在群體中自謀生活。

第二，學習者的狀況

學習者的狀況所包括的，比較複雜，除了其本身的能力、個性、學習的意願外，還牽涉到入學前的教育狀況、親長的教育方式與態度、目前的家庭狀況等。而學習能力當然成爲教師最注意的條件，最明顯的是對實務的學習或是抽象腦力的學習能力有差別。而學習意願則是學習成績的指針。

第三，運用方法之巧

任何方法都有固定的成規，譬如「執柯以伐柯，其則不遠。」但是伐柯以外的工作，像「彈棉花」，就不是用斧子可以奏效的了，所以工具要針對工作材料才見效。教人就要針對人，而人各不同既是事實，首先便要知道一件事。

2.因人而施

教育既以教人爲目的，而學生卻在同時有多數人，以一位教師同時教多個不相同的人，是否每個人會有同樣的學習效果，大概答案必然是「否定的」。則教師應該「怎麼教」，就必須從「運用方法」來考慮。

從學習能力考量，孔子曾經說過：「中人以上，可以語上也；中人以下，不可以語上也。」一班學生能力不齊是事實，教師所面對的，本就有「上、中、下」三種人，應該「針對」哪一種而「語」？的確「不易決定」。

好在孔子所說的，乃是就「文字學習」而言。離開文字學習，「中人」和「中人以下」的，還是可以從「語言學習」。例如教「誠實不欺」，中人以下的可能學不會這「四個字」，但是卻會懂得「不騙人」是德行，德行是「好人」應該作的。「騙人與否」在行爲，「不在識字」。把學生教得不騙人，就是教學成功。假如全班學生都不騙人，「德教」便有了一項「成就」。至於「做到」誠實不欺之外，還會認識並書寫「誠實不欺的字」的，乃是「另一項成績」。應該把「實踐」與「抽象文字」的學習分開「考核」。事實是：「實踐在行」，雖不認識字，能知道應該做就做，做到了就是學會了。道德學習的「眞諦」就在此。

至於中人以上的「文字學習」，其成就若只在「文字」上顯示，並不能算是成就，因爲「能讀能寫」，卻「不實踐」的，比比皆是。自古以來，「口說孔孟，行同盜跖」的，也「名在史冊」。然而他們的「事蹟」所記載的，卻是「無德」或「失德」，是「恥辱」，而「不是光榮」；留下來的，是「罵名」而不是「美名」。「遺臭萬代」使後代人「警惕」，只有用以爲「避免」的殷鑑，不值得「欣羨」，更不可用作「模範」或「榜樣」。這就是「德與不德」最大的區別。所以教師要「因材施教」，把「行爲表現」和「抽象文字的記誦與書寫」分開：行爲表現是「實」；文字是「虛」。學習能力評量應該以「實踐的」爲「成績」。

3.隨時隨地觀察教導

要知道學生道德學習的狀況，絕不能靠「紙上談兵」，而是要「觀察」以「求實」。試看《禮記》學記中說教學生的工作是：

> 一年視離經辨志；三年視敬業樂群；五年視博習親師；七年視論學取友；謂之小成。九年知類通達，強立而不反，謂之大成。

很明顯的，從第一年入學到第七年，以兩年爲一個階段，都用了一個「視」字，「視」當然是教師「觀察」學生的學習狀況，是教師的眼睛不曾離開學生的「表現」。這些表現，最多可以說「一半在書本學習」，一半在「行爲表現」，因爲行爲的改變不是「短時間」能看得出來的。教師若只用文字考試，不隨時隨地觀察，如何得知辨志、樂群、親師、取友等的實際表現？

教師觀察學生的行爲表現，在學校制度之下，的確並非易事。因爲一位教師上課時，所面對的是全般若干個學生。照上課規範說，學生的「活動」是聽講、做作業，間或閱讀。教師所能看到的，是學生是否都「遵循」教師的指令動作，只有「明顯不合指令的」，才有「異樣表現」。而一個學生一次異樣的表現，當然不能立即判定其「不守規」或「不聽話」，需要有多次記錄，才能做一個判斷，這就是觀察需要時間的必然。如此，教師在上課時間所能觀察的，便相當有限了。而要觀察的周備，勢必從課外時間入手，但教師下課後，也需要休息，也無法分身跟在每個學生身後，困難就在此，衡量德育效果的困難也在此。教育中的德育空言無實，行爲的評量只限在「紙上談兵」，徒具一格，以至廢除，遂致學校教育只剩下「學習文字」，缺少了最重要的「學習作人」這一項，也就是把教育的基本目的「教人成人」廢除了。目前一般學生的表現，似乎讀書「會背而不懂其意義」；不知道「何謂生活」；「受到讀書的辛苦而不知道讀書的樂趣」，更不知道「人生的眞實價值」是甚麼。

4.一個觀察的實例

民國十年，北京出現了一所名爲「四存學堂」的學校，後稱爲「四存中學」。所謂「四存」，是根據顏元的「存人、存性、存學、存治」的理論。其教育實際是全體學生以住校爲原則，教育分「課堂」與「課餘」兩大類。

其「課餘教育」即「生活教育」。作法是各班設有一位「專職教師」，在該班學生宿舍中有一間臥室兼辦公室，從學生起床、盥洗、早操、早晚自習、就寢，以及課堂上課，都要和學生在一起，隨時關照並指導。

生活教育是根據顏元主張的「爲人與做事的原則」，即是「居處恭，執事敬，與人忠」。生活中起、居、視、聽、言、動，自處與待人接物，教師以身作則，適當的貫穿在食、衣、住、行之中，分別表現在「食、動、禮、律」四項行爲。

—食—

由各班自選炊事委員，負責設計三餐，並管理與炊事有關的人員與事項。每月結算膳食費並公布。全校各班可以比較評定，故而負責者都以努力從事以求得到好評。

—動—

為培養學生的活動能力和習慣，規定學生負責全校的清潔及公物保護工作。分班劃定工作區，除清掃教室、廁所等之外，區內花草樹木和其他公共物件，也一律清理保護。學校提供一筆「勤工儉學經費」，資助貧寒而工作勞苦的學生。

—禮—

規定學生隨時隨地都要「儀容端正，動靜合宜；見教師必行禮，教師也要答禮；同學相處，必須和睦，禁止爭吵打鬥。」此外學校的各項活動。也各有儀式，使學校如同家庭一般，充滿和諧的氣氛。

—律—

平時生活學習活動，各有定時。晚餐後是自習時間，其後在宿舍集合，導師把全天的表現，作一簡要的說明與指導。學生也可利用晚自習時間，舉行講演會、辯論會，或其他活動。（見萬家春：「推動四存教育的四存中學初探」，教育理念與行政實踐，心理出版社，2004）

從這個實例可見的，最主要的是有「專人」來擔任「觀察」工作，而不要求教師。因為前面說過由教師負擔的困難。試看由一人專任這工作，從早到晚，其工作負荷的確相當繁重。也可設想就在學生就寢後，也會有偶發事項發生。原因是把從生活中培養道德的這項重任，區分出來，成為教育的另一途徑。如此區分，仍然有值得商榷之處。

五、重新檢視「教人」的教育

中華民族的教育，從《書經》舜典所載看：

> 帝曰：契，百姓不親，五品不遜，汝作司徒，敬敷五教，在寬。

由此看，那時所要教育的，是「全體人民」。而所要教的，是使人民以「和善相處」爲宗旨，使人們知道君臣、父子、夫婦、兄弟，以至朋友，要怎樣互相對待。推而廣之，就是要全國成爲一個和諧的整體，大家才能和平共存。這個教育宗旨，到周代建國以後，從《周禮》地官大司徒，才看到完整的「全民教育」的內容與教育方法。這一類教育，是以「道德和生活能力訓練」爲主，「識字」並非主要的項目。「道德兼識字」的教育，另屬春官宗伯管理，是培養「行政人才的」。但是到了東周時代，由於諸侯相爭，全民教育廢弛。漢代雖然開始設立了「太學」，已經不是全民的普及教育，而且完全以「讀書」（經書）爲主。經書中固然含有道德，可是已經變成「附帶」的材料了。漢代倒是用推舉的方式選官，由地方推舉「孝廉」爲官，但是這方法逐漸式微。到晉代用「九品中正」的名目選舉，遂使「上品之中無下流，下品之中無貴族。」道德也成了無人稱道的價値。此後道德與讀書識字幾乎很少關聯，以至有了「萬般皆下品，唯有讀書高」的信念。而「讀書」也成了教育「唯一」的指標。社會階級「士、農、工、商」的「士」成了「唯一的讀書人」，因爲會讀書才能作官，作官是顯親揚名唯一的途徑。直到學校林立，人人進學校的目的，還是「讀書識字」。只以讀書識字爲務，結果變成「四體不勤，五穀不分」的「高貴人物」。

(一)「人」是一個「完形的整體」

如果教育以「教人」爲宗旨，就要對「人」有「確切的認識」。對人的生理、心理都要了解。說得詳細一點，就是對人的身體狀況、個性和品格等所表現的行爲活動，都要清楚的了解。首先一個人「自己」就要「先知道」這些。自己知道了，才知道如何「保護自己」，這是動物性的本能。而一個人生命的生存，除了形體之外，更離不開所生存的環境。環境是在形體之外，可是要有形體之外的「背景」，才能「顯示」出這個人，這個人才有一個「完形」。於是教育教人時，只教一個人絕不完備。坦白的說，就是還要了解和這個人「有關」的一切。因爲沒有一個人能夠「絕世而獨立」，而是生活在「群體」之中。則他要學，或是「要教他的」，內容就複雜多了。只教讀書識字，就算教了他的「頭腦」，其餘的部分呢？頭腦只能用在讀書識字上嗎？只會讀書識字，能自己生活嗎？不能自己生活，能算是存在嗎？

(二)教人首在教生活

人從生到死都是在「活著」。成年之前活著，一方面靠成人養育，一方面靠自己「學習生活」。到能「獨立謀生」時，才算是「生活」。而學習生活，須要有人來教育。所以「教人生活」是從「生活開始」，即使有讀書識字的活動，也只是一小部分而已。

生活的領域非常廣闊。但是從幼年開始學習，必須針對學習者的能力。「能力」是隨著生長逐漸增加的。試看母獅培養牠的幼兒的程序。首先是在幼兒的牙齒有了咬嚼的作用後，便捕捉較小的動物給他們練習撕咬。幼兒學會吃肉，減少了哺乳量。然後帶領他們去學習捕捉，自己在旁輔導，經過若干次失敗，牠們的捕捉技巧增加，直到他們能夠獨力捕到獵物爲止。這中間的過程說來簡單，實則也要經過相當時日。

人類幼兒所要學的就複雜多了。例如兒童要自己沖泡一杯牛奶，完整的過程是，先要找一個乾淨杯子，然後找到奶粉，然後知道如何把熱水準確的倒進杯子裡，才有牛奶可喝。就在這麼簡單的過程中，他必須小心不要打破杯子，不要被熱水燙到手。至於放多少奶粉，加多少水，還算是次要的。學習滿足這項需要，開始時找一個乾淨杯子，就要靠先前的經驗，當然是學習而來的。而在喝完牛奶之後，還應該有一項完成工作，那就是要把杯子洗乾淨，否則要留給誰做呢。如果沒有人教導，兒童也會自己摸索，那就不免與生活常規不合。

（早年有一個富家子，從小就是僕婢給他洗臉，直到他結婚隨著新娘拜訪岳家，還是不會自己洗臉。那時新娘害羞，不好意思替他洗，最後只好勞動岳母替他完成了這件「大事」。）

母親們愛子心切，即使兒童有了自己活動的能力，也要多方自願代勞。尤其在「唯有讀書高」以後，「讀書」成了「生活的全部」。兒童可以自己做的不須要做，也不會做。甚至任何事，都得由別人代勞。在家裡沒有長幼之分，根本就沒有服務的意識，「孝」字早已「棄之如敝屣」。擴而大之，「敬老」與「敬人」的觀念也全部「一掃而空」。至於對人要有禮貌，書本裡縱然有，既不考那個，也就不用管他。

(三)生活中必須知道並實行的事件

1.基本的

整潔：選擇適合身分的服裝，洗滌與保護。

居室與環境，布置、清掃與整理。

健康：健康的飲食，規律的起居，適當的生活習慣。

2.觀念的

辨是非善惡，不盲從。

對自己的作爲認眞負責，應該做的勉力而行，決不敷衍。

3.待人接物

誠實，謙和有禮。

有同情心，能及時樂於助人。

4.服務精神

在家庭、班級、學校、鄰里，或任何場所工作時不辭辛勞。

5.娛樂

正當的休閒活動，

讀書，

運動，

交益友，

培養正當的興趣。

上述各項，即使書本中有些材料，所學的也只是文字，偶然列在「考試題目中」，也只要用「文字」或「符號」作答，在「實際」中很少練習實踐，因爲恐怕「浪費」了「讀書」的時間。於是無論課內課外，生活所需要的，並未「實際接觸過」。這樣教育的結果如何，已是有目共睹。

(四)有效的德育

有效的德育，最好注重三項措施：

第一，把德育分別融入相關的教材

德育是培養「整體人」的主要事項，這樣說的基本理由是：凡人都要具有「人德」。因爲「有德而無才」，仍不失爲是「好人」。反之，「有才而無德」，絕不是群體之福，且甚而爲群體之患。所以德育絕不能孤立於「才識教育」之外，當作一個「獨立科目」來教學。當作一個獨立科目教學時，先就變成文字學習的「附庸」，被排除於知識之外。然後又陷入「文字」的窠臼，變成「紙上談兵」，最後用一個虛玄的「數目字」作優劣判斷，和實際的行爲表現相隔甚遠。因爲行爲表現要「指實」，不是數目字所能代表的。而行爲表現也不能只以一時一地爲準。

事實上各科教材大部分與生活有關，也關係到德行，適當的把德行融入教材裡，是無形的「陶冶」，也不致使學生認爲是「迂腐的說教」，作法只在教材的編製。

第二，全體教師都有觀察並指導學生行爲表現的責任

自從學術界「標榜專門」之後，「專家」躍登於「通才」之上。專門求精深自是無可厚非，但是專家也不能不論道德。（道德是人人都要具備的。說句笑話，如果對一位專家說：你是可敬的專家，但是你沒有德性。他會高興嗎？）所以從幼兒園以至大學教授，都不能「絕口不談道德」。而中小學的教師，上課時不能「略去道德」而不

論；也不能無視於學生不合道德的表現而不管。無論教甚麼科目，遇到和道德有關的材料時，便要隨機教導。如此也就要隨時觀察學生的行爲表現，並加以記錄。

目前中小學科任教師只管「教課」，不負「教室管理」的責任，以至常有上課時教室失序的情形，減低教學的效果是一事，使教育連帶失效，則更爲嚴重。如果科任教師也有德育的責任，才不失爲「人師」的名分。所以科任教師也應該負起教導學生德行的任務。

第三，評定德行的方法

評定德行的作爲不是「終結」，而是「開始」與「繼續」。必須用「文字」指實行爲表現。最好多用嘉許與鼓勵，避免斥責與懲罰。應該設計「行爲記錄表」，列出項目，舉例如下：

誠實（說實話，認眞動作）	不誠實（說謊，欺騙）
親和（對待同學和任何人有禮貌）	不友善（爭吵，打架）
服務（負責，努力，有效）	不負責（推諉，偷懶）
規矩（勤懇，守時，守秩序）	違規（遲到，破壞公物）

事實上，評定德行難免主觀，而德行教育在實際的「作爲」。評定只在找出「注意點」，注意需要多加教導的事項，不在評定高低上下。教育的本旨在「長善去惡」，善則嘉許鼓勵，不善則教導勸說使其「化」，過去常用的方法頗有檢討的必要。

第六章

歷史之美

一、概說

中文「宇宙」兩個字的解釋是「上下四方謂之宇，古往今來謂之宙」。「宇」所指的是「空間」；「宙」即是「時間」，照日月星的移動方位計算。大自然就是有這兩個「範疇」。空間是萬物的存在場所；「時間」則是「物」存在於空間時間長短的數量。這二者唯有人會計較分說。

從前人說：「大地浩渺無垠」，那是在發明望遠鏡之前的時候說的。那時人只能就著目力所及的說，就算由行動達到更遠的距離，也因交通工具所限，不能超出地球的範圍。現在卻因有科學工具的發明，已經有了「太空」和「外太空」的名稱；更從「考古」與「發掘」，可以見到若干年前的景象與事物。這些都增加了人的知識，「記載」於文字，而成了「文化」。

「文字記載」推前了人的「知識」，延長了人的「記憶」。未來的雖然不可知，對過去的卻能「了然胸中」，就是有了大家熟知的「歷史」。

「歷史」出於「記述者」之手。記述者可以知道「目所曾見的」，但何以能知道「前所未見的」？一部分當然歸功於「當時的記載」；一部分則要憑藉「傳述」；再一部分乃是由「親身多方考察」。「讀歷史」就有這種方便，可以接受「現成」的材料。

歷史的特性是「曾經」存在或發生的，「就是那樣」。可是在「記述者」筆下，確實性如何，端在記述者的誠實程度。另一方面，「記述者」的「文筆」所描述的，是能使讀者「沈入其中，愛不釋手」，還是「昏昏欲睡，掩卷而去」，也大有分別。

中華文化開始最早，歷史也相當長久。其實前章的經學，就有「歷史在內」。曾有人說：「五經皆史」。而典型的「史書」，則當以《史記》爲首。

二、史記的作者

《史記》的作者司馬遷（紀元前145-86？）。據楊家駱主編的《史記三家注》中，「史記述要」和《史記》「太史公自序」，可知他的身世與生平大概如下。

司馬遷的遠祖可以追溯到黃帝之孫顓頊時，就是職司天地之官，實則就是後來的天文官兼史官。到漢武帝時，其父司馬談爲太史令，後稱太史公。

據說司馬遷十歲就能讀古文。二十歲後，「南游江淮，上會稽，探禹穴，窺九疑，浮於沅湘；北涉汶泗，講業齊魯之都，觀孔子之遺風，鄉射鄒、嶧，薛，彭城，過梁楚以歸。此後曾奉使西征南征，達到、巴、蜀、昆明。」

司馬談臨終時，曾握著兒子的手說：「我家先世就是周代太史，我死後，你一定會繼任，可以繼續先代的德業。千萬要記得我想要論述的孝道，和周公、文王與武王的美德，孔子修舊起廢，論詩書，作春秋，到現在還是學者所尊崇的。可是從孔子歿後至今，史記放絕。我作太史而不曾論列，等於廢了史文，你要記得這一點。」司馬遷鄭重的答應，一定盡舉先人的舊文，不敢有所闕失。在三十八歲時繼父親作了太史令。

三年之後，司馬遷改定歷律、作河渠書。四十八歲時，因替李陵辯解忠心爲國，降番是不得已，觸怒了武帝，下獄被處腐刑，乃是一種奇恥大辱。本來如果有錢，也可以用錢贖罪，免受刑罰。可是自己無錢，又沒有人幫助。受刑後再三思考，以爲「詩書隱約者，欲遂其志之思也。昔西伯拘羑里，演周易；孔子困陳蔡，做春秋；屈原放逐，著離騷；左丘失明，厥有國語；孫子臏腳，而論兵法；不韋遷蜀，世傳呂覽；韓非囚秦，說難、孤憤；詩三白篇，大抵聖賢發憤之所爲作也。此人皆有所鬱結，不得通其道也，故述往事，知來者。」於是司馬遷決定忍辱偷生，根據其過去的經歷，和家學淵源，潛心史實，歷述自黃帝以來，至武帝時止的事蹟，名爲《史記》。

三、史記的內涵與綱目

在司馬遷「報任安書」中說：

> 僕竊不遜，近近自託於無能之辭，網羅天下放失舊聞，考之行事，稽其成敗興廢之理，凡百三十篇。……草創未就，適遭此禍，惜其不成，是以就極刑而無慍色。

依此說來，《史記》之作，大概經歷了十七、八年之久。全書共一百三十篇（或稱卷），計五十二萬六千五百字，涵蓋二千六百餘年的史事。其綱目爲：

(一)本紀——12

五帝本紀	項羽本紀
夏本紀	高帝本紀
殷本紀	呂太后本紀

周本紀
秦本紀
始皇本紀
孝文本紀
孝景本紀
今上本紀

(二)表——10

三代世表
十二諸侯年表
六國年表
秦楚之際月表
漢興以來諸侯年表
高族功臣侯者年表
惠景間侯者年表
建元以來侯者年表
建元以來王子侯者年表
漢興以來將相明臣年表

(三)八書

禮書
樂書
律書
曆書
天官書
封禪書
河渠書
平準書

(四)三十世家（略）

(五)七十列傳種類

刺客
循吏
儒林
酷吏
游俠
佞幸
滑稽
日者
龜策
貨殖

四、對史記的述評舉隅

在科舉時代，《史記》、《前漢書》、《後漢書》三者並稱「史學」，列在考試科目中。因為科舉是選拔政治人才的，前代歷史可以作為後代執政者的殷鑑。而《史記》是首出的「通史」。歷來即使不應科舉者也會詳讀，研究者與述評者也為數甚多，試舉數例以見一斑。

楊家駱的「史記述要」中說：

> 「史記」一書，取材甚富，采訪甚周。其取材先據「左氏」、「國語」、「世本」、「戰國策」、「楚漢春秋」、及諸子百家之書，金匱石室之藏，六億方技之書，而後折中經傳，馳騁古今，錯綜隱括，各使成一國一家之事。而尤注意於所見所聞之實地採訪。其所聞有聞之於人者，如「項羽本紀」，聞之周生；「趙世家」聞之馮王孫曰；……

「述要」中又說，其餘也有聞之多人者，如「魏世家」，是在大梁「舊墟」中聽墟中人所說；「淮陰侯列傳」是聽淮陰人所說。其餘有見於其地者，有見於圖像者，或見於其事者。

「述要」中又說「司馬遷作史的宗旨，是據其自言的「繼春秋而論次其文」，「欲以究天人之際，通古今之變，成一家之言。」其內容體系「互相調和」，是「一部謹嚴博大之著作」。然後說：「史公創作力之雄偉，能籠罩千古。」

「述要」中並引「班固、漢書、司馬遷傳贊」說：「自劉向、揚雄博極群書，皆稱遷有良史之材，服其善序事理，辯而不華，質而不俚，其文直，其事核，不虛美，不隱惡，故謂之實錄。」

「述要」中又說，史記文章之美，論者甚多，尤屬「衆口一詞」。並引明人王世貞的話，條列如下：

帝王紀：以自己的意思解釋《尚書》，又引圖緯子家言，其文衍而虛。

春秋諸世家：以自己的意思增減各史，其文暢而雜。

（張）儀、（蘇）秦、（魏）鞅、（范）睢諸傳：以自己的意思增減了《戰國策》，其文宏而肆。

劉（邦）、項（羽）、紀（信）、（韓）信、（彭）越諸傳，志所聞也，其文宏而壯。

河渠、平準諸書，志所見也，其文核而詳，婉而多諷。

刺客、游俠、貨殖諸傳，發所寓也，其文清嚴而工篤，磊落而多感慨。

故遷史之文，或由本以之末，或探末以續顛，或繇條而約言，或一傳而數事；

或既述其事，而又發其義；或意隱於此，而事見於彼。變化離合，不可名物；龍騰鳳躍，不可韁鎖。

這些評述，對《史記》的取材、寫法、和文字，都經過詳細的閱讀與欣賞，尤其對「文字」讚美有加，所以《史記》不僅是歷史，也是文學。後世對某些文句的評語中，常常可見的說法如斷語「猶如史公筆法，鐵案如山。」是指《史記》中每段都有「太史公曰：……」即是對「前述的總評」，確切無誤，換成別的文字，都無法與之相比。

五、史記釋例

楊家駱以爲《史記》是首創的史書，也爲史學奠定了基礎，使後學足資取法，特別作了「史記釋例」，使讀者易於注意並領悟，要目如下：

(一)兩存傳疑例

對商紂囚周文王於羑里有兩說：

其一是：殷本紀：九侯女不喜淫（淫樂活動），紂怒，殺之，而醢九族。鄂侯，辨之疾，並脯鄂侯。西伯昌聞之竊歎。崇侯虎知之以告紂，紂囚西伯羑里。

其二是：周本紀：西伯曰文王，遵后稷公劉之業，則古公公季之法，篤仁、敬老、慈少。禮下賢者，日中不暇食以待士，士以此多歸之。……崇侯虎譖西伯於殷紂曰：西伯積善累德，諸侯皆嚮之，將不利於帝。帝紂乃囚西伯於羑里。

殷本紀是根據戰國策；周本紀可能是見於先秦故事。前者見出商紂的淫樂和慘酷無道；因爲不滿意一個宮女而殺了她，已可見其殘暴，居然把宮女的父親也殺死。「醢」音ㄏㄞˇ，是肉醬，即把人殺死後，將屍體剁成肉醬。這麼殘忍，周文王聽說後不免暗暗嘆息，被崇侯虎知道了，告訴了紂王，紂王不容許人對他有意見，所以把文王拘囚在羑里。後者完全見出崇侯虎是一個以諂媚紂王爲事的小人，專門討好那個暴君，不惜陷害別人，引起紂王的疑忌，遂把文王囚於羑里。二者的說法有些不同，所以都保留了下來。這種寫法有值得學習之處，一則避免重複；一則使讀者多知資料來源。

(二)附記例

附記即附記其名，也可略記其事。包括：附記子孫、戚友、類別與事。列傳中這樣的文字較多。

(三)敘事雜論斷

在「屈原列傳」中，說到楚王不用屈原，最後成爲秦囚，以爲人君無論智愚賢不肖，都會求忠舉賢，否則難免禍及於身，因而論斷說：「王之不明，豈足福哉！」

(四)較量例

在「張耳陳餘列傳」中說：「然張耳陳餘始居約時，相然信以死，豈顧問哉。及據國爭權，卒相滅亡。何鄉者相慕用之誠，後相倍（同背）之戾也！豈非以勢力交哉？」

(五)互文相足例

在「秦本記」中，載有「……始皇帝五十一年而崩，子胡亥立，是爲二世皇帝。三年，諸侯並起叛秦，……其語在始皇本記中。」這裡有些補充始皇本紀中的文字。

(六)微詞例

「微詞」是不明白的說出不滿的話，借說別的事或人以「隱示不滿」。如「平準書」中說：「及至秦，……於是外攘夷狄，內興功業，海內之士力耕不足糧饟，女子紡績不足衣服。古者嘗竭天下之資財以奉其上，猶自以爲不足也。」這是諷刺漢武帝向外用兵四夷，在內大興功業，不恤民間饑苦，更求本身的享樂無度，表面上是說秦始皇，實際上隱諷漢武帝，因爲漢武帝用腐刑處罰他，對他實在是奇恥大辱，所以整篇武帝紀的敘述所顯示的，可以看出無形的貶，多於明白的頌揚。

(七)終言例

在「留侯世家」中，黃石公贈張良書時，曾說十三年後，穀城山下黃石即我是也。「後十三年，……果見穀城山下黃石。」

(八)說事兼及其原因例

在「蘇秦列傳」中說：「夫蘇秦起閭閻，連六國從親，此其智有過人者。吾故列其行事，次其時序，勿令獨蒙惡聲焉。」

(九)標明取材例

在「仲尼弟子列傳」中說：「余以弟子名姓文字悉取論語弟問。」

(十)舒憤自解例

在「平津侯主父列傳」中說：「主父堰當路，諸公皆譽之，及名敗身誅，士爭言其惡。悲夫！」

又「汲鄭列傳」中說：「下邽翟公有言，始翟公爲廷尉，賓客闐門。及廢，門外可設雀羅。翟公復爲廷尉，賓客欲往，翟公大署其門曰：一死一生，乃知交情。一貧一富，乃知交態。一貴一賤，交情乃見。」

六、史記之「史的示範」

上述釋例，可以參照作爲寫作「歷史」的範例，後來班固寫《前漢書》，范曄寫《後漢書》，對《史記》即多所取法。此後各代正史的撰寫，有了些差別，原因是司馬遷寫《史記》，除了參照過去記載，還加上自己曾多方蒐集的資料，所寫乃是出於自己之手。後來各代的正史，多是前代結束後，根據已有的皇室記錄撰寫，撰寫者都很謹慎，吝於表示己見。只有陳壽寫《三國志》時，因爲他原在西蜀，對諸葛亮曾有不滿，後來投到曹魏，不以蜀漢爲正統，後人曾有批評。

今日看史記，無論讀史或寫史，都有足資取法之處。試約略歸納如下：

(一)史乘的觀念

寫歷史是根據已經發生的事實，所以先要了解歷史的功能，就要知道寫作的「任務」。《史記》出於「國家的史官」，後來各代皆多由皇命指定撰寫者，通稱「國史」或「正史」。和私人自行寫作的不同之處，在於有了「正規」的「法定意味」。

從司馬遷受其父的叮囑之言，「寫史者」雖然不必爲史官，卻也要通於政務，所以後代寫史者多出於皇命指定的政務官。但既以國家的歷史爲宗，就要從國家全面著眼，不僅政治而已。因爲史乘乃是「文化傳流」的工具。司馬談就以對孔子在「王道缺，禮樂衰的時候，修舊起廢，論詩書，作春秋，學者至今則之」這方面，「不曾論載，廢天下之史文」而抱憾。要司馬遷特別用心彌補。司馬遷恪遵治命，所以寫成「孔子世家」，列在周公之林，對孔子的敘述相當詳盡。

傳統在政治中，皇帝爲最高政治領袖，一言一動，都要「爲天下法」，至少在朝堂之上，不能有妄言妄動，因爲有「左史記言，右史記事」的規制。所以有的皇帝也有「言錄」之類的記載。言行可能過時即逝，文字記載卻可能長久不磨。故而史乘的觀念，須要「誠、正、通、達」。

寫史一要「誠實」，對史料的採擷，須要「證據確鑿」。因爲史料來源有多方，即使文字顯示「言之有據」，也要推究言者的立場和依據。近世寫作者以「引文」爲尚，往往不計所言是否可取，難免「以訛傳訛」之弊。而在取材時，或者「求新奇」，或者「追時尚」，「虛言無實」，爲增加篇幅，失去史實應有的面貌。

寫史二要「正直」。過去的史實多數可以爲今日殷鑑。下筆書寫，先要辨明善惡是非的道理。文天祥的「正氣歌」中有句爲「在史董狐筆」，爲史家秉筆直書的範例。故事是晉靈公多行無道，上卿趙盾提出諫言，違背了靈公的心意，想用手段殺他。趙盾聞訊潛逃，未及離開晉國領地，趙穿便殺了靈公，迎回趙盾，以便整理朝事。晉國的史官董狐在「晉國春秋」中寫道：「趙盾弒其君靈公」，說是靈公被趙盾所殺。趙盾辯駁說：「我沒有。」董狐說：「你是晉國的上卿，出亡未出國門，等於還在國內，國君被殺了，就是你的責任。」趙盾認爲董狐所據是正理，沒有怪他，只好接受了。史家奮筆直書「史實」，有關聯者惡自己落下不潔之名，要寫者改變，寫者不肯，關聯者遂利用權勢，以「死」爲要脅，寫者「寧死不屈」，表現了「史家的精神」。即是史家的正直，可以壓倒權力，這事實一直爲「不畏強權，據理力爭」的模範。

寫史者三要能「通觀」。通常一人一事，往往牽連多方。常言「就事論事」固是一面之理，然而史乘有時間的連續作用，必須通前徹後，看到全面，不使一人一事的特例，成爲日後據以爲斷的「惡例」。從整體觀察，敘述才能完備，論斷才能公允，才能不失「理」的永久性。

寫史者四要「明達」，即是莊子所說的「知徹」。要作到這一點，需要智慧，也需要知識。就以歷代奸相如唐朝的李林甫、宋朝的秦檜、明朝的嚴嵩而論，他們都曾讀過詩書，智力應該不低，更不能說沒有知識，可是他們沈迷在「權利欲」中，罔顧爲人做事有公理在，更有「歷史的公斷」，沒想到最終將落下「污名」。昧於權利欲是不明；忘了身後名是不通，也就是「未達」。

大體說來歷史家可以成爲「史學家」。二者之別，前者重在記述；後者兼需見識與品格。

說見識，前哲早有古訓，孔子就說過：「富貴於我如浮雲」；俗諺也說：「不可得意忘形」。人的生活願望與行爲，出自對生活的認識。文天祥在面臨生死關頭時說：「人生自古皆有死，留取丹心照汗青。」即是生理的軀體以死爲終結；心靈卻可以和日月同其長久。人的生命有無意義，在於立身行事。有意義的生命，身死而精神長存，即是「死」有重於泰山的，也有輕於鴻毛的。有人死後千百年，仍然爲人所稱道；有人死後立即與草木同朽。人的智慧與知識，使人可以不計生死。置生死而不論，其餘便沒有更值得關心的了。莊子說得最是通達，是：「死生一也」。勘透生與死，是每個人都需要的。因爲大自然的現象就是生死、消長，日月代明，四時更迭，唯「知道」者，「能識」之耳。

(二)記事舉例

1.禮書

《史記》中列有八書，而以「禮書」爲始。司馬遷開始便說：

> 洋洋美德乎！宰制萬物，役使群眾，豈人力也哉！余至大行禮官，觀三代損益，乃知緣人情而制禮，依人性而作儀，其所由來尚矣。

「大行」是秦朝設立的禮儀之官。人之需要禮儀，猶如大自然之宰制萬物，自有其序。至於人要有禮，乃是根據人情與人性。從人情來說，喜怒哀樂愛惡欲，本是與生俱來的，有其原始的衝動力，或過或不及，發而不能中節。連帶的行爲也會失去準繩。用禮調節情感；用儀約束行動，才合乎自然的根源。司馬遷接著說：

> 人道經緯萬端，規矩無所不貫，誘進以仁義，束縛以刑罰，故德厚者位尊，祿重者寵榮，所以總一海內而整齊萬民也。

人的七情中「欲」這一項的影響擴展最廣，因其與喜、樂、愛三者相連而成了「好」。有所好就要「趨而就之」，不再計及其他。試看有生之物，爲了「生」，所最欲的無過於得食。即使最兇猛的獸類，可以爲了爭食而鬥，可是吃飽了就別無所求。人卻不然，在吃之外，還有不可勝計的欲，名、利、權，是最使人嚮往的，爲了滿足這三種欲，而和同類相爭，想出各種手段，無所不用其極，所以早期的智者，我們的聖人，才提出「節情」，以「道德仁義」爲規範，教人

「修身善行」以「成德」。所謂「道德仁義，非禮不備」。其不能「修己善行」的，則用法律警惕以至制裁。這可說是人類在大自然中，最特出的一點。

然後「禮書」中說，人有耳目口體的嗜好，所以有了飲食娛樂的差別，也有了尊卑貴賤之分，確定「事有宜適，物有節文。」文字說：

> 禮由人起。人生有欲，欲而不得則不能無忿，忿而無度量則爭，爭則亂。先王惡其亂，故治禮義以養人之欲，給人之求，使欲不窮於物，物不屈於欲，二者相待而長，是禮之所起也。故禮者養也。稻粱五味，所以養口也；椒蘭芬芝，所以養鼻也；鐘鼓管弦，所以養耳也；刻鏤文章，所以養目也；疏房床第几席，所以養體也；故禮者養也。

這就說明了「禮」的確實功能。後世反對禮教的，可知是不知道「禮的作用」，也沒看過《史記》。「禮」不是限制人的行爲的，相反的，乃是順乎人情，滋養人生的。試看飲食無度所造成的疾病，酗酒無量所造成的禍患，還不足爲戒嗎？

「禮書」中然後說：人的生與死，利與害，安與危，安逸與怠惰，合乎禮義則可以得到生、利、安，若取決於情性必將失去這三者。最後說：

> 天地者，生之本也；先祖者，類之本也；君師者，治之本也。無天地惡（意為怎能）生？無先祖惡出？無君師惡治？三者偏亡，則無安人。故禮，上事天，下事地，尊先祖

而隆君師，是禮之三本也。

「禮」使人知道天地爲生物之本，先祖爲人類之本，君師爲人治之本。所以人要重視自己存身的自然，尊敬身所由來的祖先，禮敬教導自己的君師。不忘所本，才不愧是「有知」。

2.樂書

「樂書」中的文字，大部分見於《禮記》樂記，可見司馬遷已經見到禮記了。「樂書」中有一段話說：

王者功成作樂，治定制禮。其功大者其樂備，其治辨者其禮具。……天高地下，萬物散殊，而禮制行也；流而不息，合同而化，而樂興也。，春作長長，仁也；秋斂冬藏，義也。仁近於樂，義近於禮。樂者敦和，率神而從天；禮者辨宜，居鬼而從地。故聖人作樂以應天，作禮以配地。禮樂明備，天地官矣。

這是說，王者完成功業，安定國家之後，就要「製禮作樂」以教化人民，使人民在和諧雍睦中，相愛相敬，居仁由義，各安生道，以配合天道。「樂書」中頌揚先王禮樂之道說：

夫樂者，先王之所以飾喜也；軍旅鈇鉞者，先王之所以飾怒也。故先王之喜怒皆得其齊矣。喜則天下和之，怒則暴亂者畏之。先王之道禮樂可謂盛矣。

這裡先王是指早期的聖王。聖王也有喜怒哀樂之情，喜則作樂，怒則征討。樂能惠及人民，與民同樂；怒則懲罰有罪，扼止暴亂。王者的喜怒，人民都從而有所表現，即「飾」字之義。所以王者並不輕易「動情」。把這說法印證「君師」，可以推知為人師者，喜怒不應輕發，以免「影響學習者」。

以下用「史書」所載魏文侯與子夏的對話來看「樂」的性質。

魏文侯問於子夏曰：「吾端冕而聽古樂，則唯恐臥，聽鄭衛之音則不知倦。敢問古樂之如彼，何也？新樂之如此，何也？」

子夏答曰：「今夫古樂，進旅而退旅，和正以廣，弦匏笙簧合守拊鼓，始奏以文，止亂以武，治亂以相，訊疾以雅。君子於是語，於是道古，修身及家，平均天下，此古樂之發也。今夫新樂，進俯退俯，姦聲以淫，溺而不止。……今君之所問者樂也，所好者音也，夫樂之與音，相近而不同。」

文侯曰：「敢問如何？」

子夏答曰：「夫古者天地順而四時當，民有德而五穀昌，疾疹不作而無祆祥，此之謂大當。然後聖人作為父子君臣以為之紀綱。紀綱既正，天下大定，然後正六律，和五聲，弦歌詩頌，此之謂德音，德音之謂樂。……今君之所好者，其溺音歟？」

文侯曰：「敢問溺音何從出也？」

子夏答曰：「鄭音好亂淫志，宋音燕女溺志，衛音趣數煩志，齊音驚辟驕志，四者皆淫於色而害於德，是以祭祀不用也。……為人君者，謹其所好惡而已矣。君好則臣為之，上行之則民從之。」

司馬遷引了〈樂記〉中的一段話說：「鄭衛之音，亂世之音也，比於慢矣。桑間濮上之音，亡國之音也，其政散，其民流，誣上行私而不可止也。」孔子在《論語》中也說：「鄭聲淫，佞臣亂」，緣鄭、衛兩個侯國都不合禮樂正道。實際上，合正道的樂音，沒有「輕浮」味道，也就是少了刺激作用，不似輕浮之音的流暢，才使聽者有不同的感受。二十世紀後半期，一個世界性的現象是，歐洲國家從有了「披頭四」的歌，傳到美國，幾乎遍及世界，遂使原來文化氣息濃厚的古典樂，相形失色。又自靡靡之音風行後，益見輕浮，且大爲流行。近年的音樂，更是歌不成調，既不是如怨如訴，更不知所云爲何，加上動作怪異，使人眼花撩亂，樂的作用完全不見了。

「樂書」中又記了一段話說：衛靈公要去晉國，途中停在濮水的宿處，夜裡聽見鼓琴的聲音，隨從都無所聞，於是召問琴師師涓。師涓倒是聽到了琴聲，並且學會了彈奏。見到晉平公後，便演奏出來。晉國師曠聽了說：這是商紂時師延的作品，乃是靡靡之樂，商紂亡後師延投於濮水而死，這樂聲一定是在濮水聽到的，乃是亡國之音。聽者也會受到不祥的遭遇。可見那時的樂師不但技藝精湛，而且更有超越的道德品格修養。

司馬遷在「樂書」結論中說：

夫上古明王舉樂者，非以娛心自樂，快意恣欲，將欲為治也。正教者皆始於音，音正而行正。故音樂者，所以動盪血脈，通流精神而和正心也。故宮動脾而和正聖，商動肺而和正義，角動肝而和正仁，徵動心而和正禮，羽動腎而和正智。故樂所以內輔正心而外異貴賤也；上以事宗廟，下以變化黎庶也。琴長八尺一寸，正度也。……大小相次，不失其次序，則君臣之位正矣。故聞宮音，使人溫舒而廣大；聞商音，使人方正而好義；聞角音，使人惻隱而愛人；聞徵音，使人樂善而好施；聞羽音，使人整齊而好禮。夫禮由外入，樂自內出。故君子不可須臾離禮。須臾離禮則暴慢之行窮外；不可須臾離樂，須臾離樂則姦邪之行窮內。故樂音者，君子之所養義也。夫古者，天子諸侯聽鐘磬未嘗離於庭，卿大夫聽琴瑟之音未嘗離於前，所以養行義而防淫佚也。夫淫佚生於無禮，故聖王使人耳聞雅頌之音，目視威儀之禮，足行恭敬之容，口言仁義之道。故君子終日言而邪辟無由入也。

這是說一個國家的領導者，統帥臣民必用禮樂。所以在朝會時，本身和臣子，都以禮樂爲宗，言行不苟，如此統帥全民，蔚成風氣，才能形成一個禮樂之邦。

在這段話後，「索引述贊」說：

樂之所興，在乎防欲。陶心暢志，舞手蹈足。舜曰蕭韶，融稱屬續。審音知政，觀風變俗，端如貫珠，清同叩玉，洋洋盈耳，咸英餘曲。

這就是古時的樂，以「宮商角徵羽」五音爲主，所謂音樂，乃是大政之所本，不能只當作娛樂而已。事實上，今日的音樂教育，似乎已經遠遠離開了「樂」的作用，和養情悅性，大相逕庭，甚者導入邪辟之路，其傷害已經到了腐化人性的地步。而歌者的趨向，所吹的是歪風，所倡導的並非正氣，樂之美不可見，反而以只看到腐化社會的一面。

3.「本紀」例一：帝舜

中國一向俗傳原古有三皇五帝。《史記》帝紀只從五帝開始。由於孔子一再稱道堯舜，而史記對舜的敘述略多，不妨呈現出來，以饗讀者。

據說舜是顓頊第七代孫，父名瞽叟。有人說「瞽」不一定是「目盲」，而是「心盲」，因爲他看不出兒子有賢不肖之別。舜的母親早亡，瞽叟再娶，又生了一個兒子名象。象嫉妒舜，老想要害死他。但是舜仍然孝敬父親與繼母，友愛弟弟，所以鄉里都稱道舜的孝友。頌讚傳到堯的耳裡，於是便把兩個女兒娥皇、女瑛嫁給舜，要觀察他「齊家」的作法。而這兩位皇女對舜的家人都極盡婦道。

舜在麗山耕作，與鄉人和諧相處，使鄉人都禮讓田邊土地，沒有爭競；在池塘釣魚，釣具都不會損壞。人們都樂於到這裡居住，三年住處就成了都邑。瞽叟還想把舜殺死，叫舜到倉庫去工作，卻在下面放火要燒死他。舜知道瞽叟的心意，預先帶了兩個斗笠上去，靠斗笠的浮力跳下來，沒被燒死，也沒有摔死。後來瞽叟又叫舜穿井，舜知道他別有用心，在掘井時，另挖掘了一條出路。瞽叟在舜挖到深處時，從上面用土塡井，要把舜埋在裡面。舜靠預挖的通道逃到地上。仍然不怨恨父親與弟弟，還像平常一般對待他們。堯再用政事試驗舜，政事都有績效。

舜進入洪荒叢林中，遇到烈風雷雨，也未迷失。於是堯知道舜的才能足以統治天下，遂使他攝行天子的任務，二十年後正式禪位爲帝。初時舜讓位給堯的兒子丹朱，但是諸侯不肯歸附丹朱，寧願歸附舜，才確定了舜的帝位，舜即位後，設官分職，及一切作爲，都載在《尚書》舜典中。後來舜在晚年，因其子商均不肖，讓位給禹，遂成了歷史上的「禪讓時代」。孔子稱堯舜以天下爲公有的名器，不據以爲私有，根據公衆的意見決定統治者，開啓了一項創舉，遂稱爲「大同」，和後來帝位改成「世襲」的，以天下爲一家的私產，大相逕庭。「大同」的作法是認爲「天下屬於全天下的人」，「帝位」要由德才兼備的人來承擔。擔任這個職位的人，負有重任，主要的是爲人民創造一個安樂的環境，使人民各安生業，提高生活的福祉。

居帝位者要以民爲本，以道爲準則，有權設官分職，同樣的要選擇才能之士，分擔政務。任職者要如領導者般，同樣的公正無私，忠於領導者，克盡職責。使治下的人民，老有所歸，壯有所用，幼有所長，鰥寡孤獨廢疾者，皆有所養。依此制定一套完整的政治制度，切實實行，才是所謂之「治世」。故而說：天下者，非一人之天下，唯有德者居之。這觀念近似後代的民主政治，選舉「適當」的人爲統治者。

後來禹也曾嘗試讓位給所物色的人來繼承帝位，但是因爲人民感激禹治水的功德，而且禹的兒子啓也有賢才，願意擁戴啓爲帝，此後便成了帝位世襲的定制，成了「天下爲家」。孔子才說「由大同變成小康」。因爲帝位定爲世襲之後，在位的皇帝把帝位當成私產，由自己的子孫一直承襲下去。不計後代子孫的賢愚，於是不適任者作了皇帝，便成了國家和人民的災難。綜觀後來朝代更迭，先是除了極少數有志於爲人民著想以外，多數所著眼的是掌握統治權，然後便是把天下視爲私產，要後代永遠占有。「聖王」的偉大之處消失了。到了孔子之時，已經經過夏商周三代，早已成爲定制，大概孔子也看到「積習難改」，所以不再多說，只是慨嘆一番而已。到秦始皇力行專制，無視於前三代的更迭，還要把帝位傳至千世萬世，其「愚昧」可說是無以附加了。歷史的殷鑑，在中國繼續了二千餘年，權勢與名利之欲的弊病，本應使人有所警惕，可是每一代的開國之君，都不考慮這一點，使旁觀者百思不得其解。

4.「本記」例二：漢文帝

從秦始皇統一六國之後，用其專制的權威，倒是建立了一些制度。無如專制手段過分殘暴，以至民不聊生，所以人民揭竿而起，經過楚漢之爭，漢朝成立。漢高祖死後，繼位的惠帝，等於被嫉妒戚姬的呂后殺戚姬的殘酷手段嚇死了，呂后掌起專制權柄，任用自己的家屬，朝政又陷於混亂。經過有力的朝臣平息了紛亂，迎立高祖子代王爲帝，是爲文帝。

文帝可以稱爲有才德，受到朝臣的擁戴。文帝的治績，《史記》中有一段記載說：有一天，文帝說：

> 法者，治之正也，所以禁暴而率善人也。今犯法已論，而使無罪之父母妻子同產坐之，及為收帑，朕甚不取，其議之。

這是說，法律是正確的治道，是爲了禁止暴亂以導引善人。現在的法律，已經懲罰了有罪者，卻還連累懲罰父母妻子，要他們交納罰款，我很不以爲然，希望衆大臣來共同討論一下。這記載表現出作皇帝的文帝，認爲制度有問題時，並不立刻以己意更改，而是交付群臣共同討論，乃是「民主」的趨向了。朝臣中也有人認爲禁止犯罪，就是應該這樣，既然行之已久，最好不改。文帝不同意這個說法，又說：

> 朕聞法正則民慤，罪當則民從。且夫牧民而導之善者，吏也。其既不能導，又以不正之法罪之，是反害於民為暴者

也。何以禁之？朕未見其便，其孰計之。

這是文帝不同意守舊者的意見，而加以反駁。通常作官的人，在不知不覺間，就形成一種觀念，認為「官」是「管人的」，「老百姓」需要管，需要罰。文帝以為作官的本要「導民於善」，即是負有「教化」的責任。作官的不教化，又用不當的法來懲罰，反而逼使人民應用暴力，而無法禁止。可是並未立即表示堅持自己的意見，只是說出深一層的道理，要大家再深思熟慮。這種表現，明顯的顯示客觀與寬容，於是有關的官員都說：

陛下加大惠，德甚盛，非臣等所及也，請奉詔書，除收帑諸相坐律令。

這段記載，表現了文帝公正為民又客觀的態度，不愧為民之司牧。同時也可見出有些官員墨守成規的習性。不過持正義者若堅持正義，還是可以得到最後的勝利。本來一人犯罪，連累到全家受罰，沒有十足的道理，所以文帝得到群臣的佩服與擁護。

文帝紀中另一段記載是有關的官員請文帝立太子，這是從帝位實行之後的大事，主要的是皇帝兒子多了，難免各有野心而互相爭奪，文帝的回答實在值得大書特書。文帝回答建議者說：

朕既不德，上帝神明未歆享，天下人民未有嗛志。今縱不能博求天下賢聖有德之人而禪天下焉，而曰預建太子，是重吾不德也。謂天下何？其安之。

大臣們還是勸說，文帝又舉了一些毫無私心的話說：

諸侯王宗室昆弟有功臣，多賢及有德義者，若舉有德以陪朕之不能終，是社稷之靈，天下之福也。今不選舉焉，而曰必子，人其以朕忘賢有德者而專於子，非所以憂天下也。朕甚不取也。

文帝的這些話若給孔子聽了，一定會同意文帝有「天下為公」的觀念而非常高興。無奈積習難改，最後還是定立了太子，即是下一個繼承人景帝。好在景帝也算是一位還好的皇帝，這段時期是後來歷史中稱道的「文景之治」。

文帝另一件值得稱道的是，一位太倉令淳于公犯了罪，當受肉體刑罰，受罰者將會受到所謂之「肉刑」：割斷腳趾、刺面、割去鼻子，使人留下殘缺。太倉公有五個女兒而沒有兒子，將受刑時罵女兒們說：生了這麼多女兒，沒有兒子，需要時沒有用處。他的小女兒緹縈聽了很傷心，就隨著父親到了長安，上書說：「父親為官清廉，若受到刑罰，就成了廢人，無從改過自新。我，他的女兒，願意沒官為奴，以贖父罪，使父親還可自新。」文帝看了緹縈的請願書，下詔書說：

蓋聞有虞氏（舜）之時，畫衣冠、異章服以為僇（羞辱），而民不犯。何則？至治也。今法有肉刑三，而姦不止，其咎安在？非乃朕德薄而教不明歟？吾甚自愧。故夫馴道不純而愚民陷焉。詩曰：「凱悌君子，民支父母」。今人有過，教未施而刑加焉，或欲改行為善而道無由也。朕甚憐之。夫刑至斷肢體，刻肌膚，終身不息，何其楚痛而不德也，豈稱為民父母之意哉！其除肉刑。

綜觀動物類，有同類相爭的行為，那只是基於本能需要的食與性，但是卻不見「同類相殘」的舉動。而人因「多欲」，遂有「不德」之徒，用暴力「損人以自利」。在黃帝的時候，已經有了「重門擊柝，以待暴客」的規制。就是因爲有人受利欲的驅使，又不想用自己的能力去謀求，而採取最簡便的方法，要不勞而獲。正規的教育，就是教人「自食其力」。但是教育須要時間培養德性，對德性尚未養成的人，只好用快速有效的辦法，以法律制裁破壞群體秩序者，也警惕可能違法者。秦朝的嚴法，本來在漢高祖入關時，用與民「約法三章」代替，到漢朝建制後，蕭何重定法律，遂有了肉刑。這種傷害肢體的刑罰，其實並不合人性，文帝秉持仁心予以廢止，乃是正確的。可惜並未聯同廢止腐刑，否則司馬遷就不必落得那麼痛苦了。

再一件文帝的舉措，見於他的生活態度。文帝紀中說：文帝繼位了二十三年，從來沒有增加自己的享受，如宮室苑囿狗馬服御之類。只有一次想做一個露臺，估計需要一百金。文帝說：一百金是十家中等財富之家的資產數，我接受了先帝的宮室，常常自愧不能擔當，何必還做甚麼露臺呢！便停止不作了。所以他自己的衣服飲食，終生十分減省，連后妃的生活也不尙奢侈。以至他的遺言也說：「天下萬物之萌生，靡不有死」，叮囑不可厚葬，不可延長服喪時間，不必在喪期內禁止民間喜慶等活動。可以說這是一位稱職的皇帝。

5.「本紀」例三：孔子世家

在孔子世家「索引」中說：

> 孔子非有諸侯之位，而亦稱系家者，以是聖人為教化之主，又代有賢哲，故稱系家焉。

「正義」中也說：

> 孔子無侯伯之位，而稱世家者，太史公以孔子布衣傳十餘世，學者宗之，自天子王侯，中國言六藝者宗於夫子，可謂至聖，故為世家。

對於孔子的身世和學說，人們通常都有概念。姑以「孔子世家」中所說的，不見於《論語》的，約略舉出，以爲補充。

「孔子世家」中說：

> 孔子貧且賤，及長，嘗為季氏史，料量平；嘗為司職吏而畜藩息。由是為司空。已而去魯，斥乎齊，逐乎宋、衛，困於陳蔡之間，於是反魯。孔子長九尺有六寸，人皆謂之長人而異之。魯復善待，由是反魯。

其實《論語》中也有孔子自己說的：「吾少也賤，故多爲鄙事。」因爲孔子從先世自宋到魯後，已失去貴族地位。當時魯國的季氏權勢最大，所以孔子曾在他們的門下似乎是管些事務。至於所說的孔子的身高，是因爲那時長度的計算和後來不同。然後孔子得到南宮敬叔的推薦，要和孔子去周朝，魯君才送他一輛車、兩匹馬和一個從人。

孔子在周曾向老子問禮，因爲老子在周是管理圖書的。臨別時老子說：

> 「吾聞富貴者送人以財，仁人者送人以言。吾不能富貴，竊仁人之號，送子以言，曰：聰明深察而近於死者，好議人者也。博辯廣大危其身者，發人之惡者也。為人子者勿以有己，為人臣者勿以有己。」

在這段話之外，也有記載說，孔子問禮於老子，老子反對禮義之說，說孔子所說的禮「其人與言皆死矣」。至少可以知道，孔子不曾從老子那裡得到有關禮的資料。

可是孔子博聞多識。據說魯國的季桓子穿井發現土缶中有個像羊的東西，去和孔子說是一隻狗。孔子說：「這是土之怪，叫墳羊。」又對吳國人說出最長和最短的人的差別。

大家都知道孔子曾經作過魯國的司寇，殺了壞人少正卯。「世家」中說：

> ……與聞國政三月，粥羔豚者弗飾賈；男女行者別於途；塗不拾遺；四方之客至乎邑者，不求有司，皆予之以歸。

這是說，司寇猶如司法部長，孔子作了三個月，魯國便成了一個很有秩序的國家。在其中，賣東西的不欺騙人；男女有別；東西丟在地上也沒有人拾起來據為己有；別處的人到魯國來，不用和官方打交道，就像在他們本地一樣。可見孔子不是只會講大道理，原有治國的長才。但是孔子的表現引起齊國的妒嫉，送來女樂以蠱惑當政者，孔子發現自己沒有了發揮的餘地，才棄官而去。到了鄭國，茫茫然的站在城門邊，鄭國人才說他「像個喪家之犬」。孔子聽了笑著說：「對極了！」在歷史記載中，有才德者常常有志不得伸，只留下千古浩歎！

「世家」中又記載孔子曾經向師襄子學琴，學了十天還反覆不變。師襄子說：可以換個樣了。孔子說：「我只學會了曲調，還不夠深入。」又過了幾天，孔子說：「還沒得到他的志趣」；最後孔子說：「我得到他的形象了，正是文王的相貌。」從這裡可以看到孔子的學習精神；也可推知「樂」在陶冶心靈方面深入的程度。

「世家」中又載孔子也知道弟子對自己有懷疑之處，例如孔子困於陳蔡的時候，幾天都沒有飯吃。子路就很不高興的問孔子「君子亦有窮乎？」孔子的回答就是見於《論語》的「君子固窮，小人窮斯濫矣。」子貢接著進來，孔子問他自己是否錯了。子貢說：「夫子的道太大了，所以天下不能容夫子。最好放低一些。」孔子說：「種田的人會播種，未必會收穫；最巧的工人會做，未必能皆如人意。君子能修道，能綱紀，能統理，未必能爲人所容。你不務修道而只求容，志向太小了。」子貢出去後，顏淵來了。孔子又問他，他說：

> 夫子之道至大，故天下莫能容。雖然，夫子推而行之，不容何害，不容然後見君子！夫道之不修也，是吾醜也。夫道既已大修而不用，是有國者之醜也。不容何病，不容然後見君子！

孔子聽後高興得笑了說：「你這個姓顏的孩子了不起！如果你是個大財主，我會給你經管財務。」可見嚴肅的老師也喜歡聽順耳的話，也可以和學生說說笑話！不過自古以來，好意見未必能付諸實施，當然原因很多，最後的一個阻礙是，實行須有贊同者和支持者，如果這些人的見解不能和倡導者同日而語，好意見往往要等若干時日後，才有人能夠了解並接受，那就是俗話所說的「事後諸葛亮」比較多。

「世家」中又載：

> 孔子在位聽訟，文辭有可與人共者，弗獨有也。至於為春秋，筆則筆，削則削，子夏之徒不能贊一辭。弟子受春

秋，孔子曰：「後世知丘者以春秋，而罪丘者亦以春秋。」

最後的話是說，講道理而正直的人，會懂得他的意思；奸邪做惡的人，就不會喜歡他了。

「世家」結尾說：

太史公曰：詩有之「高山仰止，景行行止。」雖不能至，然心鄉往之。余讀孔氏書，想見其為人。適魯，觀仲尼廟堂車服禮器，諸生以時習禮其家，余祇迴留之不能去云。天下君王至於賢人眾矣，當時則榮，沒則已焉。孔子布衣，傳十餘世，學者宗之。自天子王侯，中國言六藝者折中於夫子，可謂至聖矣！

這就是說，世俗所看重的榮華富貴，不過是「過眼雲煙」只有眞正的道德文章，才能「經久不磨」。

6.儒林列傳

在儒林列傳中，司馬遷有感於孔子之偉大說：

自孔子卒後，七十子之徒散游諸侯，大者為師傅卿相，小者友教士大夫，或隱而不見。……然齊魯之間，學者獨不廢也。

然後才提出儒林列傳，到漢武帝時，儒學或經學才有了傳人。這是因爲據說秦始皇焚書坑儒，待漢高祖登上帝位寶座，隨他征戰的武臣，根本不懂禮法，不知道如何尊敬皇帝，所表現的，是粗魯的行動，卑俗的言辭，使漢高祖坐在皇位上，毫無尊嚴。直到武帝繼位，才招納方正賢良文學之士，找到了懂得詩、書、禮、易、春秋的人。設置博士與博士弟子，列傳中所載的有下列的人士。

詩經方面

先是魯國人申公以詩經訓教弟子，從學者有百餘人。其中有一個叫王臧的，景帝時推薦了申公，當時申公已經八十多歲，後來因病回家。但學詩者多本自申公。袁固生也學自其門，後傳至齊國，齊國人學詩者多出於其門。

尙書方面

先是有一位秦博士伏生，在秦焚書時將尙書藏在牆壁中，文帝時招尋通尙書者，而伏生已經九十餘歲，尋找他的藏書，只找回二十九篇，遺失了幾十篇，以所有的在齊魯之間教人，其中學習者有歐陽生，歐陽生教了兒寬，兒寬教了孔安國，遂使尙書流傳下來。

禮易及春秋方面

禮的方面先是魯國的高堂生能說教。禮經從孔子的時候已經失傳，孔子才去周請問老子，並無結果。後來有一個徐生據說知道儀容，文帝時曾任禮官大夫，其子孫也有任禮官的，但不會講說。

易的方面在孔子時，曾有商瞿從孔子學易，後來傳述了六世到田何，受學者後來多在齊魯之間。

春秋方面以董仲舒爲最，弟子授業者最多，但以修學著書爲事，所傳後爲公羊春秋。另有江生傳穀粱春秋。至於左氏春秋卻不見儒林中有傳人。

第七章

發明與創造之美

一、中國有無科學與文明

發明與創造，應該屬於科學的文明。但是「文明」與「文化」兩個名詞以至其概念，近年來頗為混淆不清，最使人困惑的是，似乎只有文明，沒有了文化。本來屬於文化的，也用「文明」二字取代。原因很簡單，因為文明是科學造成的，科學既然獨執學術牛耳，用文化就顯得「不科學了」。

作者在拙著《全民教育與中華文化》中，曾經根據西方觀念，把文化與文明二詞的概念加以區分，二者最大的區別是：文化屬於「精神層次」；文明則屬於「物質層次」。照人類的進步看，應是精神的心靈活動在前，操作物質的能力活動在後，雖前後有差，確有連帶關係。因為本章根據的資料多半取自一本書名《中國之科學與文明》，其中也包括了精神層次的材料，一概算在科學與文明之中。如果本章標題加上科學二字，可能會啓人疑竇，即是會問，「甚麼！中國也有科學嗎？」

這疑問應是存在了一百多年了。從十九世紀中國被西方的堅船利砲打敗後，中國人就恨自己沒有堅船利砲，歸因於沒有科學。如果現在說中國有科學，誰都會嗤之以鼻。可是說中國有科學的若是洋人，而又言之有據時，可能就可以接受了。

這樣說是基於研究中國「文明」多年的英人李約瑟（Joseph Needham）他蒐集了大批中文書籍，請了多數精通中英文的人士幫助，先寫成英文，後由中國學者譯成十餘冊中文，陳立夫先生在譯本「前言」中所提的三個問題，足可證明中國不是沒有科學，他的問題是：

(一)中國人在古代許多重要科學技術之發現與發明方面，何以能領先所謂「希臘奇蹟」那些人物？

(二)中國人以往何以能與擁有上古西方一切寶貴知識遺產之阿拉伯人並駕齊驅？

(三)在第三世紀至第十三世紀之間，中國人何以能始終保持一種遠超西方之科學知識水準？

其實多數唸過早年歷史的人，都知道中國早期的四大發明：指南針、火藥、印刷術、造紙術。這四者都被西方引去加以開發，成了後來了不起的發明，而中國自己在接受了外國人的改良以後，只會稱羨外人的成就，卻不知創造的是自己的祖先。到現在幾乎要把祖先的業績一腳踢翻，更不想承襲祖先精神，研究發明，仍然用放煙火取樂而已。

看了李約瑟的著作，生為一個中國人，要等外人來用了幾十年的心力，研究自己的東西，實在汗顏。這個情形在中國並不稀奇。歷史記載中國傳統，老一輩的人總想把最好的東西傳留給後代，就用一個例子就足以說明：上一代的讀書人蒐集多數書籍或古董留給後代，而後代人不肯讀書，不事生產，到了無以為生的時候，把很多珍貴版本的書當廢紙賣；把古董隨便棄置，從前的亡國之君，和敗家子一樣，也可說是中華文化的另一點特徵。總而言之，即使不談科學，看看中國的發明與創造，也可減少一些自卑崇洋的心理，這一點要待教育來努力。

二、中國文化中本有科學精神與實際

李約瑟在《中國的科學與文明》的原序中說：

中國文明，遠在亞洲「腹地」的另一極端建立起來，本身既會恢廓而複雜，並且至少也與歐洲文明，一樣精美和多彩多姿，但歐洲學者一向就不曾有過明晰的了解。……中國文字的艱深，則早已說明是導致了解的最大障礙。（冊1，4）

李約瑟對墨子頗有興趣，因爲墨子的墨家，本就是務實而實幹的，所以說「要磨頂放踵而利天下亦爲之」，李約瑟說：

墨子的著作，……（論到社會倫理學、哲學和理則學（即邏輯），是戰國時代—西元前四世紀—的一本極重要的著作，其中提及「紡織技術學」—婦女從事各種花紋的刺繡；而男子從事的紡織，則其中雜以不同的圖案，我們以後可以看到織布機的發明之日期，在技術史上是一種極其重要的事件。（1，8）

王充在西元八十三年左右所著的《論衡》，是一部具有科學性的重要著作，該書對於酒……說是由蒸過的穀類蒸餾出來的。（1，9）

對於「自然」的了解，乃至對他的控制，中國民族……有過偉大的貢獻。

中國在西曆紀元前二千二百年早已知道一個正角的三角形的性質。……大禹治水，曾經控制了兩條大河，其河流之急速與廣闊給予美洲的河流相等，又曾治理過幾百條河川，灌注之區域，廣達百萬平方英哩。……他們在西方對「引力」還未發現之前，業經洞悉潮汐的原因，謂為「受月球對地球的影響」所致。這個民族的天文學學說縱使還有缺點，但他們對日蝕和彗星的記錄實在極有貢獻。

秦國一件偉大的水利工程，李冰灌溉成都平原的建樹，到現在仍然發生功能。（1，15）

若說到中國的文明，在器物方面的發明與應用，並不落於世界文明之後，只是中國器物方面的發明與製造，被哲學與思想遮蔽了。也就是經學的記載，遠超過器物的應用。例如周禮所載的官制中，原分天、地、春、夏、秋、冬六官，前五官都有官制名稱，如天官宗宰，地官司徒，春官宗伯，夏官司馬，秋官司寇，最後的冬官卻不是官名，而是「考工」。考工所載的是舟車之類的製造，規格十分詳細。只就交通工具來說，其功能多麼重要。而這種製造工作，只算是「低等」的勞苦工作，工作者毫無社會地位。此後只講究「治國安民」的大道理，把「工藝」看成「雕蟲小技」，唯有「讀書」高，最後培養出一群「四體不勤，五穀不分」的，成了「人上人」的官員。

當然官員中也有關心民瘼的治述人才，否則人民也不會有閒暇製造工藝品。例如在孔子的時候，就有一種酒器叫做攲器。是一種酒杯，在注入酒的時候，倘若酒尚未滿，杯子就會傾斜而把酒灑了出來，一定要把酒裝滿，杯子才兀立不動。可以確定製造這種杯子的人，未必懂得流體力學，而是基於好玩或無意間嘗試了出來。孔夫子讚美了這杯子的道德意義，卻未想到製造者的發明意念和巧思。一個最明顯的例子是，「雕蟲小技」四個字，把科學發明貶到不值注意的地步，特別是創造方面，許多創造物的創造者都沒留下姓名。前文李約瑟說墨子中葛絲的編織，沒有人提到「編織」的技術，只知道以中國的絲織品自豪，甚至成了東西交流的大宗貿易品，也未提及品物的發明者。

李約瑟說：「在耶穌紀元的最初十三世紀裡，西方從中國取得了許多技術發明，卻不知道是從哪裡來的。」（後文再述1，14）又說：中國在西曆紀元前二千二百年已經知道一個正角三角形的性質。大禹治水控制了兩條大河，河流的流速與廣闊幾乎與美洲的河流相等；又曾治理過幾百條河流，灌注區廣達百萬平方英哩。中國人在西方尚未發現引力之前，已經知道潮汐是月球影響地球所致。（1，75）他說中國早期有很多發明，要待後文再說。

客觀的說，中國早期科技方面的發明與創造，並未受到應有的重視。官方記載只重政治，且以皇帝的舉動居先。地方官惠民的措施，容或在個別的列傳中加上幾筆，也不占重要的篇幅。難得的是李約瑟歷述各代的史實，隨機提示出來。於是就只好從文化中來挖掘一些發明與創造的痕跡了。

李約瑟說：「中國古代的和中古的科學，表現出早就有實驗和觀察的歸納科學的發展。」「中國人有能力計畫並實施若干實用的實驗，以求技術之改進，只是解釋都屬於原始類型的學說。」又說：「天文學的望遠鏡所用的『自動分度儀』實際上是西元二世紀中國的發明。」（1，458）這些情形，在西方人看來，當然不合他們的口味，他們對中文本就了解困難，不願意多用心思，乾脆就以「落後」視之，棄之如敝屣了。

西方從看到中國的絲織品和瓷器以後，只受到這些物品的眩惑，並不問這些物品是怎樣造成的。事實上不難了解，想想早期東西交通的困難，西方人買得起這些貴重物品的有錢人，只想擁有，誰會想到物品的製造上去！更不會想到讚美物品的製造者。這應該是一般人的常情。

其實中國最重要的發明，應該是食物與藥物。食物是維持生命最基本而迫切的。人類最初和動物一般，只會從大自然取食。到了會自己製造食物，至少減少了對自然的依賴，就是人會播種五穀。這是由於中國古代出現了一位大聖人一神農氏，一方面嚐百草辨其氣味，教人種植以爲食；一方面教人免除疾病以保持健康。這兩項發明成了日後科學進步的基礎。而中國人居住的地理環境得天獨厚，適合種植，又品物種類繁多。連帶的發明了生活需要的許多東西，也是後來科學發明的契機，在書經中已經說明，且很多發明也陸續傳到西方。

三、中國傳入西方的機械與技術

李約瑟曾表列了中國的機械與技術傳入西方的項目，並舉出西方落後中國的時間，試舉若干以見一斑：

項目	落後時間（以世紀計）
水車、踏車	15
活塞風箱	14
獨輪車	9-10
加帆車	11
弩	13
風箏	12
鑄鐵	10-12
鐵鍊吊橋	10-13
運河鎖閘	7-17
船尾舵	4
火藥	5-6

磁性羅盤	2
紙	10
印刷	4（1，484-5）

這些東西對中國的農工人員來說，只是用起來方便，省些力氣罷了，誰也不會想到當初的發明者，如何絞盡了腦汁，一試再試，才做成最後的成品。就以當初黃帝妃嫘祖發明養蠶取絲來說，只是看見桑樹上一些小蟲吃桑葉，然後吐絲做繭，把自己包裹在裡面，要怎樣把繭變成一整條絲，再把若干條絲合併起來成爲一條比較粗的線，然後把線編織起來成爲一片布，最後才能把一片布披在身上變成衣服。動作的程序要靠頭腦思考，乃是心靈的活動。如果古人沒想到要穿衣服，就會和有些原始民族一般，還是裸體生活，或是停留在披樹葉獸皮的狀況中。

試再想在中國的神話傳說中，神靈可以飛行上天，可以隱藏入地，可以在水上行走，而這些想像在今日已經都成爲事實。說「人爲萬物之靈」，就是因爲人有一個會思想的頭腦，把想像的變成事實，而有了發明與創造。同時也可以說，中國的開創者，選擇了一片適合生活的地區——黃河流域的黃土高原，水量充沛，土質適於栽植，氣候溫和，水土豐碩。在這裡可以自行製造食物，雖然還要靠天吃飯，而自己的努力多半會有成果，所以鍛鍊出勤懇的精神，忍苦耐勞，憑著堅忍不拔的毅力，自求生活。同時在等待成果出現前，安心等待，並不急功好利，形成「樂天知命」的生活態度。而在失望的時候，仍能平心靜氣的期望下一次的機會。如此培養出的民族性，是溫和、勤勉、忍耐，而能自求多福。

在此同時，明智的先哲先賢，體驗到大自然生物成物的道理，領悟到人之爲人也自有應該秉持的道理，即是順應自然之理，爲己也要爲人，更要超而上之，彌補大自然的缺憾，發揮創造力，把自己提升到與天地齊一的地位，說是「與天地參」。於是人必須自行修養身心，祛除個性中的「自私」成分，樂與人處，與人同心協力，共同創造一個雍睦和諧的人類世界。

這項人性觀點，似乎與物質無關，但卻奠定了中華文化精神，和所發明的物質成果，傳到西方。無奈精神靠文字傳播，中文艱深難懂，外人不易接受，才對中華文化有了誤解。

四、中國對天文的觀察

在中國的發明中，恐怕要首推對天文的觀察。很明顯的，中國先哲一開始就重視天道，當然也就重視天象。有道的帝王治國，常依天象爲判斷治績的指標，常設有觀象的專門人員，對日月星辰的運行與變化，隨時記錄並報告。李約瑟就說在紀元前第七或第八世紀就有命官的記錄，《尚書》中載：「乃命羲和，欽若昊天，曆象日、月、星、辰，敬授人時。」即是一例。後來各朝代在京師都設有兩個天文臺，其上設置漏壺、渾天儀和其他儀器，官方的機構稱「司天監」，後來改稱「欽天監」；並製訂曆書。

據說最古的曆書有兩種，一種稱「夏小正」；一種稱「月令」。「夏小正」是「農曆」，包含十二個月的「陰曆」氣象、星體，以至禽獸生活等各種情形，這種曆書最早可能成於西元前七世紀，現在市面上仍然可以買到現編的。「月令」可能成書於西元前二至五世紀。此外還有其他類似的曆書。因爲古代以農立國，皇帝必須注意農產和農民的生活，曆書有指導農民的作用，且是皇帝頒布的，農民自然奉爲經典。而司馬遷的《史記》中，有一章名爲「天官書」，因爲太史令也掌管天文和占星之事。此後一些對天文星象有知識的人都受到皇帝的重視。歐陽修在其「歸田錄」中說，他所知的有關天文學的藏書就有三百六十九種。

天文和數學有密切關係，中國最早的算術書名《周髀算經》，其中說「天圓如張蓋，地方如棋局。」所以中國早就有了天圓地方的信念。然後又有了「渾天說」，是西元第一世紀張衡所說，以爲天體是一個球形。

因農業生產而重視天象，似乎開始的相當早，在《周禮》地官司徒中就有「土圭法」，即是立圭於土中以測量日影，同時兼有測量時間的作用，並分別四季日夜的長短。後來日晷儀便成了常用的儀器。李約瑟說，中國太陽時計的發展，可以追溯到西元前四世紀（5，215）。後來量度時間改用「漏壺」（5，235）。

中國早期似乎對日蝕非常重視，史書中每有日蝕，必定要大書特書。其實那時已經知道日蝕是日光被月遮蔽了。（劉歆五經通義，5，383）而且曾嘗試作預測。古代重視日蝕，也出自其時的另一個觀念，即是把皇帝看作是日的象徵，除了皇帝有其星座（紫微星）之外，也希望日光明亮，日蝕猶如日光被遮掩不明，象徵皇道有了問題，即是被臣下蒙蔽。例如東漢光武帝時，因找到他最好的朋友嚴子陵，二人睡在一張床上，大概嚴子陵睡覺不老實，把腿放到了光武帝肚子上，史官看見天象顯示，有客星侵犯帝星，而提出警告，於是也成了朝廷大事。

看李約瑟對中國科學與文化的敘述，對他不免敬佩。

五、中國有機自然哲學所顯現的創造之美

李約瑟在《中國的科學與文明》原序中指出，中國所產生的有機自然哲學（organic philosophy of nature）有其獨特性，雖然近三百年西方科學發展，本諸機械唯物論（mechanical materialism），但到了現在仍不得不採取有機哲學相類似的觀點，可見中國的有機自然哲學影響極爲深遠。

這種有機的自然哲學早已見諸《周易》。〈易・繫上〉第一章說：

> 易簡而天下之理得矣，天下之理得而成位乎其中矣。

也就是了解了《易》道的簡約原理，便可認清天下所有道理，那就可以成就天地中萬事萬物了。什麼是《易》道的簡約原理？就是不斷的創新發展，產生了和諧共感的宇宙。〈易・繫辭上〉第五章說「生生之謂易，成象之謂乾，效法之謂坤」。不斷的創生發展就含攝了天地萬象的乾坤之道。

這種天地之道，可以歸於陰陽兩種動力的互相依存與和諧平衡，而成就宇宙和諧之美。「一陰一陽之謂道，繼之者善也，成之者性也」說明了陰陽兩種動力的對立依存，相互轉化成爲宇宙運動變化的基本原理，在這基本原理下衍生成就萬物的生成變化。李約瑟在他的《中國的科學與文明》（第一冊：292）就駁斥所謂中國思想上的「陰陽二元論」（Yin Yang dualism）源自伊朗的說法。李約瑟認爲祆教（Zoroastriamism）的陰代表「暗」、「弱」、「雌性」、「夜」，陽

代表「光」、「強」、「雄性」、「晝」，表面看起來和陰陽之說很接近，但中國的陰陽之說，並沒有祆教的陽光克勝黑暗的意義，陰陽是兩種獨立的和互濟的力量，以導向生生不息的創造。

由這兩種動力的互動互濟，含括了萬事萬物的原理，明乎此即可以洞見天下複雜之事物，而精確的加以描述，甚而進行預測。〈易・繫辭上〉即有如下的說法：

> 易與天地準，故能彌綸天地之道。仰以觀於天文，俯以察於地理，是故知幽明之故，……範圍天地之化而不過，曲成萬物而不遺，通乎晝夜之道而知，故神無方而易無體。
>
> （〈易・繫辭上・第四章〉）

> 夫易，廣矣，大矣。以言乎遠則不禦，以言乎邇則靜而正，以言乎天地之間則備矣。……廣大配天地，變通配四時，陰陽之義配日月，易簡之善配至德。
>
> （〈易・繫辭上・第六章〉）

這種廣大悉備的天地之道，必須以審慎的態度與方法才能掌握，〈易・繫辭上〉第八章說：

> 言天下之至賾而不可惡也，言天下之至動而不可亂也，擬之而後言，議之而後動，擬議以成其變化。

用與時俱進，不斷修正的基本態度，掌握陰陽和諧變化背後的根本原理，實際也就是當代科學活動的基本精神。康德（Immanuel Kant）在《純理性批判》中即指出，悟性（Verstand）並非從自然中產生法則，而是將法則加諸自然。對於康德而言，自然之本質不可知，自然現象之法則性則是人類悟性之產物，亦即《易》所謂「擬議以成其變化」。胡賽爾（Edmund Husserl）在《歐洲科學危機與超驗現象學》中也指出，眞正的自然，就自然科學意義而言，是自然科學探究精神的產物，也因此預設了精神科學（Wissenschaft vom Geiste）。這種說法，也是李約瑟所說的：在中國的有機的自然哲學中顯示了一種科學的人文主義（scientific humanism）精神。

六、從自然之美到數序之美

爲了掌握千變萬化的和諧宇宙，古聖先哲必須反覆從不同角度觀察變化，並以符號表徵表述出來。故〈易・繫辭上〉說：

> 參伍以變，錯綜其數。通其變，遂成天地之文；極其數，遂天下之象。
>
> （〈易・繫辭上・第十章〉）

透過《易》之簡約原理，古聖先哲深入探討了宇宙間深遂而幽微的道理，即「聖人之所以極深而研幾也。唯深也，故能通天下之志；唯幾也，故能成天下之務。」（〈易・繫辭上〉第十章）

經過「極深研幾」深度了解天下萬物之後，更以兩種基本符號「—」和「—」來表徵宇宙生成變化原理：

> 是故，易有太極，是生兩儀，兩儀生四象，四象生八卦。
>
> （〈易・繫辭上・第十一章〉）

是故夫象，聖人有以見天下之賾，而擬諸其形容，象其物宜，是故謂之象；聖人有以見天下之動，而觀其會通，以行其典禮，繫辭焉以斷其吉凶，是故謂之爻。

（〈易・繫辭上・第十二章〉）

八卦成列，象在其中矣。因而重之，爻在其中矣。剛柔相推，變在其中矣。

（〈易・繫辭下・第一章〉）

上述引文說明了中國古聖先哲，運用了陰陽二爻（即—和--）代表兩種動力，經伏羲氏繪爲下述的八卦方位圖：

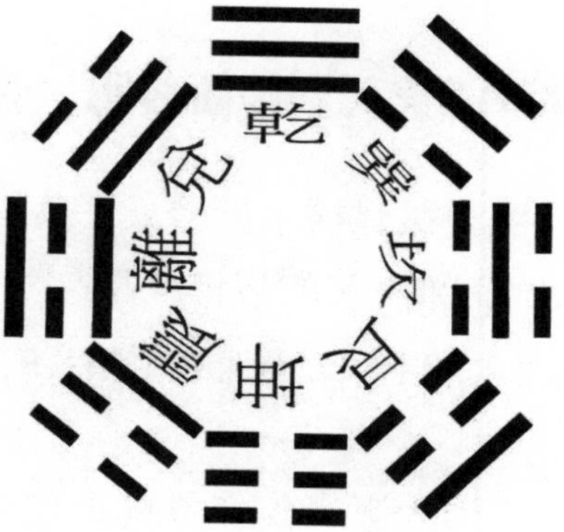

這八經卦再加以交互重疊，衍而爲六十四卦（8×8），含括了384爻，可以說狀述了宇宙間錯綜複雜的變化。

把六十四卦推衍爲始乎乾（☰）終乎未濟（☲），繪爲圓形圖者爲宋之數理哲學家邵康節。這個圓形圖及《周易》一書在1713年由法國學者白晉（Bouvet）自中國寄給德哲萊布尼茲（G. W. Leibnitz）。萊布尼茲很驚奇的發現中國的六十四卦方位圖與他所發明的二元算術竟然有相似之處。以0來代替- -，以1代替—，用二元算術來演算六十四卦，竟然可以發現其所彰顯的合理的數序之美，也因此激發了萊布尼茲進一步的創發一種「普遍符號學」（Characteristica Universalica），藉助於數學原理，以精確的描述宇宙現象[1]。東哲西哲相互輝映，正應了〈易・繫辭〉所說的：「天下何思何慮。天下同歸而殊塗，一致而百慮。」（繫辭下第五章）。近代法國數學家潘迦列（H. Ponicare）也指出科學理論實際上是一種關係的理論，其客觀性有待於研究主體的思慮清楚，客觀掌握呈現於世界的關係。宇宙之合理秩序用理性的態度，加以掌握，以確切不移的符號表徵爲理論體系，即可彰顯科學發現之美，成就人類偉大的功業，此即《易》所謂的「易簡而天下之理得矣，天下之理得而成位乎其中矣。」（易・繫辭上・第一章）

七、從科學理論之美到技術發明之美

古聖先哲運用符號表徵建構了描繪天下萬物理序之美的系統以後，並不只停留於此，而進一步的想將掌握的理序，發而爲器物製作以造福人類。關於此易繫辭下第二章有如下精審的說明：

> 古者包犧氏之王天下也，仰則觀象於天，俯則觀法於地，觀鳥獸之文，與地之宜，近取諸身，遠取諸物，於是始作八卦，以通神明之德，以類萬物之情。作結繩而為罔罟，以佃以漁，蓋取諸〈離〉。包犧氏沒，神農氏作。斲木為耜，揉木為耒，耒耨之利，以教天下，蓋取諸〈益〉。……神農氏沒，黃帝堯舜氏作，通其變，使民不倦，神而化之，使民宜之。《易》，窮則變，變則通，通則久，是以自天祐之，吉，无不利。黃帝堯舜，垂衣裳而天下治，蓋取諸

〈乾〉〈坤〉。刳木為舟，剡木為楫，舟楫之利，以濟不通，致遠以利天下，蓋取諸〈渙〉。服牛乘馬，引重致遠，以利天下，蓋取諸〈隨〉。重門擊柝，以待暴客，蓋取諸〈豫〉。斷木為杵，掘地為臼，臼杵之利，萬民以濟，蓋取諸〈小過〉。弦木為弧，剡木為矢，弧矢之利，以威天下，蓋取諸〈睽〉。……上古結繩而治，後世聖人易之以書契，百官以治，萬民以察，蓋取諸〈夬〉。

上述引文說明了古聖先哲從伏羲以迄於神農、黃帝、堯、舜，仰觀俯察，始作八卦，「以通神明之德，以類萬物之情」，進而依各種卦象製作器物，以造福人類的歷史進程。這種過程也說明了科技的發明，必須以掌握自然以及人的現象之法則爲先決條件。亞理斯多德（Aristotle）在他的〈尼可馬亨倫理學〉（Nicomachean Ethics, BK. VI-3, 1139 615-17）也指出，技術（τέχνη）是一種能夠透過眞理的推理以導向製作的心理氣質或能力（ἕξις τις μετά λόγου ἀληθούς ποιητική），技術的本質是透過人類心靈活動來揭露眞理的方式。明代宋應星的《天工開物》序言中也指出：

天覆地載，物數號萬，而事亦因之曲成而不遺，豈人力也哉？

由於物類繁多，均由本諸天然變化，該書之旨即在於「承天立人」，以「分物類」而「通人群」。當代技術人類學者藍德曼（M. Landmann）也以科技發展係人類精神發展之一環，將自然的法則性，轉化爲生活世界媒介工具，減輕人類負擔，造福人群的技術世界，技術發明之美也就存乎其中了。

附註：

1. 參閱劉百閔（1972）。萊布尼茲的周易學。刊於李證剛等（編著）。易學討論集（第二版，99-113）。臺北：眞善美出版社。

＊本章第五、六、七節，先師　賈馥茗教授辭世時尚未完成，深坑承命「狗尾續貂」加以補述。雖全力契合　賈師前後文脈及行文語法，仍力有未逮。　賈師在天之靈，當能鑒諒。也請學界先進及師友不吝指正。

第八章

教育過程之美：教育愛的特徵及印證

註：本章「教育過程之美：教育愛的特徵及印證」係賈馥茗教授先前發表的「教育愛的特徵及印證」一文，轉載自臺北市立美術館出版美術論叢58《愛與美》第10篇。

我國先哲很早就說「人爲萬物之靈。」[1]生而爲人，自然喜於具有傑出的資質；而和宇宙中其他物類比較起來，人類的確有其他物類無與倫比的條件，本文將只就其中一項略加闡述。這一項便是能將先天稟賦的「情感」昇華而爲情操。這項情感原來是最基本、且最普遍的，待到昇華爲情操時，便成了最珍貴的了。

先後天賦的情感來說，自古以來的哲學家和現代心理學家都承認，人有天生「愛美」的傾向或性質，因而能夠品味並欣賞美的情境和事物，對於和風煦日、山川景物、鳥語花香，固然能感受其溫馨宜人；就是對迅雷疾風、祁寒盛暑，也能體會其變幻莫測的神奇和力量，於是加以謳歌描繪，留下了永不磨滅的印象，以供摩擬，以供隨時隨地欣賞，而收到怡情悅性的效果。

這樣說似乎側重在美的一面，事實上如果認眞的推究一下，對美的感受和欣賞，少不了一種情感作用，即是「愛」。沒有愛，美可能陷於「孤芳自賞」，不會成爲謳歌描繪的對象。作者不惜武斷的說：愛和美不能分割。美有了愛才「見」其美；愛有了美才是「眞摯」的愛或「高尙」的愛。愛中含有美的成分，使愛這種天賦情感在作用時，品質精純，加入了「意義」成分，因而不再稱之爲情感，而說是「情操」，是經過昇華作用而來。

如此說來難免含混不清，須要解釋一下，再看是否能夠得到諒解。試簡單的作幾項來說明。

一、愛的作用和感受

單從人類來說，「愛」乃是一種與生俱來的情感。《禮記》禮運篇中說：「何謂人情？喜、怒、哀、懼、愛、惡、欲，七者不學而能。」所謂不爲而能，就是指「生而既有」的。「愛」便是一種與生俱來的情感。

近代西方哲學家中，和我國先哲所說類似的，先是笛卡爾（R. Deecarter, 1596-1650）說，人類有六種基本情感，爲：愛、恨、欲、喜、哀、慕。後有斯賓諾沙（Benedict Spinoza, 1632-1677）說，人類有三種基本情感，爲：喜、哀、欲；又有和喜相連的愛與傲，和哀相連的恨與懼，合起來有七種。再有霍布斯（Hobbes, 1588-1679）提了哀、喜、惡、恨、愛、嗜、欲七種基本情感，[2]以禮運中所說的和這三者對照，都把愛視爲一種與生俱來的或基本的情感。

就「愛」而言，人們從幼到老，幾乎每天都浸潤在其中（以爲不然者另有複雜的問題），被愛，也有所愛；甚至口頭上離不開愛字，而眞正要簡單明瞭的對「愛」字描述一下，或是下個定義：什麼叫愛？急切間可能並不容易。這似乎相當有趣，越是切身而常見的，越容易爲人所忽略，忽略了追究其根本意義。

據各種辭書所載的，統括起來，大概可以說：愛字未見於甲骨文，金文的寫法和後來的楷書體有些出入；有的辭書把「愛」字收入於「心」部，有的則收入於「夂」（讀如ㄓˇ）部。我國早期多是一個字的詞，形容「愛」的有：好、喜、慈、惠、親、慕、寵，以至於「吝」等等。到了習慣用兩個字的詞以後，形容愛字的便有：愛好、喜愛、慈愛、惠愛、寵愛、憐愛、親愛等等。至於「愛」字下再增一字而衍生新義的則更多，不在本文範圍之內，姑且從略。

上列的這些名詞，似乎還不能算是對「愛」字的解釋；只有另外一個說法有解釋的意味，是根據《周易》繫辭上第四章中的兩句話：「安土敦乎仁，故能愛。」而來，解作「愛爲仁之發。」對這個解釋用通俗的話「再解釋」一下，便是「愛是仁的開端。」但是如此說便又一下子跳到一個雖然「常說常用」，卻不易指實的「仁」字上去，是由於先哲們的觀念，從「基本的」很快的進入於「精神」領域，把「愛」昇華成為「仁」，使一種天賦情感，加上「理性」作用，而變成另一個概念。此後所重視的是「仁」，對「愛」便不再細究了。

在西方學說中，紀元前五世紀希臘哲學家恩皮多克利（Empedocles）在談宇宙生滅之理時，曾說愛是一種吸力，使水火土氣四種元素結合而成宇宙萬物。[3]後來許多哲學家都對「愛」做過解釋或描述。[4]不過就作者所知的而言，把愛描述得簡單明瞭的，是當代的一位美國心理學家赫樓（H. F. Harlow），在用幼猿做了一系列實驗後，驗證出來的一個運用性的定義說：「愛是一種溫柔親切的感受。」[5]這個說法使人比較容易把握到愛字的含意。

愛是一種與生俱來的情感，和其他情感相同，具有情感的特質，其中之一是：情感必須在人受到刺激時，才發生作用。[6]這就是說，情感雖然「與我俱在」，若「我」未受到刺激，便不一定發生作用；或者說，只是「蘊含」在我之中，就如《中庸》所說的：「喜怒哀樂之未發，謂之中。」的狀況。另一方面，在情感發生作用的時候，「我」就必然會感覺到其為喜為怒的狀況和程度，即是有了「感受」。由此可以說，「情感作用」和「感受」不可分。用此來體會赫樓所說的「愛」的定義，便可引伸為：在「愛」這種情感發生「作用」的時候，會有一種「溫柔親切的感受」。

由此就要舉出情感的另一項特質，即是在情感作用時，必然有一個「發出」作用的「主體」和一個情感「指向」的「客體」或目標，後者即是通常所說的「對象」。就「愛」而言，必然有一個發出愛的人，稱之為「有所愛」的人，或是專對人而言的「愛人」的人；和一個「被愛」的對象。對象可能是人、物，以至抽象的概念或知識。以客體也是人來說，一個是「愛人」的人；另一個是「被愛」的人。

赫樓在說「愛是一種溫柔親近的感覺」之外，並說「愛是一種基本需要」。印證愛是一種與生俱來的情感，並參照生長與生活的狀況，每個人的確都需要「被愛」，也需要「有所愛」。有了這兩者，才會確定自己不是孤獨的寄身在浩渺無垠的天地間，如弗若姆所說的，心理上才會有一種「依屬感」[7]倒不限定愛自己或自己所愛的人必定在眼前。於是「愛」和「被愛」，使得人和人之間交互作用，由情感交流而心靈相通，不但可以時時感受到「溫柔親切」，而且體認到人生和人與人之間的溫馨與美妙，處在如詩如畫的境界中。

二、教育愛的本質和精神

「教育愛」這個名詞，就筆者所知，始於田培林教授說到斯普朗格（Eduard Spranger）曾提出這個觀點。田教授在民國五十八年至五十九年間，曾爲師大教育研究所研究生講述「教育與文化」，請到「教育的愛」這個題目[8]；並曾與筆者一再討論「教育的愛」的性質與內涵。近年來這個名詞受到重視，常常可以聽到見到。筆者也曾再三思考，想對「教育愛」做個明白的闡釋；而且想就地取材，即以我國的資料爲依據；而自田教授逝世後，失去可以請益的良師，尙未敢冒然宣示。其思慮欠周之處，惟有待方家不吝指正。

田教授曾說「教育的愛」是創造價值的愛，意思一則指這種愛有「創造」作用；一則指這種愛是「無價的愛」，指明了「教育的愛」不徒然是情感作用，而是另有「可貴的」功能和「意義」。作者依此推衍，推衍到「教育愛」的本質和精神，以見其意義和內涵；然後再以實際來印證，以下粗略的作一闡釋。

(一)創造的功能與歷程

從田教授的講述可以體會到「教育愛」的創造性。在「愛」和「創造」之間，如果把「愛」看作是一種力量，則可以參證恩皮多克利所說的，「萬物由愛而生」這句話，而說「愛是一種創生的力量」。恩氏認爲「愛」是「吸引力」，故能「聚會」元素；若把「愛」視之爲「生機」時，則可在我國的典籍中，找到論據。

以《周易》下經咸卦的彖辭爲例，其中有幾句話是：「咸、感也。柔上而剛下。二氣感應以相與，止而說（同悅）。……天地感而萬物化生。聖人感人心而天下和平。觀其所感而天地萬物之情可見矣。」這裡要說的不是卜占的吉凶，而是「萬物化生」在於天地感應；而「感應」之間，存在著生機，而成爲創造。這項創造是值得讚美並崇敬的，所以《易》繫辭下第一章中有句話說：「天地之大德曰生。」

天地生物固然是一項偉大的成就，但何以確定「天地感」是由於「愛」？又何以見出這種愛「不同凡響？」不妨從《周易》乾坤生物的觀點來推衍一下。

《周易》以「乾元」爲坐物的契機[9]，必須與坤元「交會」，即如咸卦彖所說的「感應」。引伸一下說，乾坤要交會得「恰好」才能「悅」，坤才能孕育成物。[10]那麼說其間的作用是「愛」，若嫌太牽強，則可看繫辭上第五章的兩句話，「顯諸仁，藏諸用。」[11]（仁與愛的關係見後文）下文說：「盛德大業至矣哉！富有之謂大業，日新之謂盛德，生生之謂易，……陰陽不測之謂神。」由此至少可以看出「造化」的功能。

周易這個形而上的觀點，若用現象界生物的事實來印證，可能比較具體。生物界中由兩性結合而生育下一代，尤其比較高等的動物，在兩性結合時，都表示出情愛，是熟知的事實。由此推論：「生」出自於愛，愛使「二物」結合，而孕出新生命。大概就可以成立了。

創造功能和創造歷程二者，本來可以合而爲一，統稱之爲創造。在「教育愛」中，卻可以區分爲二：把創造的功能視爲「生機」，對有生命的物類說：指「生命」的形成；簡稱爲「生」。當然對「『生』的過程」，也可視爲創造的歷程。此處另列創造歷程，所指的重在「長」。即是生物生長變化的過程。生物、尤其人的生命之形成，是生物自然的結果。出生後在生長的歷程中接受教育，才是「教育愛」的歷程。如果說「教育愛」有如「創生」般賦予「生命」的功能，則由此而生的，可以說是「人的第二生命」。田教授便說過：教育愛所賦予受教者的，是「價值生命」，有別於「生物性」的生命。若籠統的從創造生命說就不必另外解釋創造的歷程了。

這裡說創造歷程，是想把教育愛解釋得明白一些，以便把握。

教育愛的創造歷程，重在生長過程中的「變化」。變化本指和「原來的」有了「不同」之處。其「不同」便是由創造形成的。這個創造歷程，以藝術創造爲例，最明顯的是雕塑，可以知道藝術家以一堆泥土爲素材。（猶如幼兒，已經有了生命。）想要塑成一個形體（目的），然後逐步的修飾，最後成爲「完美」的成品。其間所經歷的觀察和工作，常常是相當辛苦的。然而藝術家不惟不免其苦，反而只付出了「熱忱」和「力量」。因此可以說教育愛的創造歷程，是就著素材，順應「物性」，在「目的」的指引下，創造「完美」。所以這個歷程有確定的方向，以趨向完美爲依歸，在於「精益求精」。

其次，創造歷程是一個「永無休止」的歷程。這樣說一則在「生生不息」，如易繫辭所說的「生生之謂易」。一則在生生不息之間，顯示出「變化」（變易）。而變化的意義，在於「苟日新、日日新、又日新」。具體的說，是在於「進步」。創新和改善，即是「盛德」。教育愛以其力量和工作爲人創造價值生命，對直接受到愛的人說，是提高其「人的價值」，不但求本身的完美，更要進一步，再來發揮創造的力量，達到猶如天地般創造的神奇，而能「贊天地之化育，與天地參」。

揆諸人類從有歷史記載以來，在「事功」方面，已經有了相當可觀的文明業績。對於人的品質的提昇，則在於教育愛的感召了。

(二)愛者仁之用

前面曾說周易中乾坤化合而生物、見於「天地感而萬物化生」句中的「感」字，是由於愛的作用。再看繫辭上第五章、第一句話：「一陰一陽之謂道」。道字的一個解釋是「理」，因而可以說，陰陽「作用」所秉持的「理」是一項「抽象原理」，這抽象原理的作用即下文中所說的「顯諸仁，藏諸用。」[12]「仁」所指的是造化之德，造化作用則是愛，見前所舉「愛爲仁之發」。合上「坤厚載物」的「孕育作用」中的愛，而「實現了仁」，把抽象的「仁」落實到「愛」的作用上，「愛」便成了創造的力量。當然這是由想像推衍而出的形上觀念。

在形而下的境界裡，尤其對人而言，把「仁」表現在實際的「愛」上，應該再加以驗證，才能使這個說法具有充分的依據。

查「仁」字併見於甲文和金文；說文的解釋是：「仁、親也。從二人。二、言其厚；厚以待人。」由此可以知道「仁」和「親」的意義相近。小篆對仁字的解釋是：「相人偶，爾我相親。」同樣的用「親」來指陳「仁」的含意，但又多了一個說明，即是「兩個人面面相對，彼此相親。」再看《周易》繫辭上第四章「安土敦乎仁，故能愛。」已經直把「仁」和「愛」連在一起了。而這兩句話的注解中又有兩句話說：「仁者愛之理，愛者仁之用。」確切的指出「仁」和「愛」原是「一回事」，另在於「仁」代表「愛」的「抽象概念」，是「意義」或者「道理」；「愛」則是「實際的作用」，有「形跡」可見。由此可以理解到，要把抽象的「仁」表現於實際時，便是「愛」的作用了。

這樣解釋的論據頗多，例如《論語》顏淵篇中載樊遲的一次問仁，孔子只簡簡單單的回答了兩個字，即是「愛人」。《禮記》經解中說：「上下相親謂之仁。」《莊子》天地篇中說：「愛人利物謂之仁。」《孟子》養心篇中說：「親親而仁民，仁民而愛物。」梁惠王篇中說：「仁者以其所愛，及其所不愛。」《韓非子》解老篇中說得較爲詳細，文字是：「仁者、謂其中心欣然愛人也。其喜人之有福，而惡人之有禍也；生心之所不能已也；非求其報也。故曰：上仁爲之而無以爲也。」到了董仲舒的《春秋繁露》仁義法中，又加上反覆的說明爲：「仁之爲言人也。……仁之法在愛人，不在愛我。人不被其愛，雖厚自愛，不予爲仁。」又其必仁且智中說：「何謂仁……仁者惻怛愛人，謹翕不爭，好惡敦倫，無傷惡之心，無隱忌之志，無嫉妒之氣，無感愁之欲，無險峻之事，無辟違之竹；故其心舒，其志平，其氣和，其欲節，其事易，其行道；故能平易和理而無爭也。」

上述各說都不出「愛人爲仁」的要旨。然則先哲又何必在「愛人」之外，又另用一個「仁」字呢？

這一點非常重要，也含有深意。首先可以明白的是：愛不等於仁，《孔子家語》中便有一句話說是：「愛近乎仁。」接近當然不是相等。至於《論語》裡先有「夫子罕言仁」的話，繼而對幾個弟子問仁的回答，又各不相同，只有對樊遲的回答，具體而簡捷，可能是在孔子的觀念裡，一則重在形上的意義；一則以仁為至高至廣的德的概念，不容易作簡單的說明，才就著弟子的個別狀況，做了不同的解釋。若單從仁字關係到人的方面來說，在仁的實踐上，是見於愛的作用，而愛不等於仁，因為在愛這種作用之外，還要具備一些條件，正確的說，「愛」要伴合著一些「道理」。這個說法從以上引述的解釋中，便可看出一些端倪。

例如從禮記經解的「上下相親」的「上下」可以看作是很多種具有「分別」的人，能「一體相親」表示愛人沒有「層次」之別。莊子和孟子的「愛人及物」，以及孟子的「推愛」（以所愛及於所不愛）。韓非解老子的「無所為而愛」（出諸自然，非求報償。）都顯示出「愛」的廣博和真摯。到了董仲舒所說的，便更為明白，即是仁者愛人，不徒然是「能愛」，還要「本身」具有「可愛」且彌足珍貴的「品質」，於是在「情感作用」之外，還要有「理」，才稱得上「仁」。推詳一點說，仁是「依理愛人」，而且是「愛而有道」。同時道中含著必不可少的「德」。

在「愛」中加上「理」，即是把原始衝動的情感作用「理性化」，使情感昇華而成為「情操」。要愛得合理才是仁。因而可以說：仁者必然愛人，而且愛得「適如其分。」[13]反過來說：愛人者未必一定是仁，因為若愛的「不合理時」，可能適足以害到被愛的人；同時也反映出「愛人者」本身有某些「缺失」。而且稱得上「仁」的「愛」，至大至廣，無所不至，韓愈在原道中說：「博愛之謂仁」便是此意。

教育愛即是秉持著「愛之理」的愛。這種「愛」的出發點固然是一種與生俱來的情感作用，但是「作用」中卻含著「不易之理」。在理中有後世所說的「道德原則」，依「理」和「原則」來愛，「愛人者」本身也要有相當的條件，可以說：要有相當的智慧以「明理」；還要有「充分的毅力」來貫徹實行。後者即是《中庸》所說的：「力行之謂仁」的意思。

據此而論，教育愛是秉持著「仁者愛之理」的「愛」，這種「愛」即是「愛者仁之用」的實現。爲了指明教育愛不同於泛常所說的愛，以習慣的兩字用語來表示，或者可以說，即是「仁愛」。

(三)君子之愛

說教育愛是「君子之愛」，是以《禮記》檀弓中的一句話爲依據，這句話是「君子之愛人也以德」。後下句「小人之愛人也以姑息」可以看出君子愛人不但不是盲目的「亂施」情感，而且是愛得「有方向」，並且有「內容」。

君子與小人之分，典籍中指不勝數。專就君子而言，從《周易》經上下到《論語》，若一一臚列出來，便相當可觀，此處只就和教育愛的君子之特質，略舉一二以爲例。

首先以君子之愛也可視爲「仁者之愛」，先確定教育精神，以《論語》雍也篇中的話爲例，是：

> 夫仁者，已欲立而立人，已欲達而達人。

這幾句話雖然是就「仁者」而言，字面上不是「君子」，然而以後世所得的概念而言，仁者與君子可以說有相同的內涵。下面以與教育有關的爲例，則有：

君子體仁足以長仁，嘉會足以合禮，利物足以合義，貞固足以幹事。君子行此四德者，……（易、乾卦文言）

博聞強裁而讓，敦善行而不怠，謂之君子。（禮記曲禮上）

子曰：自行束修以上，吾未嘗無誨焉。（論語述而）[13]

子曰：若聖與仁，則吾豈敢。抑為之不厭，誨人不倦，則可謂云爾已矣。（論語述而）

子曰：有教無類。（論語季氏）

子曰：愛之，能勿勞乎；忠焉，能勿誨乎？（論語憲問）

孔子爲儒家的創始者，到現在仍然尊爲至聖先師，以爲師者人數日益增衆而言，「師」未必都能躋於「聖」的地位，卻不難於成爲君子，是作者以孔子爲典範，可以「由學和努力而成」的意思，絕對無意貶抑孔子。

以孔子爲首，融會教育中君子之愛的特點，試舉出幾項以爲參酌。

第一，君子之愛不以「個別的人」爲對象，而是以實現「人的理想」爲鵠的

明白的說，君子之愛，所指的是，「教師」施諸於「學生」的愛。然而愛的「指向」，並不在「任何一個」學生身上，而是在於「所有學生將來成爲怎樣的人」。對於這一點可以分兩方面來說明。

一方面從「個別學生」來說，教育在實施時，本就有一個先在的假定，即是：學生之所以需要學習或受教育，就是因爲其幼稚而尙未「成熟」。即是指明其「未臻完美」；率直的說，就是有若干「不可愛」之處。如果說教師能夠愛學生的缺點，不但不合情理；也失去了教育的意義；何況更有「姑息」之嫌；尤其是因此而造成所謂「好學生」和「壞學生」之別，違反了「有教無類」之義。所以君子之愛的對象，不以「個別學生」爲指標，而是普遍的，以「所有學生」爲對象；因而把「愛」加諸於學生時，對學生之爲張三或李四，並無選擇，也毫無差別。

另一方面，把愛指向「學生將來成爲怎樣的人」，田培林先生曾說是「愛理想」。田先生所說的理想，含著文化進步的意思。作者將理想「放低」，並使之容易具體指實，成爲「人的理想」。這個理想一則包括「人的改善和人格的提昇」，一則包括「人的能力的增加和人爲業績的增進」，則「廣義」的理想，人爲仍在其中。

「愛人的理想」是指所愛的是人的「完美形象和品質」，目光投向「未來」，即是「眼前的人」，無論有多少缺點，都是「可造之材」，將來有「達到完美」的「可能」。所以在愛中充滿了希望，將會樂觀的努力以赴。

第二，君子之愛不僅在於「事功」，更在於歷程

這個說法首先可以引用老子的「上仁爲之而無以爲」這句話，即是沒有「以自己爲目的」的作爲。明白的說，就是不是因爲「自己有所期望而愛」；更具體的說，即是「施不望報」。前面曾經說過情感作用必然有一個主體和一個客體；愛在作用時必然有一個愛人者和被愛者；而仁字的相人偶意在彼此相親，則是主體與客體之間的作

用，有交互對換的意思。近世世俗問常有「我愛你，你也要愛我」的說法，有了要求報償的意味。君子之愛則不然，因為這是「師」對「生」的愛，「生」會不會反過來愛「師」，不在君子之愛的含意之中。

這是很明顯的，前面已經說過君子之變不投置在學生身上，便不應該要求從學生身上反回來的作用，包括學生「受到愛的浸潤而生的改變」（成績，即是事功）。那麼所愛的又是甚麼呢？答案是「歷程」。這一點可能用例證容易把握。

大家早已熟知幼稚園的創始者福祿貝爾（F. Froebel）把教師比做園丁。就以園丁栽培花木為例，如果園丁在撒下種子或植入幼苗的時候，就一心只想望著開花結果，則不但不會有愛，甚至還會恨那些幼苗長得太慢。退一步說，如果園丁看到幼苗在雜草中掙扎；如果園丁看到幼苗枯萎，暫且不想花和果，而著手除草澆水，則除草澆水使成了可愛的歷程。歷程越長久，可愛之處便越多。到最後自己栽培的花美過買來的花；自己栽培的果勝過買來的果。自己栽培的花果特別美好，未必眞在花果本身，而是在於自己的，含有一段相當長久而辛勤的歷程。想到自己所付出的「愛」，才覺得自己的花果更可愛。眞正愛的是什麼，便不言而喻了。

第三、君子之愛無偏無私

教育中常常引用孔夫子的「有教無類」以比喻教育廣大到無所不及。而在說君子之愛不以個別的人為對象時，也排除了「偏」的可能生。此處之「無偏」，想從另一方面來著眼。

前面曾經說「愛人之愛」，發自一個「能愛」或「有所愛」的主體；「愛」就是來自這個主體的一種情感作用。「無偏」在本段裡，指作用的主體，「沒有主觀」的作用；換句話說，便是君子之愛，雖是發自於作用的主體，而作用則是「客觀」的。

這種「客觀的愛」，排除了一場「主體性」的成分；實際上便是愛人者免於本身原有的任何「成見」和「偏見」，印證到實際的本例中，即是教師可以「以身作則」的來爲學生示範，卻「不以自己爲例」，要學生「事事」都要「照著自己的榜樣」，做個和「教師一般」無二的人。這是一種超然「物」（人物）外的精神，不以自己爲「完人」，出自「謙虛」和「禮讓」的胸懷；可以進而有些「青出於藍」，使學生不受侷限，有充分發展進步的餘地。

依此類推，無論是德行和知識，教師都不曾預先定下對學生的期望，當然也就不曾勉強學生必須達到什麼標準，學生所感受的愛，將是如冬日的陽光一般，和煦溫暖，而不是像夏天的烈日，酷熱難當。

如是凡是爾於教師個人本身的觀念、信念、以至好惡，都不應置入或影響學生，因爲這些只是「一個人的」。這樣說可能會引起一些誤會，誤會成教師不可以觀念和信念等來「教」學生，那麼又如何使學生在學習中建立「正確的」觀念和信念呢？

其實如果注意到上述中「一個人的」和「正確的」二者之別，便不致有誤會了。如所熟知，觀念和信念之成爲「正確的」，是經過「驗證」並得到「公認」的。出諸「一個人」的，除非得到「公認」，便不出「主觀」的範圍，是否能夠成立，便有問題。由此便可以知道何以我國傳統文化中的許多觀念和信念，成爲教材，因爲這些觀念和信念曾經反覆驗證，確切無誤。除非教師本人的觀念和信念也曾經過驗證而無誤，才可應用；但是經過驗證以後，主觀作用消失，已經變成「客觀」的了。

君子之愛之「無私」，在出發點上，猶如解釋中所說的，是「欣然愛人」和「不能自已」。是在「認定了」以教育爲意志的時候，便隨之而「存在」的感情。而在「所愛的」之中，並不包括自己，即如董仲舒所說的「不在愛我」。若再描述一下發出「君子之愛」的心理狀況，也就是董氏的「其心舒，其志平，其氣和，其欲節」。具體的說，便是在「渾然忘我」的境界中。

由「忘我」到「物我兩忘」，最明顯的是「無私欲」：不爲「自己要舉」才要「好好教」；更不爲「有利」而教。結果是：「既以爲人、己愈有；既以予人、己欲多。」如是才能「毫無保留」的傳道、授業、解惑。

三、教育愛的實際印證

從孔子以後，我國歷代迭有名師，在教學中表現教育愛的事例不勝枚舉，只是未曾用過「教育愛」這個名詞而已。

既然孔子是我們的至聖先師，就以孔子爲例，便足資印證教育愛的實際，而且就《論語》中所記的和《孔子家語》中所見的，已經美不勝收，姑舉幾項爲例。

(一)曉以正義

孔子自己曾說「不敢自比於聖人和仁人」，就算承認這是孔子的「自謙」之辭，也可領會到一位偉大教師之「謙虛爲懷」的精神；不過更重要的是下文中孔子對自己的描述：「爲之不厭，誨人不倦。」「爲」可以解釋爲「行聖仁之道」；也可視之爲「『傳』聖仁之道」。對這項作爲，從不「厭倦」。可以看出「信念」之堅定和「實行」的毅力。這份「執著」，沒有「眞摯」的情感（愛），是無法免於懈怠的。而到了「誨人不倦」，便在傳道、授業、解惑的過程看了出來。

要對這一點加以印證，可見於《孔子家語》（以下簡稱家語）弟子行第十二：衛將軍子文問於子貢曰：

> 吾聞孔子之施教也，先之以詩書，而道之以孝悌，說之以仁義，觀之以禮樂，然後成之以文德。蓋入室升堂者七十有餘人，其熱為賢？

姑不論子貢的回答，先從衛子文口中所形容的孔子的教育實際，有「先之」、「道之」、「說之」、「觀之」，然後才是「成之」。包括了方式和歷程，其中教師所要「作爲的」，是「先用」適當的教材奠定知識基礎；然後以切近的道德「引導」行爲合乎規範；再闡釋（說明）仁義的道理；並從學生的實際表現（禮－外在行爲，樂－內在品格：見於性情）來「觀察」學生學有的狀況，最後才能決定成就。可以見出孔子施教，包括博學、篤志和力行的全部歷程，「說教」僅只是一部分，更要有詳盡而周密的「觀察」，才能對學生的缺點或需要，隨時「因材施教」。

這個說法可以在《論語》裡找到許多例證。第一是爲人所熟知的「宰予晝寢」，孔子說：「朽木之材不可雕也。」固然有責備的意思，可是孔子既沒「體罰」他，也沒把他「逐出門牆」；尤其是，看出了孔子對學生的「注意」。第二是孔子曾經告誡子路說：「由誨汝知之乎；知之爲知之，不知爲不知，是知也。」（爲政）據傳子路個性魯莽，往往口不擇言，難免有「強不知以爲知」的時候，所以孔子才要予以糾正。又如孔子叮囑子夏：「汝爲君子儒，勿爲小人儒。」（雍也）如果不是根據長時間觀察，孔子如何知道子夏的胸襟和氣度偏於狹隘，達不到君子的境地。第三，從孔子對子貢解釋「去餼羊」以及和宰予辯說「三年之喪」，可以看出師生間的辯難和「師」的態度。前者是魯文公不再行「告朔之禮」，而負責者仍然每次還準備供品、羊，子貢認爲「不必要」，不如取消，可以節省一筆「買羊」的費用；孔子則告訴他說：買羊的費用「不足惜」，重要的是準備了羊，表示這個「禮」還存在，「禮」才是值得維護的。[14]教學生從「大處」著眼，不遷就事實，才是「教之以道」。至於「三年之喪」是起於宰予以爲子女要爲父母「守喪」三年，未免太長。理自是三年不爲禮樂，會使「禮壞樂崩」。因而認爲「一年」就夠了。於是孔子反問他：「在失去父母的守喪期間，你鮮衣美食會心安嗎？」宰予先生竟然說：「安。」這一來未免使夫子大爲生氣，便賭氣說：「你如果心安，就去享受吧！至於君子，則是在居喪期間，吃美味也不覺得有好味道，聽音樂也不快樂，睡覺也不安穩，所以才不要這些享受。」並且又重複說：「你能安心，就去享受吧！」可以想見孔子仍然餘怒未息。直到宰予出去以後，孔子還說：「宰予眞是不仁。孩子要在出生三年以後，才能離開父母的懷抱，所以守喪三年，是天下人通行的，宰予之愛父母，能愛三年嗎？」[15]這段話在《論語》裡，可算是相當長的一段，因爲「孝」是孔子教人進入「仁」的一端，宰予居然對父母這麼「薄情」，難怪夫子勃然大怒，而且怒氣久久不息。同時由此又可得到「愛近乎仁」的一個論據。

第四，賢不賢，不能只看「學」的表現，更要在「行」和「事」上來觀察判斷。從孔子對冉求的反應，《論語》裡便有二端。其一是「季氏將伐顓臾」，冉求爲季氏家臣，孔子責其不能「諫止」，冉求還找藉口爲自己推卸責任，於是孔子反覆申述，指出冉求本身應負的責任和「諫止」，所應依據的道理。[16]爲「誨人不倦」做了最好的註腳。其二是《論語》先進篇所見的：「季氏富於周公，而求也爲之聚飲而附益之。子曰：非吾徒也，小子鳴鼓而攻之可也。」學生犯了大錯，不惜要加以聲討，與其說「不念師生之情」，不如說是：「愛之深、則責之切」更爲貼切。

第五，顏淵死後，因貧而只能備棺，無力備林。其父顏路要求孔子把車賣了，用錢來買林。孔子深愛顏淵（見後文）是熟知的事實，然而卻不肯因此而賣車。理由是：顏淵雖是自己心愛的學生，也只能比擬父子之情，而孔鯉（孔子之子）死時，就沒有林；又且孔子本身曾仕於魯國，住過官職的人若沒有車、而需要步行，乃是不合「禮」的。[17]由此可以知道，孔子之愛顏淵，是理性的愛，是「仁愛」，而不是純以情感爲準的愛。反過來說，如果孔子不顧「理」和「禮」，而放棄了車，可能反而不是顏淵所崇敬的夫子了。（見後文）

(二)欣然嘉許

孔子對於學生之學有心得的，必然嘉許。首先見於「學而」篇的是，子貢問：窮而不「諂媚」，富而不「驕矜」是否正確？孔子說：「倒也可以。不過不如說『窮而能快樂，富而能參禮。』」於是子貢說：「這正好像詩中說的：如切如磋，如琢如磨了吧？」這兩句話表示子貢悟出了「學問」由淺入深，由粗入精，須要「切磋琢磨」的道理，孔子才高興的說：「像端木賜這樣的人，才值得和他談論詩，告訴他一點，就能悟解出至多的道理。」[17]

其次是魯國擴建「倉庫」，閔子騫說：「原來的本就可以，何必改造呢？」孔子稱讚說：「這個人不常說話，可是一說就是對的。」[18]

再次是孔子到了武城，聽見百姓家「彈琴唱歌」的聲音，於是微笑著說：「殺雞何必用牛刀！」因爲是子游做武城「首長」，顯然是由於他的教化。人民才有這些表現，所以他對孔子說：「老師曾經教過我：君子學了『道』就會愛人；小人學了『道』就會熱心公務。」孔子聽後和其他的學生說：「言偃的話是對的，我先前只是開玩笑而已。」[19]從孔子開始的微笑和後來所說的話體會，重點應該是非常高興於見到了子游學而付諸實用的效果，就是「大材小用」的話，也沒有「不贊成」的意思。到最後承認自己說笑話，也可見到孔夫子的幽默。

又次見於《家語》一段說：

> 子路治蒲三年，孔子過之，人其境，曰：善哉由也，恭敬以信矣。入其邑曰：善哉由也，忠信而寬矣。至廷曰：善哉由也，明察以斷矣。[20]

子貢問孔子說：「夫子並未看見子路的政治實況，就一連稱讚了三次，究竟好在哪裡呢？」孔子說：「從境內田疇『劃分』，田中無雜草，溝渠深而通暢，可見是因治者『恭信以敬』，人民才努力耕作事宜。從邑內房屋堅固，樹木繁茂，可知是因治者「忠信而寬」，人民才不偷懶。辦公場所清靜，下馬服從盡責，是由於治者『明察能斷』，才沒有紛亂的現象。由此看來，三次所稱讚的，還沒說盡他的好處。」《論語》裡有許多記載孔子駁斥子路或訓誨子路的話，而孔子一發現子路的優點，便深深嘉許，可以看出孔子對學生「心無芥蒂」，瑕瑜分明。

又再一個例證是：孔子向漆雕憑說：「你曾爲臧文仲、武仲和孺子容三位大夫服務過，三個人中哪一個最『賢』？」漆雕憑說：「臧家有占卜之器，叫做蔡。文仲三年做了『一個』徵候；武仲三年做了『兩個』徵候；孺子容三年做了『三個』徵候。我由此而見出三個人的不同之處，至於賢不賢，就不敢說了。」漆雕憑只客觀的述說一些事實，用事實來顯示賢不賢之「所在」，不「直接」的表示「主觀」判斷，而判斷已經存於所說的事實了。孔子頗爲欣賞他這種客觀的態度和明智的見解，因而讚許說：「漆雕家這個孩子，說到人家的好處時，似乎『隱約』，但卻『明顯』；說到人家的壞處時，似乎『細微』，但卻『彰著』，把自己的聰明智慧卻含蓄在裡面了！」[21]

最後以孔子最欣賞的顏淵爲例：先是在爲政篇中從觀察顏淵「課外」的表現，而確定說：「回也不愚」，改變了由課內觀察，以爲其愚的誤解。然後是在先進篇中說：「回也，其庶乎，屢空。」又見雍也篇中稱道其簞食瓢飲而樂之「賢」。最後是同在先進篇中，季康子問「弟子孰爲好學？」孔子說：「有顏回者，好學。不幸短命死矣！今也則亡。」孔子認定顏淵好學，很可能是心目中的「傳人」；而顏子的學識境界，爲孔子稱道的一例，見於《家語》的是：孔子在衛，一天早晨起來，顏淵在側，聽到哭聲。孔子問顏子是否聽得出哭的原因。顏子說：他知道有一種鳥在把幼鳥養大，母鳥和幼鳥分離時，叫聲便類似這種哭聲。孔子使人探聽後，知道哭者是因爲父死家貧，要賣子葬父而哭，因而稱許顏淵「善於識音。」[22]

(三)真情流露

孔子的眞情流露。縱使記載的不多，也可略舉數項爲例證。

試看《論語》雍也篇中記有：冉伯牛有病，可能病得很重，孔子去看他，從窗口握著他的手（爲何從窗口有二說：一說是由於禮，見

《論語》中注；一說是伯牛有「惡疾」，不願見人。）說：「太沒有道理了！大概是命吧！這樣的「好人」居然得了這樣的痛！」後一句則又重複一次。伯牛是孔門列入「德行」的弟子，應該受到孔子的器重，否則也不會去看他。在看見他到了「藥石罔效」的境地，自不免惋惜、無奈而傷心慨嘆了。

再看《家語》卷十。曲禮子夏問中的一段，記述子路和子羔在衛作官，遇上蒯徹之難，孔子聽到後便說：子羔會回來，子路則死了。及衛使來到，果然說，子路死了。孔子便到院裡去「哭」，有來弔唁的，孔子都向他們答謝。這是孔子「哭」弟子的例證。不但自己痛悼學生之死，就是對於表示哀悼的人，也感謝他們。這種情意，很值得人來體味。

最後一個例證是顏淵之死。《論語》先進篇中說：孔子聽說顏淵死了，便「痛心的呼了一口氣」說：「上天不保佑我！上天不保佑我！」下文又說：顏淵死，孔子哭得「十分」傷心。跟在後面的人都說：夫子「太」傷心了！孔子卻說：「是嗎？如果不爲這樣的人傷心，還會爲誰傷心呢？」

孔子也曾因子路之死而哭，卻不似哭顏淵般的傷心。可以從兩方面說。第一，作者推想孔子可能視顏子爲「道」的傳人，從回答季康子說，顏回死後，便「沒有好學」的弟子了，可以體會得出。如果顏子得享天年，夫子的「一以貫之」的「道」，可能會有明確的闡釋，不致只有爲荀子所批評的「賤儒」。[23]第二，顏子之於孔子，在「不違如愚」之中，懷著「眞摯」的感情。即如同在先進篇中，「子畏於匡，顏淵後。」所載：孔子說：「我以爲你死了！」而顏淵回答說：「老師還在，學生怎麼敢輕易赴死！」爲「愛我者」而「自行珍重」，正是心鍰相依的表現。因此可以體會孔子哭顏回，如何的

「傷心欲絕」，到了自己反而「不覺得」傷痛的程度。不是出自「真情」，怎能達到這個境地！

歸結起來，以孔子的事例印證教育愛，應該怎樣描述，才能使「感同身受」，作者才短，的確力不從心，不如用顏子的話，以其本身的感受來說明，反而可見其眞確，這段話見《論語》子罕篇：

> 顏淵喟然歎曰：仰之彌高，鑽之彌堅；瞻之在前，忽焉在後。夫子循循然善誘人，博我以文，約我以禮，欲罷不能，既竭吾才，如有所立卓爾；雖欲從之，末由也已！

筆者每次講這段文字，都會進入一種溫馨、遼闊，而深邃卻又茫然若失的心境中，久久不能自己。說這段話者的情感與情懷，應該怎樣說才能形容出來？而這段文字之美，如果能夠引起音樂家的注意，譜出樂曲，大家就可隨時來謳歌了。

附註：

1. 《尚書》泰誓：「唯天地萬物父母，唯人萬物之靈。」又《禮記》禮運：「故人者，其天地之德，陰陽之交，鬼神之會，五行之秀氣也；」及「故人者，天地之心也，五行之端也，食味別聲被色而生者也。」
2. 見：Descartes: Meditations VI; Spinoza; Ethics, Pt IV; Hobbes: Leucathan, Pt I又所舉情感譯名取其意義相近，中英對照如下：
   愛－love　恨－Hatred　欲－desire　喜－joy　哀－sadness, sorrow　慕－admiration　傲－pride　懼－fear　惡－aversion
3. 見J. Burnet: Early Greek Philosophy, Macmillan, N.Y.1930, PP.52-5；孔並作者：「人性教育與和平」，師大教育研究所集刊第九輯，民五五，頁17-18。
4. 西方許多哲學多對愛的概念做過解釋，因限於篇幅，不容列舉，略述人名與著作於後，可供參考：
   Plato: Lysis, Cratylus
   Aristatle: Ethics
   Augustine: City of God
   Aquinas: Summa Theobogica
   Montaigne: Essays
   Locke: Human Understanding
   Rousseau: Ineguality
   Kant: Metaphysic of moral
   Darwin: Oescent of man
   及前述斯賓諾沙和霍布斯。
5. H. F. Harlow: The Nature of Love, American Psychologist, 1953, 13, N0.12, pp.673-685.並見作者如注三。

6. 此頗近似《禮記》禮運之「人生而靜，天之性也，感於物而動，性之欲也。」感物而動欲，即「恬有感而發」之意。

7. E. Fromm: The Art of Loving, Harper, 1956 Harper, NY.及其Man for Himself, Rinehavt, N.Y.I3th Ed, 1959, pp.54-63.

8. 參見田培林著，賈馥茗編：教育與文化上冊，民六五初版，五南，臺北，頁51-54。

9. 周易乾卦：乾、元亨利貞。篥曰：大哉乾元，萬物資始，……乾道變化，各正性命。

10. 周易坤卦：坤、元亨。暴曰：至哉坤元，萬物資生，……坤厚載物，德合無獵。

11. 這兩句話的註解說：「顯，自內而外也。仁，造化之功，德之發也。藏，自外而內也。用，謂機絨之妙。」可以解釋爲乾是陽性生機，和有孕育作用的坤（陰性）交會，在坤內孕育而形成生命。

12. 見前所舉，「仁」發而後「成德」，但要如《中庸》所說的「發而皆中節」才見德；「中節」可說是「合理」的意思。

13. 孔子早就被尊爲聖人。班固《漢書》「古今人表」中，將孔子列居「上上」。此處並非抑低孔子，而是孔子的教育精神不容漏列。讀者幸勿以標題爲限。以下皆同此義。

14. 參見《論語》八佾篇原文：子貢欲去告朔之鎬羊。子口：賜也，爾愛其羊，我愛其禮。

15. 《論語》，陽貨篇：宰我問：三年之喪，期已久矣。君子三年不爲禮，禮必壞；三年不爲樂，樂必崩。舊穀既沒，新穀既升，鑽燧改火，期可已矣。子口：食夫稻，衣夫錦，於汝安乎？曰：安。汝安則爲之！夫君子之居喪，食旨不甘，聞樂不樂，居處不安，故不爲也。今汝安，則爲之。宰我出，子口：予之不仁也，子生三年，然後免於父母之懷。夫三年之喪，天下之通喪也。予也有三年之愛於其父母乎！

16. 參見論語季氏篇，原文頗長，恕不錄。

17. 見《論語》學而篇。

18. 原文見《論語》先進篇：「魯人爲長府……」

19. 見《論語》陽貨篇。

20. 見《孔子家語》卷三、辯政第十四。

21. 見《孔子家語》卷二、好坐第十。

22. 見《孔子家語》卷五、顏回第十八。

23. 見《荀子》非十二子篇，指子張、子夏爲賤儒。

附錄一

濁世一清流——
一位法官的點滴故事

一

人類有歷史記載不過一萬年，和宇宙演化的時間不能相比。就在這麼短的時間內，看人類世界這個萬花筒，就足以使人眼花撩亂，比起大自然的萬千景象，固然瞠乎其後，可是因爲每個人都存身在「人世」之中，耳濡目染，無法視若無睹。而且人的注意點，不僅是當前所面對的，還會思前想後。

就在人類生活有跡可尋的短暫時間內，知道曾經有無數的人活過又死去，其中有些人留下了記錄，還有更多的就與草木同朽了。

我們把有關人類生活的記載稱爲歷史。歷史所記載的重要部分，見於人的，有些「與衆不同」的，和他們所作的「一些事功」或所表現的「一些垂於後世的行爲」，史學家記載於史冊中，並加上判斷。史學家的記載和判斷，當然有其主觀看法，實則也拌合著當時「衆人的意見」，並參酌了人類普遍的一個信念原則——善與惡，而有了「清與濁」之分。清或濁，源自被判斷者是「醉」還是「醒」。大體說來，「醉者」沈迷於某些事物，不明人生的「道理」；「醒者」明白人生的道理，依道理而生活，而爲人，而做事。史學家就據此而判斷一個人「是善」「是惡」。善者爲「清」；惡者爲「濁」。

有人把人類世界稱爲「萬丈紅塵」，迷茫不清，遂又稱之爲「濁世」。因爲濁世中芸芸衆生，多不勝數，唯有明顯的與衆不同者，才落入史學家的眼中與筆端。屈原稱遺世而獨立的漁父曾說：「世人皆醉緊我獨醒；世人皆濁緊我獨清。」可見「醒者和清者」是「濁世中」爲數極少的人。也幸而紅塵中到底還有「不醉之人」；濁世中也仍然有「清流」在。

「醉與醒」或「濁與清」是相對的。如果二者只有其一而無其二，即是只有「醒與清」，只「有善」，而沒有「醉與濁」，也就沒有「惡」了，那豈不就成了人類夢寐以求的「神仙世界」！可是「神仙只有神仙作」，「凡人」作不成神仙。所以還得從人的世界來談人。

我國先哲早就看到人有兩面：一面是「人爲萬物中之最靈者，可以超凡入聖」；一面是先哲「不忍」或「不願」直說的，即是「人可以墮落到禽獸不如的地步」。（《禮記》曲禮上中說：「鸚鵡能言，不離飛鳥。猩猩能言，不離禽獸。今人而無禮，不亦禽獸之心乎！……是故聖人作，爲禮以教人，使人以有禮，知自別於禽獸。」）「禮」是人根據「善」的基本原則來規範自己行爲的，要「有所爲」，也「有所不爲」。爲與不爲，端在行爲的「當否」。「當與否」的基本原則就是「善與惡」。爲善或爲惡，在於一個人自己選擇。「擇善而固執之者」，依禮行事，出發點便是「善根」，先哲認爲這就是人爲萬物之靈的「善性」。

邵雍在其《皇極經世》觀物內篇中列述了人的性能特徵之後說，人與人也各個不同，「有一人之人，有十人之人，……有兆人之人。兆人之人，豈非聖乎！……聖也者，人之至者也。……人之至者，始得謂之人之人也。……人之人者，至人之謂也。」

善性見於善行，由此推演，生活在人類世界，從廣泛處說，每個人都要「修己以道」而「善其身」，進而「與人爲善」而「善人類世界」。然後才能卓然立於天地之間而「毫無愧恥」。

可是人類群體中難免有缺欠「修己功夫」的人，所以從黃帝以來，在諸多發明與製造之外，還定下「重門擊柝，以待暴客」的措施。（《周易》繫辭下第一章）到了舜命契為司徒以教化萬民後，又命皋陶作士，執掌五刑。（《尚書》舜典）馴至周朝，大司徒也訂出八種刑罰以「糾察萬民」。（《周禮》地官司徒）可見自古以來，人群中品類不齊，有些人蔽於一己之私，沒有自制力，不能嚴守行為規範，才不得不用「外力」來制裁，以維持群體的和諧，以阻止危害人群安全的行為出現。這項措施，從早期的政治說，是用「法律」輔助政治的推行，包括在整個政治系統之中。

法律成為政治體系中的一環後，最早法律與行政合而為一，行政首長兼為法官，後來行政與司法雖然分途行事，卻仍在同一個行政機構中。直到最近，法律機構才完全獨立於行政機構之外。

二

本文所要述說的這位法官，出生於一個那時行政區劃所定的「小縣分」——河北省青縣，縣城在津浦鐵路與南運河之西，有一個相當小的城圈。城內居中是縣政府所在地，向南只有一條短街，短街之南和縣政府之後，各有一個通向城牆的大水池，所以住戶並不多，法官家就在縣府之西。這位法官姓賈諱桂馨，字一齋，畢業於當時稱為「河北私立法政專門學校」，除了作過短時間的律師，多半作法官，就是作者的父親。

作者母親氏顧，因為外祖父世代務農，那時生女不必讀書，沒有學名，後來父親送母親一個學名，稱若愚，大概是取「大智若愚」的意思。據作者後來所知，母親雖未讀過書，卻十分聰明，很多家事一學就會，甚至學會針灸，給牙痛的人拔顆牙，那個人還毫無感覺，病牙已經落在她的手裡了。後來哥哥姊姊寫信回家，她一看信封上的字，就知道是誰的信。

作者出生排行最小，上有二兄二姐。父親所有的書籍、字畫，和收藏在家裡歷年所作的「判決書」手稿，在青縣解放，父親被拘留到不知何處，母親倉皇逃到天津，家被別人占據，成了名副其實的一無所有，連片紙隻字也無處可尋。其餘的只靠從有記憶開始，自己所經歷的和所聽見父母口述的點點滴滴而已。

祖父諱培亭，是兄弟二人，上有一兄。伯祖只有一子，早已與祖父分居。不過祖父和伯祖排序下來，祖父便成了行二，是縣長刑名方面的幕賓，其時稱刑名師爺，代縣長主管司法方面的事項。因爲法律嫻熟，守正不阿，很得縣長的推崇與地方人士的尊重，凡有訴訟事件的，都先來請教。祖父對無理或不必要的爭競，都勸他們息事寧人，使他們心服口服，也決不替他們說項，人都尊稱祖父為「賈二爺」。

父親上有六兄二姐，前祖母和續祖母各有三男一女，父親是續祖母所生。可是這六兄弟與堂伯父排序下來，大伯父便被稱作二伯父，依次下來，父親便成了「行七」，地方人也就依這行次相稱。後來都稱父親七爺。

從外家來說，第一位外祖母生有兩男。（我都沒趕上他們的生年）續外祖母生了一男二女，母親最小。所以我從來不曾見過祖父母和外祖父母，倒是趕上了和母親同母的一位舅父和一位姨母，受到過他們的寵愛。

只記得走路還搖搖晃晃的時候，父親同母的三兄弟還同居。五伯父是最後一次科舉的秀才，作過青縣教育局長。六伯父經商，長年在外。伯父家的兄姐們都已男婚女嫁，我的姪男女也都比我大很多，我跟在他們後面玩時，永遠趕不上他們，他們也不肯等我。

我四歲時，看見我的大姪女上小學，覺得那是可以和大姪女並駕齊驅的機會，就磨著母親叫我去上學。母親是爲了減少我的糾纏，還是不忍拒絕我，不太清楚，反正我那時也不懂得這些，所以就教大姪女帶我去學校。那時校長和老師與我們是通家（校長和五伯父是同科秀才），也沒有嚴格的入學年齡限制。到了學校，老師就教我坐在姪女旁邊的座位上，大概是使她方便照顧我。那時學生人數少，四個年級一初級一都在一個教室上課，姪女已是四年級。反正老師講甚麼我也不懂，就把姪女抽屜裡的東西一樣樣拿出來玩，最後覺得她那塊橡皮很不錯，就拿出來在桌面上磨來磨去，姪女不許我磨，把橡皮搶去藏了起來，於是我放聲大哭，把教室攪得一片混亂。老師無奈，只好叫姪女送我回家，此後姪女再也不肯帶我去學校了。所以我的求學記錄，第一筆就是初次入學，上課不到一小時，就被「勒令退學」了。

好在第二年我就獲准正式入學，其時大姐在當初年級老師。那時因師資匱乏，小學畢業者，經過短時間研習，便可任小學初年級教師，大姐、大嫂和校長的女兒都成了教師。而學生卻有年紀比老師還大的。我這個小不點，和大個同學混在一班，他們眼裡沒有我，我也不敢接近他們。印象最深的一次是，大姐教我們寫大字，我的字當然不成形，被判了個「丁」。看看那些同級的大個學生，得的都是「甲」，心想他們比我大那麼多，我怎能和他們相比。懷著一肚子委屈回到家，想和母親哭訴。誰知母親屋裡有客人，當然不能在客人面前出醜，於是躲到牛棚裡去哭。客人走後，母親到處找我，最後才找到，問我爲甚麼哭，我說了原因。母親拉我下來，一面給我擦眼淚，一面說：「你大姐也眞是，給個『丙』還差不多，怎麼就給個『丁』呢！」我覺得母親給我評了理，才止住眼淚。大姐回家後母親問她這回事，大姐說：「她寫得那麼壞，給她好分數豈不被人批評偏心！」

母親只好安慰我說：「以後好好的多練練吧。」

那時父親在我們鄰縣—大城—作法官，偶而會回家住幾天。在回家前，父親都是先通知母親，要母親在本地定好「轎車」（專載人的比較講究的交通工具）去接他。母親初時問何不就在當地僱車？父親說：「有顧忌。怕車夫趁機爲訴訟者說項，甚至在路上威脅。」那些我不懂。只是屈指計算父親回家的日子。因爲父親吸煙，那時的煙盒裡都附著一張畫片，是小孩子的最愛，父親都收留下來給我。有的罐裝煙筒中，則附有塗漆繪畫的小盤，十分美麗，這些都是我的寶物，收藏在一個漂亮的盒子裡，高興時一一擺出來欣賞一番，自得其樂。

另一點是父親回家時總是在城外就先下車，讓空車自行到家，他則從便道小路走回來。我和二哥也喜歡這一點，我們可以先到小路上去迎接父親。我可以拉著父親的手，一路走回來。這是我的特權。因爲父親平時比較嚴肅，二哥不敢拉他。我把自己的小手塞在父親的大手裡，給父親握著，覺得溫馨無比。同時我也敢問父親，「爲甚麼不一直坐車到家？」心裡想的是那樣我們也可過過坐車的癮。父親說：「這裡是我們的家鄉，許多親屬和鄉親都認識，路上碰見，當然要打招呼，要是還坐在車上，就不禮貌，否則會被人說是招搖過市。下了車等於還是要走路，不如走小路隨便。」於是我懂得了大人們的禮節；也明白了爲甚麼大人們碰面時，老是要站在那裡說話說個不停，讓我們小孩子站在旁邊，等得不耐煩。

父親午飯後，有小睡一會的習慣。這習慣的特點是不喜歡人攪他，若沒有必要叫醒他，他會非常非常不高興，甚至會發脾氣。所以母親早就告訴了我們這一點，我們在這種時候，都是躲得遠遠的。

似乎就是我讀小學一年級的時候，父親偶而回家，午飯後照例要午睡一會，二哥和我在門外玩。有一個手裡提著一個點心盒的人，說是從大城縣，（兩縣縣城相距四十里）特意來看父親。二哥和我商量，他走了許多路來看父親，大概可以把父親喚醒。於是我們兩個表現得很懂事般的把他請進客房，（客房裡面就是父母的臥室），然後叫醒父親。父親坐起來，隔著門就看到了那個人，立刻拉下臉對那人說：「你打你的官司，到我家裡來作甚麼，出去！」轉頭就罵二哥：「不問是甚麼人都往家裡讓！」說完就躺下轉過身去又睡了。那個人還賴著不肯走。我們一看這禍惹大了，也不知道怎樣請那人出去，只好去尋母親求救。母親也不想見那個人，就教二哥趕快去縣政府（距我家很近）找到一位在縣府工作的堂兄來，勸說那人拿著他的點心盒離去。這一次二哥挨了罵，我偷偷慶幸自己沒有。因爲父親罵二哥時，眼睛是對著他的。

事後母親教導二哥：「你父親作法官，從不接受人情賄賂，只根據法理斷案。以後若有人來找你父親，他若睡覺，可以先來告訴我，不要隨便讓不認識的人進來。」母親只是和二哥說明要注意甚麼，並未責備他，所以他只是默默點頭。父親則再也沒提這件事。後來慢慢的我知道了，父親對哪一個孩子有意見時，自己很少直接說教，只告訴母親，讓母親去處理，即使是比較嚴重的事，經過母親的「緩衝」，都會消失於無形，所以孩子們很少受責罵，打是從來沒有的。

我在小學時很會玩，那時女孩子下課後，跳繩、跳房子、踢毽子、拍皮球，是最常有的活動。有一次我要求母親給我買一個「大」一點的皮球，因爲我所有的一個皮球只有握在手掌裡那麼大。母親說：「大皮球太貴了。」我說：「可是同學的皮球都比我的大，打起來很過癮。」母親說：「同學家裡都比較有錢，我們沒有那麼多錢。因爲你父親作官不肯要不該得的錢，是一個不貪污的『清官』。作官貪污是不應該的，你要知道你有一個不貪污的父親，比有甚麼都『光榮』。不要和同學比有甚麼東西，光榮才是『最有價值』的。我們是沒有財富，可是我們的光榮卻是『財富買不到』的。你要用心讀書，有了知識能力，不做不合理的事，比有貴重東西更值得。」從此以後，好像「光榮」老跟著我，再也無意和人比有沒有「甚麼東西」。

可是我還是看得見同學們大都常穿新衣服，有錢買零食。我的衣服都是母親把哥哥姊姊的衣服改了給我穿的。好在早晨去學校，母親會給我兩個銅板買一根油條吃，因爲北方人多半不吃早飯，午餐後再給一個銅板買糖果。時間久了，也就不再注意同學的衣著和吃食了。

我漸漸注意到母親持家的狀況，因爲那時兄姐都在外，大哥有工作，二哥在滄縣讀中學，兩位姐姐在天津讀師範。在此之前，大姐和校長的女兒都是教初年級的老師，那位老師本來就有個性，常常欺侮大姐，大姐不會和人爭論，只會回家來哭。母親告訴了父親。父親說：「那就教她再去上學吧。多讀些書有了能力就不致受氣。」於是大姐考進了天津女師學院師範部——那時包括三年初中，三年師範，沒有公費，而大姐已經近二十歲了。次年二姐也進了同一學校。青縣不是一個很進步的地方，男孩子讀書的就不多，女孩子到外地讀書是絕無僅有，伯父母都不同意父母這種作法，地方人也都認爲不可思議，以爲父親作官一定很有錢，不然怎會教女孩子也去上學。可是母親沒有半句話反對。我一直想不通，母親在這方面何以與父親的見解這麼一致！

此時只有我在家。母親在計算家計時，說出口來只有我一個聽。聽到的是：「這件事非做不可，得要多少多少錢」；「做那件事的錢還沒有著落」；然後是一聲長長的嘆息。我甚麼都不懂，所懂得的就是「沒有錢」。有時我也會問：「那些做過官的怎麼會有錢？」母親說：「也許是他們的官大，官大薪水就多。你父親這個承審官，一個月的薪水是60元，扣一成所得稅，實得54元，除去他的伙食費、吸煙和應酬，每月能給家裡25元已經是很多了。你想想，你二哥和兩個姐姐上學，學費、伙食費、住宿費、書費，加起來是多少錢！也不能不給他們一點零用錢！還有家裡的開銷，怎麼夠呢？」這些話說給一個不懂事的小孩子聽，所得的反應當然是：「那怎麼辦？」母親最後只好說：「和你說也沒有用，和你父親說也是白讓他急，這是我心裡的話，我能和誰說呢！」

和我說眞是一點用也沒有。我只是注意到這年夏天，常常要拿出來曬的，父親的皮袍不見了。問母親，得到的回答是「進了當鋪」。

家裡只有我和母親廝守，大嫂是獨生女，經常住在娘家陪寡母。家事倒是與我無關，只是要和在外的五個人通信怎麼辦？母親最後無可奈何的和我說：「你也會寫字了，你寫吧。」小學二年級，還未學過寫信，我說：「我不會。」母親說：「所有的來信不都是你念給我聽的嗎？你看他們寫甚麼，就可以照樣寫呀！」我說：「寫給他們的是您的話，我怎麼知道？」母親說：「好，我說一句，你就寫一句。」我說「如果您說的字我不會寫怎麼辦？」母親說：「那就寫你會寫的字好了，大概他們會懂得。」就這樣，我成了母親的專任秘書。那時毛筆字寫不好，只能用鉛筆。無論如何，母親仍然可以和他最愛的幾個人互通消息。而那時知道的人也都對我讚美有加。我不懂自己有甚麼了不起，只是事在當頭，既然非做不可，只要做就好了。後來父親寫信告訴我說：「年紀大了，鉛筆字看不清楚，最好用毛筆給他寫信。」所以我就改用毛筆。但只限給父親，其餘的還是用鉛筆。

沒有多久，父親回家把行李也帶了回來。母親並不問甚麼，照常給父親準備餐飯。母親就是有這個長處，常說：「每個人進了家門，我都先看看他的臉色，如果臉色不好，就不急著開口，也不急著問問題，等他想說時自然會說。」父親吃著飯，告訴母親已經辭職。母親無言靜聽。父親說：「大城有一個劣紳，專門挑詞架訟，和上級法院有勾結。因爲不接受他的關說，他就挑著負方上訴，上級便一再駁回更審。現在縣長調職了，我也就趁機辭了職。」母親也知道縣長和父親一樣的廉潔，一向敬重父親清正廉明，支持父親，相處融洽。所以只說：「回家休息一下也好。」

可是家計不能沒有收入，父親不久就決定到天津去作律師。聽說作律師的收入也相當可觀。可是父親作律師一樣的收入有限。有時父親回家來，母親也問到這一點。父親說：「我不替無理的一方辯護，而有理的多半是受委屈的，他們要付許多訴訟費，最後就沒有付我的錢了，我也不忍逼他們，隨便他們給我一點也好，不給也就算了。」知道父親作風的都笑父親，父親仍然我行我素。

父親三兄弟分家時，每人都分得少許祖遺的田地。但是土地貧瘠，收成有限，家裡又沒有人力，只好託佃農代耕。收成後耕者得十之六，地主得十之四。而耕者既不肯施肥，又不肯費力，播種後就等著分份，以至土地越來越瘠薄，收成越來越少。母親和父親商量，想要自己照料著耕種，那就要僱長工，買牲畜，大致算來，如果收成好，還可以維持家裡的用度。父親同意了。此後家裡便成了另一種局面。母親指揮長工，和長工計議哪塊地適合種甚麼，甚麼時候播種等等，都是我聽來毫無意思的事。在這種時候，我多半躲到屋裡，找些書來看。

家裡最熱鬧的時間是寒暑假期，除了大哥，兩姐一兄，先後都回到家裡。母親在他們回家的那天，一定要做些平時他們愛吃的東西，有時父親沒有訴訟案件，也會回來。這時候我最高興，可是母親就要從早忙到晚——清早起來爲工人做飯（工人要吃過早飯才下田）；然後爲大家做午飯（我們習慣不吃早飯）；最後是給父親做飯（父親不吃家常飯，要另做）。給父親做飯是最熱鬧的時間，兩個姐姐當然要去幫忙，二哥和我是跟班，父親也喜歡跟著一齊去，有時會幫忙用柴燒火。所以只要母親一動身，後面就是一串大隊人馬，齊聚在廚房裡，我則可以隨便摸一點還未下鍋的東西吃。

有一次父親因沒有訴訟案件，回到家裡，也看看母親主持耕田的狀況。不到兩天，天津就來信說有一個訟案緊急開庭，父親必須當夜要回去才能趕上時間。那時夜裡只有一班貨車可搭。母親及時起來，準備父親盥洗。我睡在父母屋裡，也跟著醒了，聽他們說話。父親邊漱洗，邊嘆氣說：「都是爲了孩子們的教育，我才要『拉洋車』（那時的人力車）！」母親只是一言不發，想來一定也很難過。於是我知道了父母的辛苦，決心一定用心讀書。

沒有多久，父親就被派到望都縣去作承審官，結束了律師業務。望都縣也在河北省，但離家較遠，父親不常回家，然後又被調到河北省南端的長垣縣。後來聽父親說，望都縣還是有土豪說人情，父親不接受，那人就捏造父親受賄誤判等事件告到上級。上級官員有他的親戚，於是上級—河北省政府—派專員去調查（聽說專員叫馮治安）。那專員並未通知望都縣政府，直接到各鄉鎮去查詢，跑遍了全縣，也未查到實據，於是就把父親調到偏遠的長垣縣。父親相當灰心，要辭職，縣長一意挽留，最後是以請假的名義回到家來，時爲民國二十四年（1935）。

這一年大姐畢業了，師範的老師推薦她到山東慶雲縣一個小學去當老師，家裡多了一個有收入的人，加上田裡的少許收成，可以勉強維持。次年（民25），我也考入天津女師學院中學部。二姐還有一年畢業，二哥在河北工學院已肄業一年，每到週日，三個人一齊到大哥工作的中華書局去看他，算是我們的假日活動。在學校有二姐照顧我，只要循規蹈矩的上課讀書，眞是優游自在。那時每週上課的時數並不多，把教師指定的作業做完，可以在校園散散步，最快樂的是有時間讀課外書。看了許多小說，一位同學和我有同好，兩個人競相找自己愛看的書，比賽誰看的多，或是在校園散步時，討論各自所看的書：她愛看新小說；我愛看古典小說和翻譯小說。常常有爭論，但不傷感情，如此過了一年快樂的學校生活。到放暑假時，約定假期要通信，才依依不捨的各自回家，她是山東人。

三

暑假回到家，是前所未有的快樂時光，因爲父親也在家，我們有更多的機會和父親相聚。除了爲父親做飯時大隊人馬聚在廚房，晚飯時都在父親臥室兼飯廳吃飯。飯後清理了飯桌，便各自找個座位坐下來，喝茶，聽父母聊天。此時父親偶而會說些祖父的事，也說些他審理過的疑難訟案；母親則說些「老話」一祖父母的故事，與伯父們同居時的情形，父親年輕時的笑話，間或穿插一些親戚故舊的話題。大家聽得入神，不到母親攆著去睡覺，誰也捨不得離開。

聽父親說：「祖父精於刑名，公正嚴謹，深得歷任縣長倚重。有的訴訟者可以來請教案情，但決不替人說項。」父親言語中不免表露出得到祖父寵愛。母親及時補充說：「你們父親最小，那時是跟著五伯父讀書，大概不怎麼守規矩，有時會被伯父責罰。姑姑也疼愛這個幼弟，知道了就會責難伯母，說是她挑唆伯父罰父親——大概父親不怎麼尊重嫂子們。」父親接著說：「那時讀書，伯父教過一遍後，自己就比一比正文的行數—正文中間有注解的小字—然後就出去玩，到該背書時回來。」母親接著說：「伯父當然不高興你父親的舉動，想在背不出書時懲罰。多數時間，你父親都會背得一字不差，使伯父無可奈何。可是有時也會背錯些，於是就打手心，而給伯母惹下罪名。」

母親又補充說：「你們父親常常和祖父同桌吃飯（祖父吃飯也是單開，祖母也不同席，那就意味著祖父吃的東西比較好，都是伯母們準備並侍奉。）有一次吃餃子，祖父吃的是肉餡的，給你父親吃的是素的。他就大叫：『我吃素餡會噁心！』祖父聽了，把筷子一甩，將自己的盤子推給父親說：『你吃這個。』伯母們嚇壞了，趕快給祖父另做一份。」

父親說：「十幾歲時，也學著看祖父的書和判例稿。一次似乎行政通令各地辦『補導營』，縣長請祖父擬稿。祖父飯後說：『我睡會覺，你先替我擬這稿件！』（似乎祖父也有午睡的習慣）我當即遵命書寫，寫了一大張半毛邊紙（那時寫大字用的紙，一張似乎有二尺半長，一尺半寬），寫完了恰好你們祖父醒來，我呈上稿件，祖父看後點點頭說：『可以』，一字未改的就採用了。」父親說時大概自己也很得意。母親補充說：「你們祖父曾經私下和伯父說『這孩子將來會有成就，我老了，就交給你教導了。』」父親一生敬重這位伯父，直到老年，過舊年時給伯父拜年一定叩頭。

祖父去世時，父親才二十幾歲，因爲悲傷過度，生了一場大病，醫生以爲無可救藥了，拒絕再處方，經過母親再三懇求，又開了一個處方，並說：「這付藥下去，如果有起色就會好，不過要留下一生的後遺症，就是每早醒來，會咳嗽吐痰，終生難癒。」我從小就知道父親這現象，起先還作孩子式的妄想，自己將來學醫，替父親治這個病。後來不但不曾學醫，甚至不曾奉養父親晚年，是終生遺憾，抱恨一生。人生，有許多不是自己能主宰的。一個人不過是滄海一粟，不如意事常八九，可是這終生憾恨，卻要永遠承擔下來！

父親說：「大城比青縣還落後，縣民動不動就打官司。有的鄉村距縣政府較遠，又沒有交通工具，只靠走路。所以要在開庭審理的頭一天到縣府，住在小店裡等到次日。如果一個人的案件排在最後，就要再住一夜小店，那對升斗小民乃是一個負擔。所以做了一番安排。」父親的安排是按照訴訟者的住處和縣府的距離，儘量減少訴訟者住店的開支，路遠的排在上午審理，使他們當天可以回家，路近的排在後面，也無須住店，所以訴訟者都稱便。

父親也高興的說：「一個綁匪綁架了一個富民的嬰兒，懷抱嬰兒照了相送到富家勒索，因為贖款未即時付出，殺了嬰兒，後來落網。經過一次審理，綁匪十分狡滑，堅不認罪。父親從不用刑求，只是反覆問難，到犯者承認罪行為止。到第二次開庭審問前，命人先期找來照相館的人帶相機等候。工作人員都很奇怪，不知道照相有甚麼用。開庭時，提出綁匪，叫人拿來一個枕頭，叫綁匪像抱嬰兒般的抱著照了下來，然後質問綁匪。綁匪還是不承認綁架。父親指著照片說：『你的右手有枝指，這張照片和送到富家的一模一樣，不是你嗎？』綁匪無言以對，只好認罪。」

父親說：「寫判決書時，開始時總是為罪犯開脫，假定他無罪，然後再列舉他的犯罪行為，罪證確鑿後才判定，所以罪犯都心服口服，即使是死罪，也承認未受冤屈，而俯首認罪。」父親一生都如此審判，自認無枉無縱。

父親又說，在望都時「積案頗多」，於是一一加以清理。有一個纏訟多年未曾定案的案件，事實是一個少婦在婆家投井自殺，身上有傷痕，娘家告因婆家虐待致死，而婆家堅持不曾虐待，鄰居也無異言。因爲虐待沒有實據，傷痕又無法解釋，擱置下來，積累多年未決。父親調查知道那地方的人鑿井時，習慣的在下段架設竹架，爲了淘井方便。於是把一隻死豬丟下去，到撈上來後，豬身遍布傷痕，乃是竹架擦撞所致。於是開脫了婆家的虐待，也得到娘家的諒解而息訟。最後說：我用了將近一年的時間清理積案，最後是「無故挨告，查無實據而調職！」

好像是有一次大姐問父親，做承審官最得意的是甚麼時候。父親說：「是在新民縣，那位縣長聰明，學問又好，而且清廉正直，非常器重我，有關行政方面的事，也常常徵詢我的意見。有一次要更換教育局長，他說：『有兩個人可以考慮：一個是大人情推薦的，這個人並不適當；另一個學識人品俱佳，可是沒有人情，你看哪一個好？』我只反問了一個問題：『您指派一位教育局長，是敷衍公事，還是希望整頓教育？』他說：『當然是要整頓。』於是就派了那位沒有人情的。」（我聽了印象非常深刻，領悟到大人說話的藝術，不直接回答，用問題代替，是不答之答，比直接回答還有用，而且不著痕跡。）

父親又說：「一次審理的一個訟案，據說犯者背後有很有權勢的後盾，因爲有罪我拘押了他，當地人來關說，我置之不理。過了幾天，忽然有四、五個身穿戎裝，身配盒子炮（那時衛兵的隨身武器），氣勢洶洶的到了縣府說，大帥（張作霖，時爲東北首長）有令，要提取那個犯人到首府。縣長問我怎麼辦，我告訴他交給我來辦好了。那些人橫眉豎眼的到了我的辦公室，照樣是那一席話。我說：

『你們是軍事機構的人，一句話就是命令。我們文職機關，光說話不行，要有一張小紙條，寫幾個字才可以。你們拿大帥一張小紙條來，我立即放人。』那幾個人愣了一會，就一個個往外溜，頃刻之間，走了個乾淨。過了幾天，首府有令來，叫我去見大帥。縣長也有點吃驚，問我該怎麼辦？我說：『您如果認為我有錯，可能會受懲處，怕我逃走，就派人監視著我一齊去。否則我就一個人去。』縣長說：『你就自己去吧。』於是我自己去了瀋陽，到帥府報了到，大帥立刻傳見。有人帶我進了他的房間，他正一榻橫陳的在抽鴉片，見我進來，就丟下煙槍，坐起來說：『你問案問的不錯，三姨太胡鬧，不該去攪你。以後只管問案，不要理他們。』然後從枕頭下拿出二百元現款說：『回去買點心吃。』後來才知道那幾個武裝士兵是三姨太（張妾）私下派來的。」（那時我不清楚張作霖這個人，只覺得他還算講理。）

一說到那位縣長對父親的尊重，父親就很高興，連帶的想起那時的一些棘手的訟案。說一次發生了一個命案，被殺者和上級「有權力者」關係密切，下命令要嚴查兇手，克日破案。經調查，被殺者是地方上一個超級流氓，開賭場，輸打贏要，自然有仇家，經驗屍，是被人重擊頭部致死，腦漿迸到了路旁牆上，找兇手十分困難。後來發現一個人穿的衣服背部有類似血跡的汙點，因為限期迫促，辦案者就想拿這人頂罪。經過父親審理，知道那人背部曾經患過瘡疤，衣服留下了痕跡，無論如何，如果他是殺人兇手，留下的痕跡也不能到了背部。可是上級堅持要這個人，據此送去豈非冤枉好人！父親在審理過程中，發現這人曾經「做過」走私生意，也是犯法的，可是罪不至死。既然上級非要人不可，送呈的公文，只用過去走私，不提殺人犯，免得冤枉無辜。縣長非常同意，既可交差，又不冤枉人。父親說：縣長不一味趨奉上級，支持我據理判斷，二人觀點相近，難能可貴。

是誰靈機一動，問父親可曾想作縣長？父親說：「縣長是薦任職，要大學畢業才可以。專科畢業只能作委任職。」母親跟著說：「你們父親曾經參加一次縣長考試，考試合格就可以當縣長。發榜的頭一天，有人來說：『你考試合格了，榜上有名，趕快請閱卷人吃頓飯，明天發榜。』你們父親說：『發了榜再請還說得過去，發榜前怎能請客呢？』故而沒聽那人的話。結果第二天榜出來，他的名字就不見了！」

大姐說：「聽說考試院有高等考試，考試合格就可以作薦任官。」父親說：「考試在南京舉行，去參加考試要路費，要住旅館，一時拿不出這麼多錢，就算考試合格，沒有人情也得不到職務。」二姐說：「資格並不一定有用。大城縣縣長的妹妹和一個女兒，和我是師範同班同學，聽他女兒說，他父親並沒有甚麼學歷，不是也作了縣長嗎？」父親說：「縣長的父親是前清科舉的進士，作過翰林，有人情關係。沒有人情，縱有資格也沒用。」

大姐又說：「我記得新民縣還有一位承審官也是青縣人，和我們怎麼沒有甚麼來往？」母親說話的興趣來了，立即回答說：「你們父親是首席承審官，深受縣長契重，很多事觀點都相同，那位法官只作好好先生，不多管閒事。平時也不多交往，私人感情就顯得淡了。」大姐動了好奇心，又問父親怎麼會去了那麼遠做事，後來還把母親和我們都接了去？父親沉默不語，母親嘻嘻的笑了起來。這一來引起了所有人的好奇心，都張大眼睛等待聽故事。

母親笑完了說：「你們看見那位承審官是全家都住在那裡的。你們父親怕人說他離不開『家室』（戀妻），因和二位伯父未分居，不便帶我去，所以都是自己東走西奔。他獨自在那裡過了一段相當長的時間，當地有一個非常富有的人，有萬貫家財，卻只有一個獨生女。不知怎麼看中你們的父親，託人來說要把女兒嫁給他，帶著萬貫家財，只要和他女兒留在那裡就好。你們父親說，家有妻子兒女，絕對不行。那人動了所有士紳名流以至縣長勸說，逼得你們父親無法，只好把我接了去，才平息了這個問題。」這一下引起了大姐的幽默感，對父親說：「要是答應了那件婚事多好，我們就有錢了。」父親哈哈大笑，指著大姐和我們說：「如果是那樣，你們今天還會認我這個父親嗎？」然後又補充了一句「那時沒有家眷的人，常常私下去宿娼，我生平不二色。」母親也開玩笑說：「我未跟著你的時候，怎麼知道你是怎樣的。」不過又接著說：「說實話，你們父親作人確實很正派。」這一來倒鼓勵了父親說實話的興趣，很鄭重的說：「我十五、六歲的時候，也愛跟著人亂跑。有一次和幾個年輕人去打茶圍（即如現在的逛酒家），遇到一位父執（祖父輩），對我說：『賈二爺的孩子，不該到這種地方來。』意思是你們祖父是正規人，他的兒子也該循規蹈矩。我聽了非常慚愧，此後一直謹慎的約束自己。」

四

正在一家人歡聚一堂的時候，這年（民國二十六年，1937）七月七日，日本人製造了當時所稱的「七七事變」。那時日本從清末甲午之戰後已欺侮侵略中國多年，先占據東北，成立了「滿州國」，又在冀東成立了一個行政區，再僞託一個日人失蹤而發動攻擊，一路打到北平近郊。（那時所有中國人沒有不恨日本的。）

然後節節南下侵攻，天津也失守。一天下午，我們忽然聽到空中隆隆的震耳聲，出去向天空一看，有很多以三架編爲一隊的飛機向南飛。那時隨時都有報紙號外報導日軍侵略消息。父親去和伯父商議，以爲日本侵略是國家大事，人民不再能安居樂業。常言戰亂時，「小亂避於城，大亂避於鄉。」我們至少要避到鄉下去，暫時躲避飛機轟炸。就這樣做了決定，兩家各自到離縣城五里的親戚或朋友家暫且躲避。說做就做，各人自行整理了簡單的隨身衣物，準備次日動身。

第二天每人身背一個小包，天下著濛濛細雨，走路到鄉下去。常常要走田間小徑，伯母和母親都是纏過足的，姪媳抱著一個剛滿月的嬰兒，一齊狼狽不堪的走了一個上午。

我們住在一個農家，是一對老夫婦和一個兒子。年輕人每天去縣城探聽戰爭消息，回來說，天津以南的老百姓紛紛搭火車南下逃難，火車擁擠不堪的兒啼女號，亂成一團，而且日機也掃射火車，有些逃難者被殺死。過了三天，回來說，日軍已攻到近縣城十八里的馬廠，他們的策略似乎沿津浦路南下，國軍節節敗退。父親再和伯父商量，我們好像也只好這樣走才能避免落入日軍掌握。兩家大小有二十八口人，多數是老弱婦孺，既擠不上火車，何況火車也不安全，步行反而好些。因爲時間急迫，也不敢再回家。就這樣還是出來時的那些微隨身衣物，無奈的向南「走逃」。

誰也沒有走長路的本事，往往到晚上停下來時，兩隻腳腫得像麵包，站起來先得唉喲一聲，痛不可忍。兩天以後，居然碰到舅舅的兒子一家四口，表兄說他剛遇到一個熟識的船主，他有一隻小木船，也是要南下逃難，可以搭船沿著運河走，不必擠火車，也不用走路。於是他去和船主說妥，大家都上了船，眞是謝天謝地。

船實在很小，婦孺都擠在船艙裡，男士們只好在船外（無所謂甲板）。吃飯要等船停下來時，到岸邊臨時尋找可以埋鍋造飯之處。要方便也得自去尋找隱蔽處。遇到雨天，整個船都蒙上雨布，密不透氣，眞像活地獄！一天船正停下要埋鍋造飯，不知道爲甚麼，父親說：「這裡不大好，再向前走一會再停吧。」船主很聽話，向前又走了一會才停下造飯。我們吃飯時，看見後面來了一隻船，上面搭著血染的被褥。問他們是怎麼一回事，他們說在後面停下來煮飯時，遭到日軍飛機掃射，死了三口人。經問明，他們停船的地方，也正是我們想停而未停的地點。大家聽了，都認爲父親不讓在那裡停，似乎有甚麼神奇靈感。同時也更領教了日本的侵略，不只是占據中國的土地，且殘殺無辜的中國人民，和全無軍事作用的火車、民船都不能倖免。有那時經驗的中國人，誰還能和日本人打交道！

我們避開鐵路和運河，只走鄉間道路，不一定有「店」（鄉村住宿之處），往往找一座寺廟或民間草屋，勉強向民家買點食物，又沒帶行李，合衣蜷縮一夜，次日再開始走路。幾天之後，個個都疲乏不堪，打聽一下，這鄉間已經距離鐵路與運河相當遠，沒有了日機轟炸的危險，於是暫且停下來略事休息。

經打聽，村裡有兄弟兩家，略有家產，兄弟都已過世。兄家有一男，兼耕種兩家的田地，弟家唯有一女，所以兩家都靠這一男照料。因爲人口簡單，有閒房可以容納閒人。可是我們沒有租屋的錢，他們倒是有一間牛棚空著，另有一間草屋，可以免費給我們住。於是我們便住了下來，男人住牛棚，婦孺住草屋。

儘管我們都穿著家常服，鄉下人還是看得出我們與他們不同，私下裡議論紛紛。父親和伯父商議，我們是逃難，雖然沒有行李，也可能被人懷疑有錢，而且年輕婦女多，要十分小心。商量的結論是：

伯母和母親兩位老人去討飯，壯男到田裡撿柴，年輕婦女不可隨便出門。

父親覺得這不是長久之計，在無可奈何之下，便到一個小店舖借了筆墨紙張寫了一封信給山東省民政廳長，大致是：

歷述伯父和自己的經歷；年輕的一代：堂兄、大嫂、大姐都是教師；二姐也已師範畢業；大哥在書局任職；二哥和大侄都是大學生；我是初中生。我們因不甘屈居日寇侵略地區，決定追隨政府南下，使年輕的一代有報國或繼續受教育的機會。但是一路行來，些微路費都已用罄，此時淪落異鄉，無衣無食，希望能得到救濟，以免落入侵略者的鐵蹄之下。

我們並不知道父親寫這封信。有一天忽然鄉長帶了一位縣政府官員來說：「民政廳長有電話給縣長，說這裡住著兩家逃難來的，要縣政府派車送上去濟南的路。到濟南先到一個救濟院報到，然後再等他的消息。」並說：「明天就有兩輛大車（牛車）送你們上路。」於是兩家人都興奮起來，反正還是隨身的衣服，只有人擠到車上就上路了。車走了一天即離去，我們又開始了步行去濟南的行程。不過心理上似乎有了一點指望，想到了濟南，可以有個落腳之處。

我們走到黃河邊的濼口，對岸便是濟南，可是日軍的砲火隆隆，正在攻打濟南。從濟南出來的人，和我們迎面相逢，說他們正在逃出濟南，怕濟南被日軍占領，問我們怎麼倒往濟南走。我們不知怎樣回答，只有父親說：「我們走糊塗了。」無論如何，天黑時我們總算找到了救濟院。院方給我們指定了兩間其大無比的「難民房」。房間有相對的兩排「地舖」，每舖足可睡二十人。大家都已精疲力盡，且先躺下來睡一覺。

第二天，院長陪著一位官員來到我們屋門，問哪一位是父親的名字，原來那位官員正是民政廳長。父親起來答應。他問父親有甚麼需要，父親很客氣的說沒有，他便匆匆的走了。母親埋怨父親怎麼不說需要錢。父親說：「我並不認識他，他肯這樣幫忙，已是難能可貴，怎能再開口要錢呢。」第二天，院長到我們屋裡和父親說：「省政府已經撤退，廳長昨天晚上就走了。」此後母親一直埋怨父親不開口說實話；父親則說：「他撤走前還來看我們一趟，已經至矣盡矣，怎能還開口和人家要錢！」後來院長又和父親說：「廳長說幫你們，是看到年輕人都受教育，幫你們是爲了保存國粹。」我們一家始終都對這位廳長感念不忘，相信好官還是有的。

我們住在救濟院裡有吃有住，可是時已入冬，大家都還是穿著單衣，院長特意派人發給每人一套棉衣褲，不必再蜷縮在被窩裡。可是這又是長久之計嗎？於是父親又和伯父商議，既無錢繼續南下，濟南也已淪陷，整個華北都已籠罩在日本鐵蹄下，與其住在這救濟院，反不如回家再說。大家都同意這個看法，盤算著如何回去。

父親告訴母親說：「伯父一家將去青島搭船回天津。」母親說：「我們沒有錢乘船。」父親說：「那麼就還是走路回去吧。」我們看著伯父一家走了。第三天全家也辭別了救濟院，走上回家的路。走在路上，心裡五味雜陳，一則是回去如同作「亡國奴」，要受日本人的氣，怎麼忍得下？一則是看著伯父一家有船可坐，我們卻沒有這筆錢！大家心照不宣，只和來時一樣，到走不動時，尋一個農家的草屋停下。常常是鄉人看見我們停在他們的草屋時，問我們曾否吃過飯，因爲他們知道那裡沒有可以吃飯的地方。他們的好奇或好心往往只得到父母的一臉苦笑，多半會好心的把家裡的殘羹剩飯拿來，供我們療饑。我們賴此活了下來，相信人還是普遍稟有善性。回到家已經是過舊年的前一天。

家裡只剩下幾間空屋，原來的糧食和衣物都不翼而飛。我們離家時原託舅父代爲照料。我們一去不回，族人便把家裡的物件一一取去，餘糧也不曾留下一粒。舅父也曾阻止他們，可是他們說：「這是姓賈的東西，外姓人管不著。」使得舅父也無可奈何。

我們是回到自己家了，可是連晚飯都沒有著落。六伯父送來一包玉米粉，因爲他幾乎拿了我家全部的糧食。還好，我們總算飽餐了一頓！

第二天就是舊年除夕，不知道母親怎樣買來一斤麵粉和半根白菜，包了餃子給祖父母上供，剩下的給父親吃，我們則吃未吃完的玉米麵窩頭。

舊年是最冷的時候，臥室都會結冰。上供撤下來的餃子就放在桌邊，大概母親也無心收拾。我實在既餓又饞，就把冰凍的餃子左拿一個，右拿一個的吃下肚去，母親只作視而未見，也不禁止。睡了一覺後，我被腹痛胃痛攪醒，起來大吐大瀉。母親也被驚醒了，說這是腸胃炎，是吃冷凍餃子所致。立即在我手臂和腿缺各扎了一針。吐瀉立即停止，便和好人一樣了。才知道原來針灸這麼有效，可也沒問母親是從哪裡學來的。父親則一聲不響，第二天才和母親說，自己以爲這孩子會因逃難送了性命。

青縣只有少數日軍駐守，他們占用一所民房，不許閒人走近。那房子的大門就在路邊，有衛兵站崗，過路的人都要向衛兵鞠躬行禮，眼睛卻不許向裡看。地方自有些人和日軍打交道，「僞政府」是日軍派的「親日人士」，他們服從日本命令，但行政還大體上一仍舊貫。學校也開學了，只加了學生要學習日語，由日本人教，其餘的沒有改變。不過日軍隨便進入民家閒逛，沒有人會說日本話，他們任意進出各個臥室，看見喜歡的小東西就隨手「擄走」，房主看見了也只作未見。一次有三、四個日軍來到我家，他們每走進一個房間，我們只有站在屋外，等他們興盡走後，父親的香煙嘴便不見了。

一家人的生活是最現實的，大哥原在商務印書館工作，於是給他的朋友寫信，探聽有無工作機會。回信說該館已經關閉，中華書局倒有一個機會，大哥當然急不暇擇，立即去了天津，先得到一個吃飯的地方再說。然後是大姐在青縣鄉下一個小學得到一個代課的職位，二姐在灤縣師範學院附小也得到一個教師缺。家裡少了三個吃飯的人，母親的生活壓力大為減輕。至於二哥和我的學業問題，根本就無法考慮。

地方人士商請父親出來維持地方行政，也算為桑梓服務，免被日人過分干涉。父親以健康不佳為詞，委婉的拒絕了。私下卻對我們說：「作為一個中國人，怎能在『敵人』統治下工作，那豈不等於叛國作亡國奴！而且自己曾經作過法官，每當審理有關外國人的案件時，犯法的外國人卻不能判刑，因為『不平等條約』定的『中國沒有治外法權』，那時眞是『痛心疾首』。現在即使餓死，也不和敵人打交道。」父親雖然拒絕了這種要求，卻不能過分表示清白，無關宏旨的小事，他們來請教時，還是一本維護地方的原則，秉理建言。父親說：「這叫『邦無道，危行言遜。』他們也是為了生活，不得已和敵人周旋，太自命清高，會使他們相形見絀，而心裡不安。若因此變成懷恨，則後果堪虞。略微虛與委蛇一點，是危邦求生之道。」這一番教言，使我們諒解了父親的苦心，也明白了「被統治者」，有不可免的，必須忍耐的痛苦。

家裡人口雖然少了，可是仍然要吃飯。這件事父親無能為力，只靠母親東借西移，勉強有物餬口。多半是用些雜糧，拌合著採來的野菜，算是有物進口。好不容易盼到春暖，田地可以播種，母親有辦法借來種子，請人代播。然後就天天到田裡去看禾苗生長的狀況，除蟲拔草，日夜盼著收割。而快到收割的時候，因爲鄉下有共產黨軍活動，日軍就挖開運河以保護縣城，於是眼看著到口的糧食全部泡湯。運河沿岸各縣全數淹水，波及到大都市天津也無糧食供應。農民以草根樹皮爲食，都市沒有草根樹皮，就吃原來作肥料的豆渣餅。運河區一片啼饑號寒之聲。連續三年都是如此。同時共軍也不後人，他們挖開青縣西部的子牙河，以阻止日軍攻打。這情形遍及河北北部。

一天二姐來信說：「灤縣招考小學教師，不限學歷，只要考試合格，就可到小學去當教師，要我去試試。」於是我穿著一件大姐不要的舊棉袍，先搭火車到天津，再轉車去灤縣。第二天參加了考試，很快的就知道考試合格了，據說樂亭縣一個鄉村小學需要教師。從灤縣到樂亭只有公路汽車，由樂亭到鄉下學校只有出租牛車代步，我就一個人一路撞了去。到了學校一下車，校長就引我立即進了一間教室。我還來不及喘息，就上起課來。過了兩天，校長對我的表現很滿意，要我作三年級導師。事後聽校長的親戚告訴我：「原來校長一見我時，覺得年紀又輕，穿著又不起眼，不像個老師，只好試試看。兩天過後，我給學生改了作文簿，他一看之下，覺得文字俱佳，對我才另眼相看，認爲我不輸給師範畢業的。」相處熟習後，校長知道了我的家世和家庭狀況，常常提醒我寄錢回家，因爲郵局在縣城。樂亭縣屬冀東政府，受日本地下統治，然而民間富庶，教師待遇優厚。我的錢寄到家時，比二姐的多很多，知道的人說：她不是「還是一個小孩兒嗎？」母親說；「小孩兒也會賺錢了。」連作了三個學期，本來還要我繼續，但事實有了改變。

青縣政府在日人統治下發不出教師薪水，校長年老辭職，也無人再任教師。於是大嫂做了校長，把二姐叫回來任教，理由是得爲家鄉服務，連我這個只念了初中一年和一個小學剛畢業的，也被拉去充數。剛畢業的那位教一、二年級；我作科任，從初年級唱遊到高年級史地都歸我。其實我倒很願意去，因爲從小我就喜歡把堂侄男女集合起來，我當老師，要他們作學生。他們有年紀比我大的，可是沒入過學，我輩份大，他們也得聽我的。我當了正式老師，有了正式教學經驗，可以算是駕輕就熟了。在形式上做日本統治下的事，事實上日本還沒有干涉學校教育，課本完全照舊。我們的政府拋我們而去，我們的孩子還是要受教育呀。而縣政府無錢給教師發薪，用糧食代替，教師每月可得三斗小米，二姐和我共得六斗，才不用再吃野菜。

日人雖不明白的統治學校，卻嚴密注意中國人對日本的態度，惟恐有反日抗日的。他們的辦法是透過「僞教育機構」，考查教師和學生。最具體的辦法是「舉辦學生作文比賽」，學生的作文當然要經過教師修改，由此可以看出教師的態度——如果教師求好心切，爲了比賽，不小心說出反日的話，就會被日本憲兵隊捉去，嚴刑拷打。據說有的被灌辣椒水；有的被拔去指甲；有的被折磨而死，永遠沒再回來。二姐教高年級，要改學生作文。她本不喜歡文學，又有點粗心大意，所以在這種時候，多半是由我操刀代學生起草，教學生抄寫後具名。此時父親必然要看我的文稿，一則怕有不當的言辭招禍；再則也可作些修辭的功夫。還好居然並未出過差錯。有一次「津海道」（原來是省政府治下，統治數個縣分的機構，民國後取消，僞政府又予恢復）舉辦所屬縣分小學高年級學生作文比賽，每校必須有一人參加。縣教育局奉「緊急命令」，上午通知各校，限「即日交卷」。校長急如星火的告訴我，其時二姐在上課，我想這辦法眞是毒辣，不容人有仔細考慮的時間，匆忙中難免思慮不周而出錯，觸犯了日本人，他們就可以入人於罪。可巧當天報紙有一篇社論，符合他們的「中日合作」的題目，便拿來緊抓題旨，改變一下文字，來不及請父親過目，校長便急匆匆的送出去交了差。過了幾天，「新民會」（受日軍統治的僞組織）通知學校，「那個學生的作文」得了第二名。於是縣政府有了光彩，當然文字也沒出甚麼紕漏。

此時父親每日所能做的，就是仔細看報紙，看日軍攻打國軍的報告。有時看到一個戰場的「結語」說：「日軍完成任務後轉移陣地」，就告訴我們說：「看，日本又打敗了！甚麼轉移陣地，就是被打敗撤退了。」然後又加一句說：「現在看報紙就是要這樣看！打勝了應是占領該地，說轉移陣地明明就是被打跑了。」我們也不能確定父親是說對了，還是這樣說是聊以自慰。

從日軍挑起美國參加太平洋戰爭，到歐戰結束，蘇聯參加亞洲戰場，進軍東北，父親就說：「戰爭快結束了，日軍必敗，殷憂是蘇聯對東北有野心，助長共軍，恐怕中國還不得太平。」事實是日本終於無條件投降，全國人都欣喜若狂，淪陷區的人更是樂於回到本國懷抱。可是繼之而來的是華北一帶，共軍與國軍的衝突不斷，從民國三十四（1945）年抗戰勝利，第二年復原，直到行憲後，國共之爭從無寧日。

五

民國三十五年（1946）夏天，平津各大學復原招生，我想考大學，奈學歷不夠。幸而教育部爲彌補因抗戰失學青年，在天津北平各設了一個「中學進修班」，報名的學生憑測驗分數編入初高中各個年級。我一心就想進大學，居然被編入高三下學期班，而得到報考大學資格。我考了三個學校：南開、北師大和天津女師學院，居然都得到錄取。回家後父親歡喜不置，說初中只讀過一年，居然能考入大學，而且考三個就取三個，可見不只是碰巧。我自己當然更高興。其實從抗戰第二年，加上復原一年，我是名符其實的「失學了八年的學生」。可是我有把握進大學，因爲在這八年中，我不僅讀了二哥初高中的課本；並因當教師而讀了二位姐姐的師範課本；另外凡是家裡有的書，四書、史記、前漢、後漢等；甚至父親的法律書，我也生吞活剝的讀過。最主要的原因是，我不甘心失學，我要學得和哥哥姐姐一樣多。坦白的說，我所讀的書，絕不少於高中生。記得考北師大的題目中，有一題是「何謂死後行爲」，我從父親的書中看過，答得十分高興。考完回家告訴父親有這麼個題目，父親問我你會答嗎？我說，會呀。又問我是怎麼知道的，我說，是從您的書中看到的。

進了北師大第一學期寒假，各大學因爲開學較晚，不放寒假。北師大要保留傳統過舊年，照舊放假，我順理成章的回了家，看得出父母都很高興。一天父親從外面回來，伸開袍襟，抖落一大堆栗子，那是我最愛吃的。父親出門從不帶錢，也從不買東西。母親問哪裡來的錢？父親說，還沒給錢，賣栗子的說明天再要。父愛天高地厚！我吃夠栗子，躺在父母炕上就睡著了。子夜時母親要上供，問父親要不要叫醒我，父親連說不要不要。我聽見了，爲了保留這份父愛，仍作睡著沒起來。這一次徹骨銘心的感受，居然成了我生平最後一次和父親的會面。

在北師大第二年下學期，大概是四、五月時，報紙上說青縣失守，爲共軍占領。我已經知道共黨的作風，便很擔心。學校已接近學期期末，到天津以南的火車也不通了，因爲天津以南各地都已爲共軍占領，無法和母親聯絡，只是日夜在煎熬中徬徨。待期考完畢回到天津，二姐在天津女師學院附小任教，才知道父親已遭共黨拘留，二人聚在一起，商量探聽青縣的消息。兩個人如熱鍋上螞蟻般一籌莫展。

暑假開學後，我又回到師大。不久二姐來信說母親逃離青縣，帶著大姐、二嫂和侄兒住在朋友家。我立即趕到天津，和二姐商量，寄人籬下並非常策，最後找到一個廉價的出租小屋寄身。搬進小屋時，每人還是穿著一身衣服，和抗戰逃亡時一樣，十年之內，第二次流亡，但是卻少了第一次那可以倚賴的長城。母親只是默默的坐著，一任我們兩個安排，此後我便常常奔走於平津之間。

師大校園中已是混亂不堪，學生罷課遊行，明顯的分成兩派：一派左傾者熱衷於罷課，一派「非左者」堅持上課。兩派要簽名決定人數，我總是簽在上課的一組。兩組人數不分軒輊，親共的教授只好來上課，看得出他們對我們這類學生非常不以為然，但還不敢明目張膽的不上課，因為北平仍在國民黨統治之下，這一學期上課的日子很少。接近寒假時，共軍已把北平圍得水洩不通。學校停課，就算放寒假，時已接近春節。

有些家在天津的同學，招徠回津同伴，因為北平車站已被共軍占領，所有的鐵路線火車都只能從距北平三十里的豐臺開出。我們聚合了數十人，早起步行到豐臺，甚麼時候有車，誰也不知道，大家就像喪家之犬般，呆呆的等。直到下午四時左右，站上的人員宣布，去天津的火車即將進站，要大家排好隊，坐在地上等，免得爭先恐後。我第一次領略到他們的管理辦法。火車直到晚上八點多才到達天津。

過了春節，一天晚上，住在青縣城外的姑表姊忽然來到，和母親說是來看他。然後抽空把我們三姊妹拉到外面，告訴我們父親已經在共黨囚禁處「去世」，是他弟弟移回遺體，自己用車門改做了棺木，葬在他家近處的、我家的田地裡。我們認為最好暫勿告訴母親，怕她受不了。

表姐私下告訴我們，據同被拘留的人說，他們拘留父親的理由是，作法官一定貪污，要父親「坦白」。表姐說：「舅舅從不貪污，坦白的不合他們的意，所以一直不肯釋放。」又說：「因為舅舅曾經在大城作過法官，便用車載著父親，到大城各鄉鎮去遊行，叫人民投訴他錯誤的審判案件，可是走遍了全縣，也沒有人說話，他們找不到罪名，仍然不滿意，便延宕下來。」表姐接著又說：「以舅舅的個性，當然受不了這種對待，而且在他們那裡，既不得吃，又不得喝，心裡更是生氣，天氣冷了，身體便受不住了。」表姐說的拘囚生活，我們也想到過，可是我們根本不知道父親身在何處，無能為力。後來看到傳記文學中有多篇受共黨拘囚者的報導，用那麼殘忍的手段對待人，實在匪夷所思。我常常設想那時父親的心情，自己的心便要爆炸開來。

我們姐妹商量，不能把父親的消息告訴母親，怕她不能承受。此後只好隔些時日，「造」一封父親的信「瞞哄」母親。三個人在母親面前要一如平時，千萬不能露出悲傷的樣子。母親本是最能容忍的，而且從不囉嗦。看得出她常常在想，但卻一言不發。

父親大半生為官清正廉明，頗有政聲。孰料卻被認定有「為官貪污」之嫌。在被拘接受審查期間，極盡查證，沒有錯判、誤判的檢舉材料，沒有貪污受賄的實物憑證，縱使其親臨任職長達四年多的大城縣屬鄉鎮現場，動員群衆揭發，也毫無所獲。天理昭彰，卻仍不被確認無貪污嫌疑，給出定論。濁者自濁，執之者應愧。清者自清，屈之者難伸。曠日持久，加以年邁體衰，遂逝於被拘處。吾父何辜，內心悲痛。悲吾父之被沈於污而不能拔，痛吾父之逝於他鄉而不能親侍衾殮。念父親一生忠於職守，誠以待人，願繼承父親遺風，廉正不阿處世，誓效父親正正當當作人做事，終生從事教育工作，教人成人，爲創建和諧社會效力。鑑於校園內罷課罷考事件迭生，在校不能穩定受課，遂堅辭老母，南下就學，待機更求深造。

附錄二

賈馥茗教授大事年表（1926-2008）

周愚文、林逢祺　編

1926年　民國十五年農曆五月初一（陽曆六月十日）生於河北省青縣。

1930年　就讀青縣縣立女子完全小學。

1936年　小學畢業，考入天津河北省立女師學院附中。

1937年　七七事變爆發，為躲避日軍襲擊，舉家逃難，因而輟學八年，以自學方式完成初高中課程。

1940年　通過小學教師檢定考試，應聘至河北省樂亭縣雲祥小學任教。

1941年　暑假後，應聘至母校河北省青縣縣立女子完全小學任教，直至1945年抗戰勝利，因準備報考大學而辭職。

1946年　三月入天津中學進修班就學，後轉往北平中學進修班完成高三下課程。同年報考南開大學、北師大及天津女師學院，皆獲錄取，選擇北師大教育系就讀。

1948年　四、五月間共軍占領青縣，尊翁賈桂馨法官遭共黨拘留。

1949年　春節間得知父親於共黨拘留處去逝（得年六十六）。因北方動亂，決定南下繼續求學，四月先赴湖南國立南嶽師範學院借讀。考畢期中考後，因時局不穩，經廣州前往臺灣。同年九月轉學考入臺灣省立師範學院教育學系（今國立臺灣師範大學教育學系），就讀四年級。

1950年　大學畢業。高考及格。獲聘至臺灣省立臺北女子師範學校（今臺北市立教育大學前身），兼任訓育組長，兼管宿舍。

1953年　辭行政工作，專任教師與導師。

1954年　出任臺北女子師範學校訓導主任。

1955年　考取臺灣省立師範大學教育研究所，不續任臺北女子師範學校教職，成為該校教育研究所碩士班首屆研究生。同年獲得美國奧立崗大學（University of Oregon）獎學金，未往。

1957年　由黃建中教授指導完成碩士論文「朱子教育思想」，取得碩士學位。因健康因素未立即出國留學。獲聘爲臺灣省立師範大學教育學系講師，至頭份分部授課。

1958年　肺病痊癒。九月負笈美國奧立崗大學攻讀碩士，主修教育心理學。

1960年　取得碩士學位。

1961年　赴加州大學洛杉磯分校（U.C.L.A.）攻讀博士，主修輔導。

1963年　完成博士學分的修習，應聘至耶魯大學（Yale University）亞洲語文學院擔任中文班講師，教授一學季中文。年底回加州大學繼續論文寫作，惟因美國總統甘迺迪（J. F. Kennedy）遇刺身亡，時局不宜，遂延後預定施作之心理測驗。

1964年　六月通過博士論文口試，取得博士學位。搭船返臺，十月三日抵基隆港。應聘爲臺灣省立師範大學教育研究所副教授，教授心理學史、教育研究法、輔導、測驗、高級統計等課程。

1967年　升等爲教授。出版《兒童發展與輔導》（臺灣書店）。

1968年　受教育部委託，主持編製「國民中學學生測驗」，做爲實施九年國民教育國民中學學生編班之用。獲國科會獎助講座研究案，在臺北市古亭國小及中山國小進行「創造力發展」實驗研究。出版《心理與創造的發展》（臺灣書店）。辦理在職教師研究所進修學分班。

1969年　田培林教授退休，八月接任國立臺灣師範大學教育研究所主任。參與田培林教授等主編之《教育學新論》（文景出版社）。

1970年　規劃國立臺灣師範大學教育研究所申請設立博士班。教師節獲總統蔣中正先生邀宴，並垂詢教育發展大計。

1971年　獲國科會獎助進行「才賦優異學生教育實驗」。

1972年　國立臺灣師範大學教育研究所博士班開始招生。獲總統提名爲考試委員，九月一日正式上任（此後連任兩屆，三任合計十八年），辭研究所主任，但續聘爲國立臺灣師範大學教授，但不支薪、不支鐘點費課。與黃昆輝教授合編《教育論叢》（文景出版社）。

1976年　母親顧若愚女士逝世。出版《英才教育》（開明書店）。

1979年　出版《教育概論》（五南）、《教育與人格發展》（復文）。

1980年　親率在職中學校長及教師赴美參加「密蘇里大學研習班」，並擔任課程翻譯。

1982年　首度與大陸二姐賈馥蓉取得書信聯繫。

1983年　出版《教育哲學》（三民）。

1985年　在日本東京與二哥賈葆民、二姐賈馥蓉重逢。

1988年　辭國立臺灣師範大學教授職。

1989年　出版《教育原理》（三民）。

1990年　自考試院退休。四月率領師範校院教師五十餘人，訪問大陸各師範大學，並首度返天津探親。

1992年　應聘爲國立編譯館《教育大辭書》總編纂。出版《全民教育與中華文化》（五南）。

1997年　獲聘爲國策顧問（共任三年）。出版《教育與成長之路》（師大書苑）及《人格心理學概要》（三民）。

1998年　出版《教育的本質》（五南）。續聘爲國策顧問。

1999年　因臺北市政府徵收原居師大職舍供興建龍門國中之用，遂遷至新店市達觀鎮社區。編成《心理學史概要》（師大書苑），並出版《中庸釋詮》（五南）、《人格教育學》（五南）。《教育大辭書》編纂工作完成。

2000年 二月獲聘爲國立臺灣師範大學教育學系名譽教授。《教育大辭書》（文景出版社）出版，歷時八年，收錄辭目一萬四千餘條，釋文一千一百多萬字，共十二冊。

2001年 出版《先秦教育史》（五南）。

2002年 獲選爲北京師範大學榮譽校友。主譯康德《論教育》（五南）。

2003年 罹患癌症，赴臺大醫院開刀，手術後復元良好，化療療程順利。出版《教育認識論》（五南）。

2004年 出版《教育倫理學》（五南）。臺灣師大教育系舉辦「賈馥茗教授八秩嵩壽教育學術研討會」爲師祝壽。黃昆輝教授與簡茂發教授等教育系友共同發起成立「財團法人臺北市賈馥茗教授教育基金會」。

2005年 二月「財團法人臺北市賈馥茗教授教育基金會」正式成立。

2007年 七月最後一次返回大陸探親。出版《融通的教育方法》（五南）。

2008年 三月診斷罹患肺腺癌，接受標靶治療無效。五月七日上午八時三十五分逝世於臺大醫院安寧病房。六月安葬於北市慈恩園。

國家圖書館出版品預行編目資料

教育美學／賈馥茗著. ——1版. ——臺北市：五南，2009.05

面； 公分

ISBN 978-957-11-5600-2（平裝）

1.教育 2.美學

520.18 98004505

1IUC

教育美學

作　　者— 賈馥茗

補　　述— 楊深坑

發 行 人— 楊榮川

總 編 輯— 龐君豪

主　　編— 陳念祖

責任編輯— 李敏華

封面設計— 童安安

出 版 者— 五南圖書出版股份有限公司

地　　址：106台北市大安區和平東路二段339號4樓

電　　話：(02)2705-5066　　傳　　真：(02)2706-6100

網　　址：http://www.wunan.com.tw

電子郵件：wunan@wunan.com.tw

劃撥帳號：01068953

戶　　名：五南圖書出版股份有限公司

台中市駐區辦公室/台中市中區中山路6號

電　　話：(04)2223-0891　　傳　　真：(04)2223-3549

高雄市駐區辦公室/高雄市新興區中山一路290號

電　　話：(07)2358-702　　傳　　真：(07)2350-236

法律顧問　元貞聯合法律事務所　張澤平律師

出版日期　2009年5月初版一刷

定　　價　新臺幣480元